朝日新書
Asahi Shinsho 841

# 頼朝の武士団

## 鎌倉殿・御家人たちと本拠地「鎌倉」

細川重男



朝日新聞出版

本書は、二〇一二年八月に洋泉社より刊行された『頼朝の武士団』の副題を改題し、大幅に加筆修正したものです。特に「付編　頼朝の後・後の頼朝」は、朝日新書版のための書き下ろしとなります。

# 頼朝の武士団　目次

付編　頼朝の後《のち》、後《のち》の頼朝

図版／谷口正孝

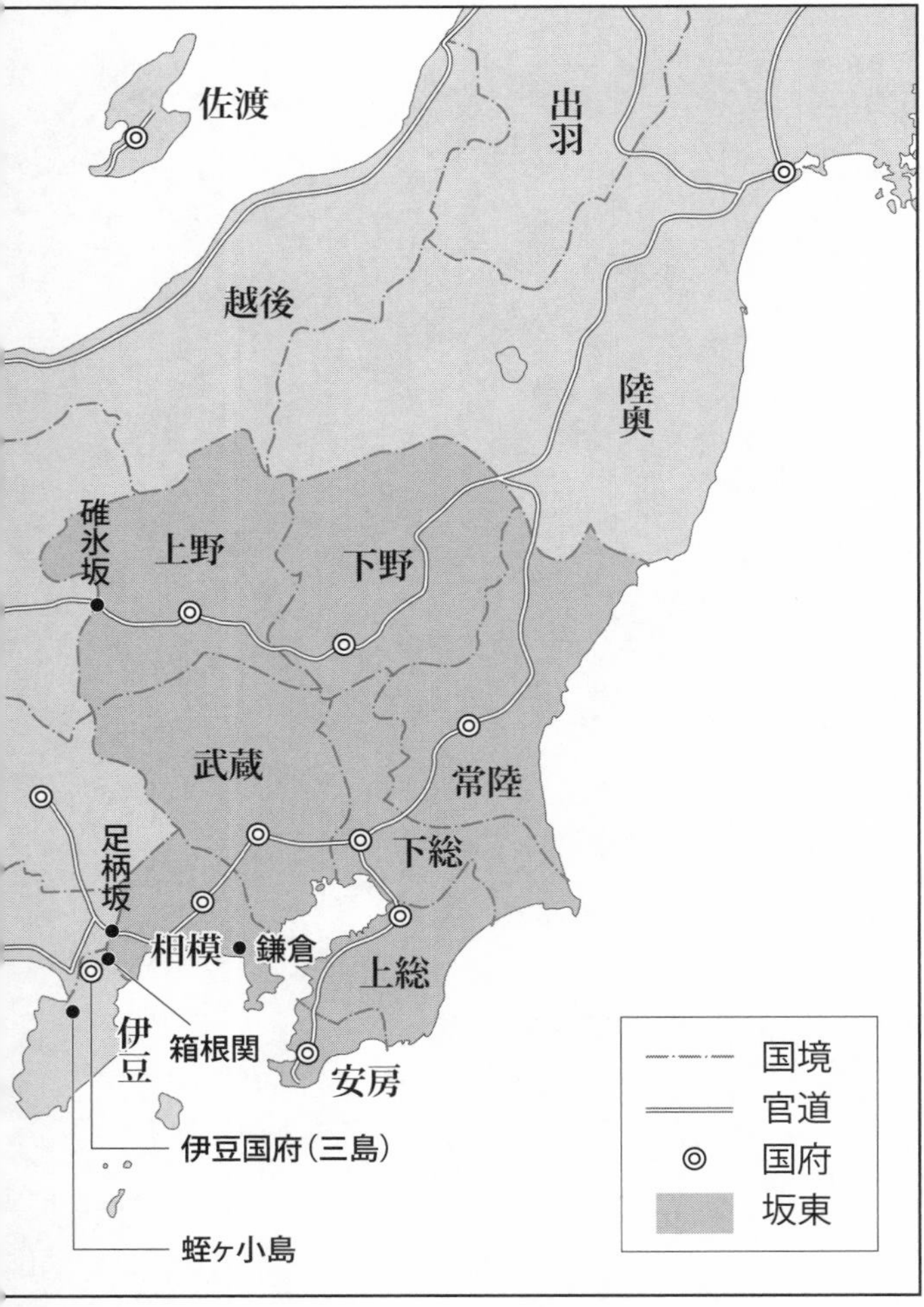
佐渡
出羽
越後
陸奥
碓氷坂
上野
下野
武蔵
常陸
足柄坂
下総
相模
鎌倉
上総
伊豆
箱根関
安房
伊豆国府（三島）
蛭ヶ小島
国境
官道
国府
坂東

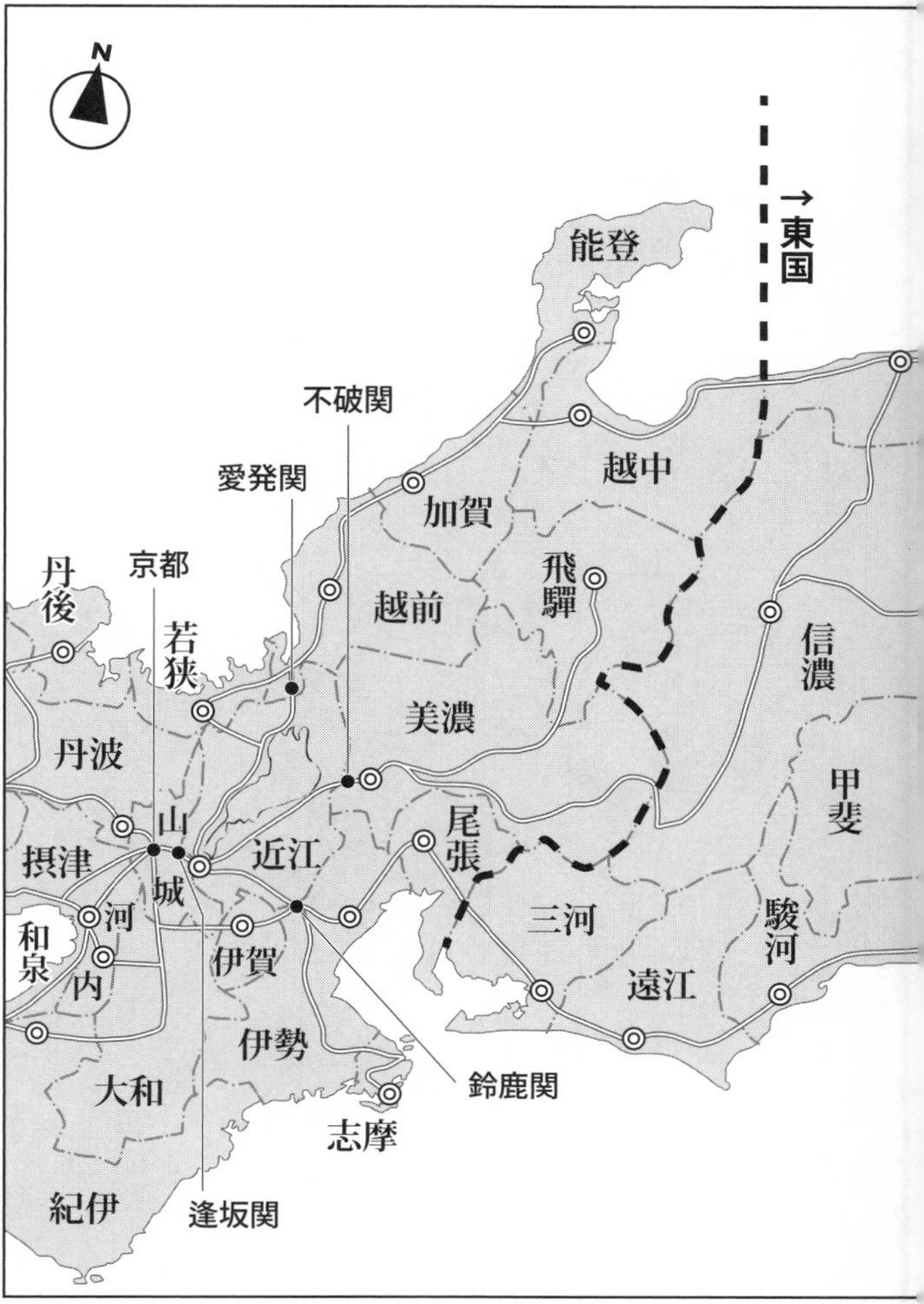
N
→東国
能登
不破関
越中
愛発関
加賀
京都
丹後
飛驒
越前
若狭
信濃
美濃
丹波
甲斐
山
尾張
摂津
近江
城
河
三河
駿河
和泉
伊賀
内
遠江
伊勢
鈴鹿関
大和
志摩
紀伊
逢坂関

## プロローグ——物騒な主従漫才——

### 大笑いする頼朝

建久元年（一一九〇）。

治承四年（一一八〇）五月の以仁王《もちひとおう》の乱以来十年に及んだ戦乱の時代は、この年三月、奥羽《おうう》（東北地方）における大河兼任《おおかわかねとう》の乱——前年（文治五年）秋、奥州《おうしゅう》藤原氏が滅ぼされた奥州合戦の復讐戦——が鎮圧されたことによって、完全に幕を閉じた。

八月十六日。

鶴岡《つるがおか》八幡宮、そして鎌倉幕府にとっても重要な祭礼（お祭り）である鶴岡放生会《ほうじょうえ》の二日目、馬場《ばば》の儀が挙行された。

鎌倉幕府の総帥「鎌倉殿《かまくらどの》」（鎌倉主《かまくらのぬし》とも）たる源《みなもとのよりとも》頼朝臨席のもと、御家人（頼朝の直《じき》臣《しん》）たちの代表が流鏑馬《やぶさめ》・競馬《くらべうま》などの弓馬《きゅうば》の芸を奉納するのである。

ところが、この場になって流鏑馬の射手《いて》に欠員が出た。すると、御家人の長老である大《おお》庭《ば》景義《かげよし》（景能とも）が頼朝に進言した。

「治承四年の石橋山合戦で平家方だった河村《かわむらの》三郎《さぶろう》は、囚人としてワシが預かっとりますが、弓馬の芸に秀でた者です。それに、あの時、平家方に付いたヤツらには、ほとんどお許しが出てます。河村一人、落ちぶれたまンまなのは、どうですかね？　今、お召しになっては、いかがです？」

（去んぬる治承四年景親《（大庭）》に与する所の河村三郎義秀《よしひで》、囚人として景能、これを預り置く。弓馬の芸に達するなり。かつうは彼の時の与党は大略厚免《たいりゃくこうめん》に預りおわんぬ。義秀独り沈淪《ちんりん》すべきにあらざるか。この時召し出さるべきか）（『吾妻鏡《あずまかがみ》』同日条。以下、『吾妻鏡』からの引用は日付のみを記す）

景義は頼朝の父義朝《よしとも》の家臣で、建久元年から数えて三十四年も前である保元元年（一一五六）七月の保元の乱で京都に戦い重傷を負った「源家累代の家人」（源氏に代々仕える家臣）である。だが、頼朝は景義のこの言葉にたちまち機嫌を損ね、次のように言った。

「そいつは『バラせ（殺せ）』と、おめェに言ったはずだ。今も生きてるてのは、どーゆーこった？・」

（件の男《おのこ》は斬罪に行うべきのよし下知《げち》しおわんぬ。今に現存するは奇異の事なり）

十年前、治承四年八月二十三日、挙兵直後の頼朝軍が大敗した相模国石橋山合戦で、河村義秀は平家方相模武士団連合に属し、これがため頼朝の鎌倉入り直後である同年十月二十六日、頼朝は囚人となった義秀の斬首を景義に命じていたのである。

しかし、頼朝は続けて、

「でも、今は神事に免じて、それは措《お》いておく。早く連れて来い。ただし、大した腕じゃなかったら、今度こそバラすぞ」

（しかれども神事に優《ゆう》じ、早く召し進《まい》らすべし。ただし指《さ》したる堪能《かんのう》に非《あら》ざれば、重ねて罪《ざい》科《か》に処すべし）

と言った。神事の場でもあり、長老景義の顔も立てねばと思ったのか、義秀にチャンスを与えたのである。

かくて義秀は召し出され、頼朝の命により流鏑馬などの射芸を披露した。義秀の芸は見事なもので、観衆はどよめき、頼朝もすっかり機嫌を直して感嘆した。そして義秀は赦免を蒙《こうむ》ったのである。……めでたし、めでたし。

……と思ったら、話はこれで済まなかった。

半月以上もたった九月三日。

頼朝のところに景義がやって来て、

「河村をバラしましょうか？」

（河村三郎義秀、今においては梟首《きょうしゅ》せらるべきか）

と言ったものだから、頼朝は、

「何言ってンの⁉　おめェ！」

（申し状、太《はなは》だその意を得ず）

とビックリして、

「オレが『バラせ』と言った時に匿《かくま》って、こっそり長年世話してたのは、おめェじゃねェーか⁉　それに、この間の流鏑馬で許しただろォーが⁉　今さら何でバラすことがある⁉」

（早くその刑に処すべきのよし仰《おお》せ付けらるるといえども、景能、潜かにこれを扶《たす》け多年を歴《ふ》るなり。流鏑馬の賞に依りて厚免しおわんぬ。今更何ぞ罪科に及ばんや）

と聞いた。頼朝のこのセリフには、

「何言ってンの⁉ このジィさん！ ついにボケたの⁉」

という彼の呆《あき》れた様子がよく現れている。

すると、景義は、

「（河村は）今までは囚人でしたから、ワシが世話をしてたンで、生きていられました。でも、もうお許しが出たンで、ワシは世話ができませんから、飢え死にしそうです。今のようなザマでいるなら、バラしてやった方が、ヤツも喜ぶでしょう」

（日ごろは囚人たるの間、景能が助成をもって命を活《い》く。なまじいにもって免許を蒙るの後、すでに餓死せんと擬《ぎ》す。当時のごとくんば、誅《ちゅう》せられんが事、還《かえ》りて彼《か》のために喜びたるべきか）

と答えた。

これを聞いて、頼朝は自分の配慮の至らなかったことに気付き、大笑いして、河村は本領である相模国河村郷に帰り住むように命じた（時に二品《にほん》〈頼朝〉頗《すこぶ》る笑わしめたまい、本領相模国河村郷に還住《げんじゅう》すべきのむね、下知《げち》すべし）。……今度こそ、めでたし、めでたし。

## 「暗いイメージ」だけなのか

読者の方々は、源頼朝、そして頼朝時代の鎌倉幕府に、どのようなイメージをお持ちだろうか。

頼朝については「猜疑心が強くて陰険」という印象を抱いている方が多いと聞く。頼朝の評判がこれであるうえ、頼朝時代の前半は戦乱期であったため、頼朝時代の鎌倉幕府についても、暗い印象を持っている方も少なくないようである。

では、頼朝はナゼに「猜疑心が強くて陰険」と思われるのか、と言えば、これは簡単である。

異母弟義経をはじめ、多くの人を殺したから。

源平合戦のヒーローであったにもかかわらず自分と対立した末に没落した義経を執拗に追い、最後には奥州藤原泰衡を恫喝《どうかつ》して攻め殺させた。また、義経殺害以前、義経の愛妾静《しずか》の生んだ義経の男子をも、生まれたその日に由比ヶ浜に捨てて殺させた（文治二年閏七月二十九日条）。

この他、当時最強の武士団を率い頼朝の鎌倉入りに大功あった上総広常、甲斐源氏実力者一条忠頼、従弟《いとこ》木曽義仲の子息で長女大姫の許嫁《いいなずけ》であった清水《しみず》義高、義経と同じく異母弟である源範頼などなど、頼朝の命で暗殺・処刑された人々は多い。前記の河村義秀も、あやうくその列に連なるはずだったのである。そしてこれら犠牲者には、状況証拠からみて無実の人々も少なからず含まれていた。

さらに、木曽義仲、叔父志太《しだ》義広、同じく叔父源行家、平氏（「伊勢平氏」）一門、奥州藤原氏など、頼朝の対抗者とそれに付き従った人々は、戦乱の中であるいは滅び、あるいは没落して行った。

治承四年八月の挙兵から正治元年（一一九九）正月の薨去《こうきょ》までの十八年間に、頼朝の意思で殺害された者はわかっているだけで三十人を超える（合戦での兵士の犠牲者を除く）。

また、六歳（推定年齢）で父に許嫁を殺された大姫はその後、心身を病み、十六歳の時には、従兄《いとこ》（頼朝の姉の子）である朝廷貴族一条高能との婚姻を勧められると、

「そんなことをするなら、淵に身を投げます」

（しかるがごときの儀に及ばば、身を深淵に沈むべきのよし）

とまで言って拒み（建久五年八月十八日条）、父による後鳥羽天皇への入内《じゅだい》（皇后《こうごう》・中《ちゅう》宮《ぐう》・女御《にょうご》となる人が正式に内裏《だいり》〈皇居〉に入ること）計画が進んでいた建久八年七月十四日、

これを峻拒《しゅんきょ》するかのように十九歳の若さで消えるがごとく病没している（『愚管抄《ぐかんしょう》』）。

頼朝の「鎌倉殿」としての十八年の歩みの跡には、屍《しかばね》の山が築かれていた。「源氏の血は冷たい」と言われる所以《ゆえん》である。東大寺再建に功あった宋人陳和卿《ちんなけい》が、殺人者であることを理由に頼朝との面会を拒否した（建久六年三月十三日条）のにも、いわれが無いわけではない。

このように、頼朝が数々の残虐なおこないをしたこと、「源頼朝の時代」が残酷で悲惨な時代であったことは、事実である。また、私はそれを強いて否定しようとも思わない。

しかし、にもかかわらず、右の頼朝と大庭景義の会話には、頼朝時代の「暗い」イメージとは、また違った印象がありはしないか。

このたった一つのエピソードには、世間に知られたあまたのエピソードによって培《つちか》われた頼朝とその時代の「暗い」イメージを一新する迫力がある。

物騒さと同時にある「ゆるさ」と言うか、漫才にも通じるような「間抜けさ」と言うか。

## 頼朝時代十八年は特異な時代

組織や制度の面で、頼朝時代の鎌倉幕府は全く未成熟なものであった。鎌倉幕府の三大機関と言われる政所《まんどころ》（初め公文所《くもんじょ》。行・財政担当）・侍所《さむらいどころ》（軍事・警察・御家人統率）・問注《もんちゅう》所《じょ》（司法手続き）は設置されていたものの、実態は貧弱なものであった。

たとえば、元暦元年（一一八四）十月二十日設置の問注所は、わかりやすく現代風に言えば、頼朝邸（つまり建造物としての幕府）の庭に面した大廊下（廂《ひさし》）の一部を、「ここからここまで、問注所」と決めて、前の庭に「問注所」と書いた立て札（額）を立てただけであった（同日条）。ようするに、初代執事（長官）三善康信《みよしのやすのぶ》氏以下、頼朝時代の問注所職員の方々は、頼朝邸の廊下で働いていたのである。

組織がこのように貧弱であったため、頼朝は有力豪族《ごうぞく》（ある地方に土着して富や勢力を持っている一族やその長）や文士《ぶんし》と呼ばれた文筆官僚、側近らの補佐を受けて、自ら幕府の運営に当たっていた。

頼朝薨去後、幕府の組織・制度は次第に充実し、特に北条泰時治世の執権《しっけん》政治期に急速に整えられて、頼朝時代とは比較にならない緻密《ちみつ》なものとなってゆく。よって、頼朝時代は、組織や制度、政権運営のシステムの面でも、鎌倉幕府にとって特異な時代であった。

また、組織や制度が整えられるにともない、幕府の権力は政権中枢の役職に集中してゆき、やがて中枢役職を世襲する家系が成立する。この特権的な家系の代表が、頼朝の妻政子の実家であった北条氏である。

頼朝とその後継者である鎌倉殿（鎌倉主。征夷大将軍）たちの直臣《じきしん》という点で平等であったはずの御家人たちの間には、支配者と被支配者と言い得るほどの格差が生じるのである。御家人たちの人間関係という点でも、頼朝時代は鎌倉幕府にとって特異なものであった。

将軍家（鎌倉殿の家）も、源氏将軍家が頼朝・頼家・実朝の二世代三人で滅亡すると、頼朝の姉の血を引く摂関家《せっかんけ》九条家出身の摂家《せっけ》将軍藤原（九条）氏二代を経て、頼朝の血縁ではない皇族が迎えられるようになる。鎌倉幕府に最も長い間、代数でも最も多く君臨したのは、二系統四代にわたる親王《しんのう》（皇族）将軍であった。

鎌倉殿と御家人たちとの精神的・感情的な交流は時代が下《くだ》るに従い希薄になり、鎌倉時代後期には鎌倉殿と御家人の主従関係は全く形式的なものと化す。すでにして源氏三代将軍期にすら頼家・実朝時代には、鎌倉殿と御家人たちの間には頼朝の時には見られなかった意識の相違が生じ、トラブルが起きていた（正治二年五月二十八日・建保元年九月二十六日条）。同じ源氏将軍ではあっても、流人《るにん》（流刑《るけい》〈強制移住刑〉に処された罪人《ざいにん》）から身を起こした頼朝と、将軍家の子として生まれた息子たちでは、大きな隔《へだ》たりがあったのである。頼朝の鎌倉入りから数えれば鎌倉幕府は一五三年存続したが、以上のように多くの点で頼朝時代十八年は鎌倉幕府の歴史の中で特異な時代であった。

国家や政権、会社・学術団体・宗教団体・犯罪組織・サークルなどなど、どんな組織にとっても、草創期は特異な時代ではある。では、鎌倉幕府にとって頼朝時代の特異性は、草創期や戦乱期という点にのみ、その要因を帰せられる性質のものであったのだろうか。

## 頼朝時代の「空気感」

本書では、頼朝と御家人たちや、御家人たち同士が、どのような関係であったのか、その付き合い方・人間関係を具体的に記そうと思う。ようするに頼朝時代の鎌倉幕府や鎌倉の町（都市鎌倉）の雰囲気を伝えたいのである。

頼朝と大庭景義の掛け合いにも感じられる「物騒とゆるさ」あるいは「残虐とほのぼの」――これらが共存する頼朝時代の鎌倉幕府の「空気感」を伝えたいと思う。

よって、本書では、第二章と再刊にあたって加えた付編を除き時系列での記述は基本的にしない。テーマ毎《ごと》に具体的なエピソードを紹介することにより、鎌倉幕府における「源頼朝の時代」の「空気感」を再現してみたいのである。

以下、第一章では頼朝の家系と流人時代の頼朝の生活ぶりを、第二章では頼朝の挙兵から鎌倉入りまでを、第三章では都市鎌倉の建設とそれにより起こった武士たちの生活の変化を、第四章では御家人たち同士の関係を、第五章では頼朝と御家人たちの関係を、第六章では頼朝にとっての都市鎌倉・鎌倉幕府の意味を記し、エピローグにおいては総括《そうかつ》として頼朝時代鎌倉幕府の実態について私見を述べることとする。そして付編では、頼朝薨去後、承久の乱を経て頼朝の妻北条政子が薨去する嘉禄元年（一二二五）までの幕府政治史と、薨去後の頼朝に関わるいくつかの事柄について記す。

なお、本書が基本史料とするのは、鎌倉幕府の公的史書と推定される『吾妻鏡』である。また旧国については巻頭の地図を、主な登場人物の系譜は巻末の各系図を参照されたい。

本書が源頼朝・鎌倉幕府、そして武士について、多くの人が興味を持つきっかけになってくれることを願う。

# 一　流人の生活

## 1　伊豆配流

永暦元年（一一六〇）。春は三月の十一日、一人の少年が東に向かって京を発《た》った（『清獬眼抄《せいかいがんしょう》』など。『尊卑分脈《そんぴぶんみゃく》』は二十日とする）。

少年は流人である。行き先は配所《はいしょ》（流人の在所）とされた伊豆国田方郡《いずのくにたがたのこおり》蛭ヶ小島《ひるがこじま》（地名。本当の島ではない）。

言うまでもなく、少年の名は源頼朝。数え年十四歳。これも言うまでもないが、父は源義朝、母（俗に由良御前《ゆらごぜん》と称される）は熱田大宮司藤原季範《あつたのだいぐうじふじわらのすえのり》の娘。

頼朝は四月生まれなので（『武家年代記』治承四年条）、この時、数え年では十四歳だが、満年齢なら十三歳になる直前、もうすぐ卒業式を控えた小学六年生である。

護送役はもちろんいたが、頼朝に私的に付き従っていたのは藤七資家《とうしちすけいえ》なる者と名も伝わらぬもう一人のたった二人であった（元暦元年三月十日・文治四年十一月九日条）。前年、平治元年の暮れに京都で勃発した戦乱「平治の乱」によって、頼朝の家は壊滅状態となり、家臣たちもあるいは殺され、あるいは四散した。ゆえに伊豆に向かう頼朝に人を付けてくれたのは、父義朝の家臣であり資家の親族である因幡国《いなばのくに》（鳥取県東部）住人《じゅうにん》（武士）高庭《たかばの》資経《すけつね》と、頼朝の外叔父《がいおじ》（母の弟）僧祐範《ゆうはん》だけだったのである。

当時の行路から頼朝が配所に到着したのは、三月の末であったろう。資家たちも、頼朝を伊豆に送り届けると去って行った。

都育ちである頼朝の目に映った蛭ヶ小島は、溜息をつきたくなるほどの草深い田舎であったはずである。秋になれば鹿の声も間近で聞こえて来るであろう流刑地の春であった。

この僻地《へきち》で、頼朝は以降、まるまる二十年を過ごすことになる。

頼朝の久安三年（一一四七）四月から正治元年（一一九九）正月十三日までの人生（数え

年五十三歳。満年齢では五十一歳九ヶ月）は次のように、きれいに三区分できる。

［第一期］「河内源氏《かわちげんじ》」の御曹子《おんぞうし》

久安三年四月～永暦元年（一一六〇）三月十一日：一歳～十四歳（十三年）

［第二期］伊豆の流人

永暦元年三月十一日～治承四年（一一八〇）十月六日：十四歳～三十四歳（二十年）

［第三期］鎌倉殿

治承四年十月六日～正治元年（一一九九）正月十三日：三十四歳～五十三歳（十八年）

（内、建久元年〈一一九〇〉三月「大河兼任の乱」終結までの前半＝戦乱の時代）

見ればわかるとおり、一番長いのは流人時代の二十年である。

しかも、十四歳から三十四歳という少年期から青年期を経て中年に至る人生で最も楽しいはずの時代を、頼朝は流人として過ごしたのであった。

## 2　頼朝の家系

### 武士で貴族

ここでは頼朝の家系について記すが、その前に、まず基本的な話として、貴族と武士の関係について述べておく。

未《いま》だに「源頼朝は武士か？　それとも貴族か？」というような質問を時々、耳にするが、これはそもそも問題の設定自体がおかしい。どのようにおかしいか、例えを示そう。

猫という生物が存在する。この生物について、

A「猫は哺乳類《ほにゅうるい》か？　それとも爬虫類《はちゅうるい》か？」

また、

B「猫はカワイイか？　それともブサイクか？」

という質問なら、マトモである。だが、

C「猫は哺乳類か？　それともカワイイか？」

という質問は、質問としておかしいであろう。「源頼朝は武士か？　それとも貴族か？」は、Cと同質のトンチキなものなのである。

貴族と武士は、哺乳類とカワイイと同様に、二者択一の対象ではないのである。源頼朝は「武士であり、かつ貴族」なのである。

では、貴族、そして武士とは、何か。一言で言ってしまえば、貴族は「位階《いかい》を持っている人」であり、武士は「武士団の構成員である戦闘員」である。これでは、あまりに不親切なので、もう少し詳しく記そう。

まず、貴族。

位階とは、「人間の偉さ・貴《とう》さを表す位《くらい》」であり、大宝元年（七〇一）に制定された『大宝律令』で三十階と決められている。この位階を持つ者が貴族である。上から見るか下から見るかの違いで、位階を持っていない人から見れば、たとえ下位の位階でも持っていれば、貴族様である。だが、貴族社会では当然のことながら、階層差があった。三位《さんみ》以上（正一位《しょういちい》から従《じゅ》三位まで）が最も身分が高く、公卿《くぎょう》と呼ばれる。次が四位《しい》・五位《ごい》（正四位上《しょうしいのじょう》から従五位下《じゅごいのげ》まで）で、諸大夫《しょだいぶ》という。そして六位《ろくい》以下（正六位上《しょうろくいのじょう》以下）が侍《さむらい》である。

公卿から見れば、諸大夫は家来《けらい》（家臣）、侍は飼い犬のようなものである。昭和時代、大学の応援団や体育会系部活動で「四年、神様。三年、貴族。二年、平民《へいみん》。一年、奴隷《どれい》」と言ったのに通じる。だから、五位と六位の境界である従五位下になれるかどうかが大問題であり、従五位下の位階に叙《じょ》す（位階を与えられる）ことを、特に叙爵《じょしゃく》という。つまり、従五位下より上が、いわば「チャンとした貴族」ということになる。

頼朝の家は諸大夫層に属し、貴族社会では中の下くらいであるが、立派な貴族の家柄である。実際、頼朝も十三歳で叙爵し、右兵衛権佐《うひょうえのごんのすけ》という官職（朝廷の役職）に任官している。だから、頼朝は当然のことながら、貴族である。

次に、武士。

武士の組織である武士団とは「血縁及び私的主従関係を根幹とする戦闘組織」であり、この武士団の構成員である戦闘員が武士である。ふだんどのような仕事をしているか、分かり易《やす》く言えば「何で喰っているか」とか、社会的身分がどのようなものかとか、貴族であるとかないとかは、関係ないのである。

頼朝の家は「河内源氏」という武士団の棟梁（大ボス。大親分）の家である。だから、頼朝は当然のことながら、武士である。

もう一度、貴族と武士の関係を整理しておく。頼朝の生きた時代、平安時代末期から鎌倉時代初期には、武士の身分は後世に比べて低く、武士の大半は貴族ではなかった。武士の上層部が諸大夫・侍に属する中・下級の貴族だったのである。

こういうことなので、源頼朝は「武士であり、かつ貴族」なのである。

## 「河内源氏」が最強になるまで

では、頼朝の家系について記す。

頼朝の家系は、俗に「(清和)源氏の嫡流《ちゃくりゅう》(本家。正統《せいとう》の家系)」と言われ、私もメンドクサイので、そう表現してしまうことがあるが、実は、これは正確ではない。

と言うのは、頼朝の家系が「源氏の嫡流」であるというのは、頼朝が挙兵後にやたらに強く主張し続けた結果、世間もだんだんそう思ってしまっただけのことなのである。

だんだんそう思ってしまった結果の一例を紹介すると、南北朝時代に作られた『尊卑分脈』という系図集の源義康《よしやす》(頼朝の曽祖父《そうそふ》義家《よしいえ》の孫の一人。義国の子)のところに、

「今代《きんだい》相続源氏 正統此流《しょうとうこのりゅう》 也」

と大きく書かれている。

どういう意味かというと、義康の子孫の足利氏が「今は源氏の正統《せいとう》である」ということである。

『尊卑分脈』が作成された南北朝時代、幕府は鎌倉幕府の次の室町幕府、将軍は足利氏である。足利氏の始祖である義康に対する「今代」の語は、鎌倉時代の源家三代将軍、頼朝とその息子頼家・実朝を本来の「源氏の正統《しょうとう》」とすることが前提になっている。

しかし、言ってしまえば、これは頼朝に騙《だま》された結果である。

頼朝の家系の実態は「清和源氏の中の河内源氏の中の一系統」、もっと詳しく書けば「清和源氏の中の河内源氏の中の頼義流の中の義家流の中の為義流の中の一系統」である（いちいちこう書いていては紙のムダなので、本書では、この頼朝に至る家系をカッコ付きで「河内源氏」と書くことにする）。

第五十六代清和天皇の六男貞純親王《さだずみしんのう》の子経基王《つねもとおう》は「清和天皇の六男坊の系統の孫」であることから六孫王《ろくそんのう》とアダ名されたが、応和元年（九六一）、源《みなもと》の氏《うじ》（一族の名）と朝臣《あそん》の姓《かばね》（一族の称号）を賜って臣籍降下《しんせきこうか》（異説あり）、つまり皇族の籍を離れて臣下「源朝臣経《みなもとのあそんつね》基《もと》」となった。

これが、「清和天皇の子孫の源氏」である清和源氏の始まりである。

経基以降、清和源氏は実に多くの家系に分流する。たとえば、経基の子満仲《みつなか》には三人のおっかない息子がいたが、三人が本拠地とした国名を冠して頼光《よりみつ》の系統は摂津《せっつ》源氏、頼親《よりちか》の系統は大和《やまと》源氏、頼信の系統は河内源氏と呼ばれ、これらがさらに多くの家系に分流を遂《と》げて行く。

そして清和源氏各家系の人々は、それぞれが武士団を率いて、ハッキリ言ってしまえば、てんでんバラバラに活動して行くのである。しかも、武士にならず、ただの貴族になった家系まである。

この中にあって、「河内源氏」では、始祖頼信が平忠常《たいらのただつね》の乱を、その子頼義が前九年《ぜんくねん》の役《えき》（前九年合戦）を、その子義家が後三年《ごさんねん》の役（後三年合戦）を鎮圧し、その過程で特に相模・武蔵・安房・上総・下総の南坂東《ばんどう》五ヶ国（坂東は現在の関東地方）の武士を家臣として組織し、ホップ・ステップ・ジャンプの三段飛びで勢力を広げて、義家の段階で最強となった。「河内源氏」は本来の根拠地である河内をはじめ、各地に家臣を持ったが、最も勢力を扶植したのは南坂東であった。

## 最強と嫡流は別の話

義家の勢威を今に伝えるのが、『梁塵秘抄《りょうじんひしょう》』に残された次の今様《いまよう》（当時のポップス）である。

鷲《わし》の棲《す》む深山《みやま》には、
概《なべ》ての鳥は棲《す》むものか、
同じき源氏と申せども、
八幡太郎《はちまんのたろう》は恐ろしや

「八幡太郎」は義家の通称（仮名《けみょう》）である。意訳すれば、

鷲が棲んでいる深山《しんざん》に、普通の鳥は棲んだりしない。同じ鳥でも鷲が特に恐《こわ》いように、同じ清和源氏と言ったって、源義家は別格に恐ろしい。

といった感じである。

当時、清和源氏系を含めたすべての武士団の中で、義家の武士団が最強であったことは認められる。しかし、最強であることと、嫡流であることとは、別の話である。

そして義家は摂津源氏系美濃《みの》源氏の源国房《くにふさ》（義家の又従兄弟《またいとこ》）や同母弟源義綱《よしつな》らと抗争を繰り広げており（『古事談』、『百錬抄《ひゃくれんしょう》』）、この事実は義家が清和源氏全体の上に立つ惣領《そうりょう》、あるいは全武士団を束ねるマフィアで言うところの「カポ・ディ・トゥッティ・カピ　capo di tutti capi（ボスの中のボス　Boss of all the bosses）」のような立場にはなかったことを示している。

義家は最強ではあったが、数いる「武家の棟梁」の一人であったのである。

だから、頼朝以前に清和源氏には「嫡流」は、事実上存在しなかった。

諸大夫・侍の位階・官職を有し、主に京都で活動する武士を京武者《きょうむしゃ》と呼ぶ。京武者の中で、「河内源氏」や桓武平氏の一流「伊勢平氏」（平清盛の家系。いわゆる「平家一門」）のような、地方在地の武士を家臣として組織し、広域に勢力を有しながら、地方で築いた武力・財力を基盤に、貴族社会の一員として京都で活動する武士の上層部を学術用語で「中央軍事貴族」と言う。この中央軍事貴族が世間で言うところの、いわゆる「武家の棟梁」である。

この頃の武士の主従関係は、今一般に思われているより遥かにルーズであったが、中央軍事貴族とその家臣の主従関係は、特にルーズなもので、原則一代限りのものであった。

武士たちは棟梁たる中央軍事貴族の保護を期待して家臣になるのであり、棟梁の力が衰えれば鞍替えした。

それは、そうである。たとえば、先代にどんなに恩を受けていたとしても、跡を継いだ息子が無能であった場合、先代の息子だとて、そんなボンクラに従っていれば、自分も家も滅びかねない。「バカ殿でも存在してくれれば良い」というのは、家が社会制度として確立した近世での話である。

「河内源氏」は、頼信・頼義・義家と三代にわたり、たまたま有能な人材が続いたから、「累代の家人」が比較的多かっただけのことである。

そもそも「累代の家人（その家に代々仕える家臣）」という言葉の存在自体が、武士の主従関係は通常、世代を越えるものではなかったことの証拠である。江戸時代のように、主従関係が世代を越えて続くのが当たり前であれば、この言葉はいらないのである。

そして義家段階でマックスとなった「河内源氏」の勢力は、義家没後の一族あい喰《は》む激烈な内部抗争で急激に衰退する。

頼朝の祖父為義は義家の子（義家の次男義親の子という説を記す史料もあるが、義家子説を記す史料の方の信憑性が高い）であるが、彼の生涯は「河内源氏」復興のための奮闘努力に捧げられ、そしてそれは彼の時代には報われることはなかった。為義の時代、「河内源氏」は白河法皇の後援を受けて急成長した「伊勢平氏」の後塵を拝することとなる。「河内源氏」はズルズルと弱体化、「伊勢平氏」は急成長し、「伊勢平氏」やや優位で、両者が並んだというのが、頼朝の幼年期、一一四〇年代末から五〇年代前半における平安京暗黒街の情勢であった。

## 3　頼朝の幼・少年期

### 頼朝はお坊チャマ

頼朝の幼・少年期、「河内源氏」はかつての勢威を失ってはいたものの、武家社会ではトップクラスの家柄であり、貴族社会のランキングでも中の下程度の階層に属していた。貴族社会のランクではその他大勢であるが、『今昔物語集』などに記されている受領《ずりょう》（国司。今で言えば都道府県知事）のガメツさが有名であることでもわかるように、諸大夫層には金持ちが多い。

しかも頼朝の父義朝は「海道（東海道）十五ヶ国を管領」する「数万騎の主《あるじ》」（文治五年九月七日条）と言われる勢威を誇っていたから、武力はもちろん、財力も相当なものであったはずである。

そして頼朝の外祖父藤原季範は熱田大宮司（尾張国〈愛知県西部〉にある熱田神社のトップ）の神職にあるものの、貴族として京都で活動していたのであり、頼朝が京都で生まれて育ったことは、ほぼ確実である。同じ義朝の子と言っても、相模の武士三浦義明の娘を母とし義明のもとで育った長兄義平《よしひら》（『平治物語』・『清和源氏系図』）、やはり相模の武士波多野義通の妻の姉妹を母とし義通に養育された次兄朝長《ともなが》（治承四年十月十七日条）、坂東の荒々しい風土で育った異母兄二人とは、まさに育ちが違う。頼朝は、じゅうぶん過ぎるほど育ちの良いお坊チャヤマであった。

頼朝のお坊チャマぶりの一端を示すのは、乳母《めのと》の人数である。わかっているだけで、頼朝には乳母が四人もいた。簡単に紹介しよう。

**○比企尼《ひきのあま》**
比企掃部允《かもんのじょう》の妻（寿永元年十月十七日条）。
**○寒河尼《さむかわのあま》**
常陸の武士八田宗綱の娘（治承四年十月二日条）。
**○山内尼《やまのうちのあま》**
相模の武士山内首藤《やまのうちのすどう》俊通の妻。経俊の母（治承四年十一月二十六日条）。
**○三善康信の伯母（治承四年六月十九日条）**
この人は前記三人の誰かと重複する可能性もあるが、『吾妻鏡』の書きぶりからすると、そうではないようである。

乳母は、ご主人のお坊チャマ・お嬢チャマに実のお母様に代《か》わってオッパイを差し上げるから「乳母」なのであるが、実際には本当にオッパイをお飲ませするとは限らない。頼朝の乳母で言えば、寒河尼は頼朝の九歳上（安貞二年二月四日条）に過ぎず、オッパイをお飲ませしようもない。童謡『赤とんぼ』の「姐《ねえ》や」のような子守の女の子である。ようするに乳母とは、ご主人ご夫妻に代わってお子様を一家挙げて養育申し上げる女性である。だから、乳母の夫は「乳母夫」と書いて、乳母と同じく「めのと」と読む。また、養育されたお子様にとって、乳母の子供たちは「乳母子《めのとご》」・「乳兄弟《ちきょうだい》」と呼ばれ、大人になると家臣の中でも最も頼みとする存在となるのである。たとえば、頼朝の従弟木曽義仲の乳兄弟今井兼平は、敗残の義仲に最後まで付き従い、義仲の後を追って自害している（『平家物語』巻九「木曽最期《きそのさいご》」）。

その乳母が頼朝には少なくとも四人もいた。頼朝は京都の雅《みやび》な貴族社会で女性たちに囲まれて育った。何不自由無い恵まれた生活であったろう。

しかし、一一五〇年代後半、ただでさえかつての勢力を失っていた「河内源氏」は、さらに弱体化した果てに壊滅し、頼朝の運命は激変する。

### 平治の乱——「河内源氏」壊滅

保元元年（一一五六）七月、鳥羽法皇の崩御をきっかけに保元の乱が勃発した。

この戦乱の本質は、鳥羽の皇子崇徳上皇・後白河天皇兄弟による跡目相続争いであり、これに藤原忠通・頼長兄弟の摂関家内紛が絡んだ貴族社会の内部抗争であった。

保元の乱で、「河内源氏」・「伊勢平氏」は共に崇徳・頼長陣営と後白河・忠通陣営に分裂して戦った。結果は、源義朝・平清盛の属した後白河陣営の勝利であった。

ところが、この結末は「伊勢平氏」と「河内源氏」では、まったく違う意味を持った。「伊勢平氏」では、清盛とその弟たちは皆、後白河陣営であり、崇徳陣営に奔《はし》ったのは叔父忠正一家だけだったので、「伊勢平氏」では忠正一家が処刑されただけで済んだのである。

これに対し、「河内源氏」では、為義の子で後白河陣営に属したのは義朝のみ。為義と戦闘可能なその子供たちは義朝を残してほとんど崇徳陣営であったため、処刑されまくって、生き残ったのは事実上、義朝一家だけになってしまったのである。

保元の乱で「伊勢平氏」はほぼ無傷であったのに対し、ただでさえ勢力の落ちていた「河内源氏」は大打撃を蒙ったのである。その後の政界遊泳でも清盛に後れを取った義朝は三年後、上皇となった後白河の近臣藤原信頼と結びクーデターを決行する。

平治元年（一一五九）末の平治の乱である。

平治の乱は、貴族社会の複雑な派閥抗争の果てに惹起された事件であり、平清盛・源義朝は各々が属する派閥のメンバー（暴力沙汰担当）として行動した。だが、結果としては平清盛にとっての「唯一の武家の棟梁決定戦」となった。

頼朝の初陣《ういじん》（初めて合戦に参加すること）でもあった平治の乱は、位階・官職においても他者を圧倒して、すべての武士を束ねる「唯一の武家の棟梁」に平清盛を押し上げたのである。このような存在は、清盛以前にはいなかった。

そして、清盛の対抗馬の役を振られたのが源義朝であった。

勝利した清盛とその一族が貴族社会の階段を駆け登り、「平氏にあらずんば、人にあらず」（『平家物語』巻一「禿髪《かぶろ》」。ホントは「此《この》一門にあらざらむ人は、皆人非人《にんぴにん》なるべし」）と言われる平家（「伊勢平氏」）全盛の二十年を築くことは、言うまでもない。

一方、敗北した源義朝は逃亡中に家臣の裏切りで殺され、重傷を負っていた頼朝の次兄朝長は義朝殺害の以前に父の手で介錯《かいしゃく》されて落命。清盛暗殺を期して逃亡先から舞い戻り、京都に潜入した長兄義平も捕縛され処刑された。

逃亡中に父や兄たちとはぐれた頼朝は捕らえられ、周知のごとく、処刑されるところを清盛の義母池禅尼（父忠盛の後妻）の嘆願によって流刑（流罪《るざい》・配流《はいる》）と決まった。

頼朝は父義朝がクーデターを決行し、京都を占領していた最中の平治元年十二月十四日に十三歳で叙爵し右兵衛権佐《うひょうえのごんのすけ》に任官するという当時の「河内源氏」では破格の昇進を遂げていた（『尊卑分脈』・『武家年代記』）が、義朝敗北後の同月二十八日、たった二週間で位階も官職も剝奪され（『武家年代記』）、無位無官の身で伊豆に流されることとなった。

ついでに書くと、昔は朝廷官職に任官した者は現任の時はもちろん、離任した後も別の官職に就かなかった場合は、その官職で呼ばれるのが通例であった。だから、伊豆時代の頼朝は、他に呼びようがないので十三歳でたった二週間在任した右兵衛権佐にちなみ「佐殿《すけどの》」と呼ばれていた。

『源平盛衰記《げんぺいじょうすいき》』（鎌倉時代末期成立）・『源平闘諍録《げんぺいとうじょうろく》』（鎌倉時代末期成立）・『曽我《そが》物語』（南北朝時代成立）、そして室町時代の成立だが『義経記《ぎけいき》』など、軍記物語では「佐殿」がもちいられている。軍記物語のような創作はフィクションが入るので、研究では使うのが難しい史料だが、呼び名などは、かえって当時の使い方を反映しているはずである。

『吾妻鏡』では伊豆時代だけでなく、文治元年（一一八五）四月二十七日に従二位《じゅにい》の位階に叙して、二位（正二位《しょうにい》と従二位）の別称である「二品《にほん》」と呼ばれるようになるまで、左・右兵衛府とその役職の唐名《とうみょう》（中国風の言い方）である「武衛《ぶえい》」と呼ばれている。

話を平治の乱後にもどして、戦闘に参加しなかった頼朝の幼い弟たちは配流・入寺などの処分を受け、散り散りとなった。頼朝の姉妹のうち異母妹（俗に夜叉御前という）は、世を儚《はかな》んで入水自殺を遂げた（『平治物語』）。

かくて、「河内源氏」は事実上壊滅したのである。

これに先立ち、頼朝の母は平治元年の三月一日以前（おそらく二月中）に没していた（『公卿補任《ぶにん》』元暦二年源頼朝条）。頼朝は、肉親との縁が薄いと言えよう。

## 4　支援者たち

### 重罪人のスポンサーたち

流人と言うと、『平家物語』巻三「足摺《あしずり》」に描かれた鬼界ヶ島の俊寛や、江戸時代の「鳥も通わぬ」と言われた八丈島、金山の過酷な重労働が「佐渡の水替えこの世の地獄」と歌われた佐渡島《さどがしま》の流人が思い浮かび、ロビンソン・クルーソーのような悲惨な生活を思い浮かべてしまう。

だが、そのような哀れな流人も、もちろんいたが、皆が皆そうとは限らない。俗に「島流し」と言われるが、そもそも流刑とは強制移住刑なのであり、島にばかり送られるわけではない。

ようは都から遠隔地に移住させ、「そこで勝手に生きて死ね」ということである。遠流《おんる》・中流《ちゅうる》・近流《こんる》の三ランクがあり、重罪であればあるほど、都から遠くに行かされる。伊豆は遠流の地なので、頼朝は重罪である。

で、流人の生活は、スポンサー（支援者）にかかっている。仕送りをしてくれる人や赦免運動をしてくれる人がいれば、生活も豊かになり、許される可能性もある。

そして頼朝にはスポンサーがいた。確実なのは、次の三人である。

### ○比企尼

頼朝の乳母の一人であるが、何人もいた頼朝の乳母の中でも格別に頼朝が大好きだったらしく、夫比企掃部允の尻を叩いて、夫婦で頼朝の後を追って京都から請所《うけしょ》にした武蔵国比企郡に引っ越して来てしまった。そしてここから蛭ヶ小島の頼朝に仕送りを続けたのである（寿永元年十月十七日条）。

請所とは、年貢の納入を定額で請け負った土地のことである。豊作の年は儲かってウハウハであるが、不作の年は自腹を切って年貢の不足分を補填しなければならない。だから、そもそも金持ちしかできない仕事であるが、金持ちでも今日の株や先物取引と同じで危険を伴う。比企夫妻は頼朝のためにアブナイのを承知で比企郡の年貢納入を請負い、収入の中から仕送りを続けたのであった。掃部允は比企郡下向後、早くに没したらしい（治承四年八月九日条に「早世」とある）が、尼の仕送りは頼朝挙兵まで丸々二十年続いた。

千昌夫氏の歌う『北国の春』の一節をモジれば、題は『流刑地の春』で歌詞は「届いた乳母殿のいつもの包み」となろう。比企尼は頼朝にとって、まさに「心の母」である。

## ○三善康信

頼朝の乳母の妹の子（ややこしいな）。現代であれば、完全に他人であるが、たったそれだけの関係で、月三度、つまり十日か九日毎《ごと》（昔使われていた太陽太陰暦《たいようたいいんれき》では大の月が三十日、小の月が二十九日）に頼朝へ使者を送り京都情勢を伝え続けてくれた（治承四年六月十九日条）。

当時の乳母関係の結び付きの強さを語る事例とされることが多いが、数いる乳母の一族で頼朝にここまでしてくれたのは、康信だけである。

## ○祐範

頼朝の母方の叔父であるお坊さん。

頼朝の伊豆行きに家臣を一人付けてくれ、その後も毎月使者を派遣してくれている（文治四年十一月九日・建久二年八月七日条）。


他にもいたであろうが、ハッキリ記録されているのは、この三人だけである。

なにも頼朝に限らず血縁関係・姻戚関係・乳母関係・主従関係などなど、いろいろな人間関係で当時の人は多くの人々と結び付いていた。しかし、その全てが危機に陥った時、有効に機能するわけがない。現代でも、親戚だからとて誰もが金を貸してくれたり借金の保証人になってくれたりはしないのと同じである。

頼朝には乳母が複数いたが、比企尼ほどに献身してくれた人は他にいなかったし、まして乳母の親族だからとて月に三回ずつずっと使者を送ってくれたのは三善康信だけであって、親戚で毎月使者を送ってくれたのは祐範だけである。それが特異な行動であればこそ彼らの行いは記録されたのである。

また、彼ら支援者たちが頼朝の流人時代、彼の将来に期待して先物買い的に援助していたと考えてはならないだろう。流人生活二十年後の挙兵、その後の成功を予知できる超能力者などいない。

## 無償の支援・まったくの好意

何と言っても、二十年は長い。中学一年生が中年のオッさんになってしまう年月である。現代でも長いが、「人生五十年」の時代には、尚更である。当時、死は現代よりも遥かに人々の身近にあった。麻酔が無く外科手術が不可能だった時代、人は盲腸（虫垂炎）でアッサリ死んだ。疫病・飢饉などの天災、戦乱・抗争などの人災が繰り返された。長命を保った幸運な人ももちろんいたが、人命は鴨長明が『方丈記』に記すごとく「朝顔の露に異ならず」儚《はかな》かった。たとえば、蒙古襲来を退けた鎌倉幕府第八代執権北条時宗は、頼朝が挙兵したのと同じ三十四歳で病没しているのである。

事実、比企掃部允は頼朝の成功を見ることなく世を去ったのであり、祐範も頼朝の伊豆下向に人を付けてくれた高庭資経も同様であった可能性が高い。

さらに言えば、万一、頼朝が成功したとして（実際、大成功するのだが）、恩に報いてくれるかどうかも、わからない。

しかも、頼朝の流人時代は、清盛率いる「伊勢平氏」一門が栄華の道を駆け上がった時代である。平家の時代がもう二十年続いていれば、頼朝に出番は無く、頼朝の歴史上での役割は永暦元年の配流で終わっていたのである。十四歳の一流人の将来に誰が期待を掛けることができようか。

読者は自分の身に置き換えて考えていただきたい。あらゆる意味でアヤフヤな将来の利益だけを目的に二十年間、定期的に仕送りを続けたり、そこまでしなくとも毎月、手紙を書き続けたり電話やメールをし続けたりできますか？　一年やるのだって、かなりメンドクサイ。

しかも、相手はおっかない時の権力者「六波羅《ろくはら》の入道前太政大臣平朝臣清盛公《にゅうどうさきのだじょうだいじんたいらのあっそんきよもりこう》」（『平家物語』巻一「祇園精舎《ぎおんしょうじゃ》」）の敵であった犯罪者である。

そして頼朝の成功は日本歴史上、空前絶後と言って良い希《まれ》なモノなのである。

頼朝から八百年以上の後世を生きる我々は、彼の成功を知っている。だから、頼朝の成功を当然の結果と思ってしまう。しかし、冷静に考えれば、こんなことは滅多に無いのである。

流人が配流先の地元勢力を糾合し強大化した事例なら、頼朝の大伯父（祖父の兄。曽祖父とする史料と大伯父とする史料があるが、大伯父とする史料の信憑性が高い）義親、叔父（父の弟）為朝などがある。しかし、彼らは討伐されて終わった。

流人から身を起こし政府高官となった例で、すぐ頭に浮かぶのは西郷隆盛である。だが、政府高官の一人となった隆盛と、いわば天下を取って武家政権七百年の扉を開いた頼朝では、西郷さんには悪いが、スケールが違い過ぎるだろう。

よって、比企尼・三善康信・祐範に代表される支援者たちの頼朝への援助は、まったく見返りを求めない、と言うより求めようも無い無償のものであったと断言できよう。

ド田舎で朽ち果てるのを待つだけの流人を、記録された者も記録されなかった者も、支援者たちは各々の立場で、それなりに気に掛け、援助の手を差し延べた。比企尼たちは極例であり、一回限りの者も、数回だけの者もあったであろう。思わぬ臨時収入があった時、頼朝を思い出し、仕送りをした者もあったのではないか。

彼らは、それぞれ皆、伊豆の流人を気に掛け、心配していた。

流人時代二十年、頼朝は有名無名の支援者たちのまったくの好意によって生きていたのである。

## 5　家臣

### 気ままで楽しい流人ライフ

支援者たちの援助によって、頼朝は流人のクセにかなり裕福であった。

それが証拠に、挙兵の前年、まだただの流人であった治承三年（一一七九）三月二日、比企尼が暮らす武蔵国比企郡の慈光寺という寺院に、自分の名を刻んだ梵鐘《ぼんしょう》を寄進《きしん》（寄付）している（文治五年六月二十九日条）。

当時の梵鐘の値段はよくわからないのであるが、この本を書くためにインターネットでチョット調べてみたところ、現代では口径（下部の外径）が二尺《しゃく》（約六十センチ）で一四〇万円以上、三尺（約九十センチ）では六〇〇万円以上もする。昔もかなり高価なものであったと推察される。このような高価なものをポンと寄付しているのであるから、頼朝は相当なお金持ちである。

代金は比企尼が払ってくれた可能性も無いでは無いが、この寄進は政子の安産祈願であったと推定されるので、比企尼に出してもらったら御利益が減じるであろうから、このお金は頼朝が自分で払ったと考えられる。もっとも、その金の出所は比企尼たちスポンサーの方々からの仕送りであるが。

このように頼朝は、スポンサー様方の好意で、けっこうお金持ちだったのである。流人のクセに。しかも、流人なので所領も無いから、所領経営などで働く必要も無い。うらやましい限りである。

さらに。

流人の分際で、頼朝には家臣までいた。次の人々である。

［住み込み］

○**小野田盛長**《おのだのもりなが》

通称（仮名《けみょう》）、「藤九郎《とうくろう》」。

頼朝の命令で梵鐘の寄進にわざわざ伊豆から武蔵の慈光寺まで行った人。

一般に「安達《あだち》盛長」と呼称される。しかし、安達の苗字《みょうじ》は鬼婆《おにばば》で有名な奥州安達ヶ原のある陸奥国《むつのくに》安達郡安達荘によるもので、盛長がこの地を得たのは奥州合戦後と考えられる。

『尊卑分脈』に、盛長の苗字は「小野田」とある。小野田の地名は三河国宝飫郡《みかわのくにほおのこおり》にあり、後に三河は盛長の「奉行国」になっている（正治元年七月十六日・十月二十四日条）ので、盛長はここを苗字の地とする武士小野田氏の九男坊（藤九郎は「藤原氏の九男」の意味）であったようである。

ナゼに三河の武士の九男坊が伊豆の流人に仕えたかと言えば、盛長の妻が比企尼の娘だったからである（宝治二年五月十八日条・『吉見系図』）。

姑《しゅうと》である比企尼に、

「あんたたち！　佐殿のお世話に行きなさい！」

と命令されて、頼朝に仕えたようだ。「流人の家来」……かわいそうな立場である。つくづく嫁はよく考えて選ばねばならない。

**○中原光家《なかはらのみつ いえ》**

通称、「小中太《こちゅうた》」。「小さい方の中原氏の長男（太郎）」の意味。光家は父も自分も長男であったから、こう呼ばれたようである。

幕府成立後に政所（幕府の行・財政機関）のメンバーになっており（文治元年九月五日・三年十月二十九日条）、文筆能力をもって頼朝に仕えた。

鎌倉幕府では、こういう人を腕っ節で働く武士と区別して「文士」と呼んだ。文士には下級官人出身者が多く、中原氏も下級官人の家である。

だが、光家は系譜もわからず、通称がただの「小中太」なので、彼自身は朝廷官職には任官していない。頼朝に仕えた経緯もわからない。正体不明である。

### ○藤原邦通《ふじわらのくにみち》

通称、「藤判官代《とうのほうがんだい》」または「大和《やまとの》判官代」。

藤は藤原の略、判官代は国衙《こくが》（現代風に言えば、都道府県庁）の下っ端の役職で、邦通は大和国《やまとのくに》の判官代だったので、こう呼ばれた。

光家と同じく文士であり、頼朝の手紙の代筆をやったり、頼朝の御布施をお坊さんに渡す役をしたりしている（治承四年六月二十二日・七月五日条）。

盛長の推薦で、頼朝に仕えた（治承四年八月四日条）が、どうして盛長の知り合いだったかは、不明。「洛陽放遊《らくようほうゆう》の客《かく》」だそうで、京都（洛陽）で何かやらかしたか、食い詰めて、伊豆まで流れて来たようである。一応、働いてはいるが、この経歴からすると、限り無く居候に近い感じがする。やはり正体不明と言えよう。

［通《かよ》い］

**○佐々木四兄弟（定綱・経高・盛綱・高綱）**

源氏は源氏でも清和源氏ではなく、第五十九代宇多天皇の子孫である宇多源氏の一族で、近江国《おうみのくに》蒲生郡《がもうのこおり》佐々木荘《ささきのしょう》を苗字の地とする武士佐々木秀義は、源為義の猶子《ゆうし》（財産相続権の無い養子。子供待遇）となり、その子義朝にも仕えた源家累代の家人であった（『尊卑分脈』）。保元の乱・平治の乱には、義朝に従って参戦している（『保元物語』・『平治物語』）。

ところが、平治の乱で主人義朝が敗死してしまったため、秀義は佐々木荘を追われることとなった。秀義は幼い子供たち、太郎定綱・次郎経高・三郎盛綱・四郎高綱らを連れて、姨母《おば》（母の姉妹）の夫である奥州藤原氏三代目秀衡を頼って奥州（陸奥国）に逃げることにする。夜逃げである。しかし、当時は車も電車も飛行機も無いので、あちこち泊まり歩きながらの逃亡となる。それで相模まで辿り着いて泊めてもらったのが、相模の大名（勢力のある武士）渋谷重国であった（弘長元年五月十三日条）。ところが、佐々木秀義と渋谷重国は意気投合してしまい、秀義は一家でそのまま重国の家の居候となった。

二十年も。

居候させる方も太っ腹な話であるが、する方もズーズーしいにも程があろう。その上、秀義は重国の娘婿となり、五男義清まで生まれている（治承四年八月二十六日条）のであるから、全くもってズーズーしい。

しかも、定綱・経高・盛綱・高綱の佐々木四兄弟は、「伊勢平氏」の家臣である重国の家で暮らしながら、流人頼朝の元に通い続けたのである（治承四年八月九日条）。ホントにズーズーしい。主人は流人、家臣は居候。――ご立派な主従もあったものである。

以上、流人頼朝の家臣は武士五名、文士二名。これに頼朝挙兵の二十四日前、治承四年七月二十三日、神官の家系の佐伯昌長・大中臣《おおなかとみ》頼隆が加わるが、この二人はギリギリ過ぎなので数に入れないでおく。

当時の武士団には、武蔵の河原氏が兄弟二人だけ（『平家物語』巻九「二度之懸《にどのかけ》」）とか、同じく武蔵の熊谷氏が父子に家臣（旗差《はたさし》）一人（『平家物語』巻九「一二之懸《いちにのかけ》」）といった、武士団と言うより武士ブラザーズ・武士親子とでも言いたくなるような豆粒のようなものもあったから、武士が頼朝本人を入れて六人に文士が二人もいる頼朝主従は、立派な武士団である。

言うまでもなく、平治の乱以前の「河内源氏」の勢威とは比べようも無いが。

流人屋敷には、「佐殿」「藤九郎」「小中太」「判官代」と呼び合う主従の親しい時間が流れていたことであろう。また、佐々木兄弟たちが遊びに来た折りには、宴会で酔いに任せ、「いつか、天下を」といった話題も出たかもしれない。

しかし、当時の頼朝たちにとっては、その「いつか」は、永遠に来ないかもしれない「いつか」であった。

頼朝の蛭ヶ小島での生活は、責任も義務も無く生活にも困らない気ままで楽しい流人ライフであった。しかし、同時に、頼朝には未来も無かった。

## コラム① 〔文士〕

「文士」というと、近代以降、昭和三十年代くらいまでは、小説家・作家・著述業者をカッコつけて言った言葉で、明治以降、オシャレな町になった鎌倉にわざわざ住んでいる小説家を「鎌倉文士」などと呼んでいたが、今では聞き慣れない言葉であろう。

日本中世における「文士」は小説家ではなく、腕っぷしで主君に奉仕する「武士」に対する言葉で、文筆によって、ようするに字を書くことで主君に奉仕する者を指した。

ケンカが仕事である戦闘員たる武士には字が読めないし書けない者が多かったのである。なにしろ、漢文が読めるだけで「文博士《ふみはかせ》」と呼ばれたりする始末である（承久三年六月十五日条）。

武士団も組織であり、所領経営には字が書けないと困る場面も多い。けれども、武士本人が書けなくても良いのである。字を書けて文書がチャンと作れる人間を家臣にすれば済む。また、武士の系図を見ると、一族に僧侶になっている者が、けっこういる。もちろん宗教的側面はあるが、同時に、字を書くこと、書類を作ることは、お坊さんの仕事の一つであった。よって武士は僧侶になった一族の者に、書類作りを頼めば良いのである。いわば、車両免許の取得・更新のために行く運転免許試験場の周りにある代書屋さんのようなものである。こういった連中が鎌倉幕府以降の武家政権における文士の原型である。

鎌倉幕府は巨大組織であり、しかも、政府であり、裁判所であり、軍隊・警察でもあったのだから、組織運営で文書を必要とする場面は一般の武士団の比ではない。ケンカが強いだけの無教養な荒くれ者ばかりでは、組織が維持できない。

だから、頼朝はあらゆる関係を駆使して、とにかく字が書ける人間をカキ集めた。何人か、紹介してみよう。

○**藤原（二階堂）行政**《ゆきまさ》

簡単に言うと、頼朝の母方の大叔母さんの息子、遠い叔父さんである。なるべくわかりやすく説明すると、頼朝の母は熱田大宮司藤原季範の娘であり、季範の妹（頼朝の母の叔母）が藤原行遠という者と結婚して生まれたのが行政である。

行政は京都で民部省《みんぶしょう》という役所の部局の一つ、主計寮《しゅけいりょう》の三等官である主計允《かずえのじょう》の官職に就いていた。主計寮は朝廷の税収の調査・監査を職掌とするから、下級の官庁で役職の地位も低いが、それなりに重要な機関であった。よって主計允は実務型の下級官人であり、文士の資格は十分にあった。頼朝は親戚関係から声を掛けたのであろう。元暦元年（一一八四）十月六日に新築された公文所（家政《かせい》機関〈家の運営組織〉。後の政所）の吉書始《きっしょはじめ》（開設式）に寄人《よりゅうど》（職員）として加えられ、後には公文所・政所の実質的副官である令《れい》に就任している。

○**三善康信**

頼朝の乳母の妹の子（あ〜、ややこしい）。たったこれだけの関係で頼朝の流人時代二十年に亘り、月に三度ずつ書状を送り続けてくれ、頼朝挙兵の直接のきっかけを作ったのも康信からの知らせであった。挙兵後もたびたび鎌倉に入った頼朝に京都情勢を知らせてくれ、頼朝の伊勢神宮への願文《がんもん》の下書きを書いて送ってくれてもいる。

元暦元年四月十四日に鎌倉に到着し、翌日に鶴岡八幡宮の回廊（廊下）で頼朝と対面して、鎌倉幕府に仕えることになった。この時、初対面の康信について、頼朝は「はなはだ穏便の者なり（とても優しくて落ち着いた人だねェ）」と評している。

同年十月二十日の問注所開設と同時に長官である執事に就任した。

康信は二条天皇の中宮藤原育子（後、皇后）の世話をする中宮職《ちゅうぐうしき》の下っ端である属《さかん》を長く務め、鎌倉に来た時はすでに出家していたので「中宮大夫属入道《ちゅうぐうたいうのさかんのにゅうどう》」（法名、善信《ぜんしん》）と呼ばれた。のん気な割に政界中枢に近い官職であり、政界情勢に通じた立場にあった。もともと三善氏は下級官人の家なので、血統的にも経歴からも、流人時代から頼朝が頼りにした都人《みやこびと》の一人であり、初代問注所執事への抜擢にも適う能力の持ち主であった。

### ○藤原親能

父は藤原某。母は中原広季の娘。外祖父広季の養子になって、ずっと中原を名乗っていたが、頼朝時代に中原より家柄が上の藤原に改氏した。中原氏は明法道《みょうほうどう》（法律学）を家学とする下級官人の家であるが、この人はどういうわけか相模の武士波多野経家に養育されて、相模で育った。それで流人時代の頼朝と知り合ったらしい。頼朝の四つ上なので、昔馴染みといったところ。

成長してからは京都で斎院次官《さいいんのすけ》という官職（言っては悪いが、閑職）に就いている。頼朝挙兵後の治承四年（一一八〇）十二月六日、「謀叛の首《しゅ》頼朝と年来の知音たり（反乱のボス頼朝と長年の友達である）」という理由で逮捕されかかり、既《すんで》のところで逃げ出している（『玉葉』同日条）。

そのまま鎌倉まで逃げて行ったのかはわからないが、とにかくその後は鎌倉に来て、元暦元年二月五日に『吾妻鏡』に登場する。同年十月六日の公文所吉書始に参加し、寄人になっている。

**○大江広元**

父は上杉和彦氏の研究によれば大江維光《これみつ》。母は中原広季の娘。外祖父広季の養子となった。藤原親能とは母が姉妹の従兄弟同士で、二人とも外祖父中原広季の養子となり、義理の兄弟になったのであった。

義兄同様、ずっと中原を名乗っていたが、中原より少し家柄が上の大江に改氏した。三代将軍源実朝時代の建保四年（一二一六）閏六月一日に朝廷から改氏を公認された（同月十四日条）が、その少し前から私的には大江を名乗っていた。

兄より少し遅れて元暦元年六月一日に『吾妻鏡』に初登場した。同年十月六日の公文所吉書始では、長官である別当《べっとう》になっている。親能は職員である寄人の一人なので、広元は義兄の上司になってしまったわけである。もっとも、親能は源平合戦で西国に派遣されるので、基本的に鎌倉にいる広元が別当になったのであろう。

頼朝時代の後半以降も親能は京都守護（鎌倉幕府の京都出先機関。承久の乱後に設置される六波羅探題の前身。六波羅探題と同じで長官も組織と同名）として在京生活が長く、広元は初代政所別当をずっと続けてゆくことになる。

**〇藤原邦通**

流人時代の頼朝の限り無く居候に近い家臣。元暦元年十月六日の公文所吉書始に寄人として見え、大和国の判官代だったので文筆には長《た》けていたようである。家系は不明。

○**中原光家**

邦通同様、流人時代から頼朝に仕えていた光家は、政所で知家事《ちけじ》という役職に就いている。中原氏は下級官人の家柄だが、家系は不明。

○**足立遠元**

武蔵国足立郡（現在の埼玉県東部から東京都足立区に及ぶ地域）を本拠とする大豪族。頼朝の父義朝の家臣で、義朝に従い保元の乱・平治の乱に参加（『保元物語』・『平治物語』）している。

元暦元年十月六日の公文所吉書始で、寄人となっている。平治の乱では敵を射殺《いころ》して太刀《たち》を奪っており、明々白々に武士でありながら、珍しく文筆に長けていたことになる。

遠元は『尊卑分脈』では藤原北家魚名《うおな》流とされるが、『将門記《しょうもんき》』に足立郡司《ぐんじ》武蔵武芝《むさしのたけしば》という者が清和源氏初代源経基と対立して平将門《まさかど》を頼り、これが平将門の乱の原因の一つとなったとあり、この武芝を遠元の先祖とみる学説がある。郡司を世襲する家の出身であれば、文筆に優れていてもおかしくはないので、武芝子孫説は有力だと個人的には思っている。

ちなみに、頼朝の流人時代からの家臣小野田盛長の長男安達景盛とは、苗字の読みが同じだが、遠元のアダチは武蔵国足立郡、景盛のアダチは陸奥国安達郡安達荘であり、二人は血縁を含めて何の関係も無い。

### ○大中臣秋家

もとは甲斐源氏のリーダーの一人であった一条忠頼の家臣。忠頼が頼朝の命で暗殺された二日後、元暦元年六月十八日に頼朝に呼び出され、御家人となった。同年十月六日の公文所吉書始に参加し、寄人となる。文治元年（一一八五）四月十三日と九月五日と文治三年十月二十九日に公文所・政所で働いていることが『吾妻鏡』に出ている。ところがこの人は「歌舞曲に堪うるの者（歌や踊りが上手《じょうず》な人）」だったそうで、文治三年七月二十三日の宴会の時、頼朝の前で歌って踊っている。どうも、一条忠頼お抱えのシンガー兼ダンサーだったようである。

姻戚関係・乳母関係・昔馴染みとその一族とあらゆる関係を辿って、頼朝は文士を集めた。これに今となっては家系もよくわからない流人時代以来の家臣を加え、それでも足りなくて、武士の足立遠元や、果てはダンサーまで加えて、それでも文士は十数人であった。頼朝時代鎌倉幕府における文士の貧弱ぶりがよくわかるのである。

## 6　家庭

### 貴種の血統は危険な存在

ヒマ人の頼朝が毎日することとは、父義朝はじめ一族の菩提を弔うための読経《どきょう》（だけ）であった（治承四年七月五日条）。金があってヒマで健康な男がやることは決まっている。ナンパである。

幕府を開いてからの行状を見れば、頼朝がナンパ師であったことは間違い無い。

そして無粋な男ばかりの東国にあって、武士の世界ではトップクラスの血統で、都育ちで、その上「かわいそうな境遇」の頼朝は、さぞやモテたことであろう。

しかし、残念ながら、流人時代に頼朝が引っかけたことがわかるのは、二人である。

まず、今は温泉街で有名な伊東を本拠地とする伊豆最大の豪族伊東祐親《すけちか》の娘（俗に八重《やえ》と伝える)。

頼朝は祐親が京都に出張中に八重に通じ、男子(俗に千鶴《せんつる》と呼ばれる)をもうけた。そして安元元年(一一七五)九月、頼朝二十九歳の時、事件が起きる(寿永元年二月十五日条)。

京都から帰って来た祐親は「伊勢平氏」への聞こえを恐れ、頼朝と八重を別れさせ、家臣に孫である千鶴の殺害を命じた。千鶴は簀《す》巻きにされて重石を付けられ、生きたまま松川(伊東大川)の淵に沈められた(『源平闘諍録』など)。三歳だったという。

祖父によって葬られた千鶴。この子を偲《しの》ぶ歌があるので、紹介しておこう(私はこの歌を『歴史読本』昭和五十六年十月号一五九頁に載っている中村吾郎氏作と思われるコラム「頼朝の悲恋」で知ったのであるが、元ネタがわからない。ご存知の方はご教示をお願いしたい)。

千鶴可愛《かわい》や世が世であれば
六十余州の天下の跡目
誰をまつ川　流れも清く
お湯で賑《にぎわ》う伊東町

頼朝は、またしても肉親を失った。

頼朝の悲しみと怒りも深かったであろうが、娘を傷物《きずもの》にされ、孫を殺すハメになった祐親は当然のことながら怒り狂い、頼朝殺害を謀《はか》る。だが、頼朝は祐親の息子九郎の急報を受け、伊豆山神社《いずさん》（伊豆大権現《だいごんげん》、走湯《そうとう》大権現、伊豆山、走湯山）に逃げ込み、危うく難を逃れたのであった。

この事件が祐親を悲劇的な運命に導く。

頼朝挙兵後、祐親は平家方として頼朝と敵対し、頼朝の鎌倉入りから十三日後、捕虜となった（治承四年十月十九日条）。二年後、頼朝は祐親を許そうとするが、それを聞いた祐親はかえってこれを恥辱とし、自刃して果てるのである（寿永元年二月十四日条）。

そして頼朝が次にチョッカイを出したのこそ、北条時政の娘政子であった。

ちなみに、実は政子が政子を名乗るのは頼朝の没後（政子六十二歳の建保六年四月十四日、従三位叙位の時）であり、よって頼朝は政子を「政子」と呼んだことは一度も無いのであるが、この本では他に呼びようがないので最初から政子で通す。

時政の本拠地北条は、蛭ヶ小島のすぐ近所である。北条氏は兵力、伊東氏の十分の一以下、多目に見積もっても三十騎に満たない土豪である。

頼朝は時政の京都出張中に政子に手を付けた。八重と全く同じパターンなのに呆れる。どうも頼朝は、こと女性関係では失敗から学ぶという機能を持ち合わせていなかったらしい。

帰郷した時政は伊東祐親と同様に二人の仲を裂いた。政子を別の男に嫁がせたのである。このことから、伊豆の武士たちにとって、頼朝が厄介な存在であったことが理解される。頼朝は武士としては最高級の血統であるから、伊豆を含めた東国の武士たちは敬意を持って接していたが、大切にしているからとて、では、婿《むこ》に迎えるかと言えば、話は別である。貴種の血統は利用価値もあろうが、利用するには危険な存在であった。

## 政子のガンバリで家庭を持つ

こうして頼朝は再び妻を失った。頼朝にしてみれば、「またダメだったか」程度のことだったかもしれない。

しかし、政子は違った。彼女は八重とは異なって自身の感情に従い父の意志を振り切っ

て、頼朝のもとに奔ったのである。後に政子はこの時のことについて頼朝に向かい、

「暗い夜に道に迷い、ひどい雨に濡れながら、あなたのところに行ったじゃない」

（暗夜に迷い、深雨を凌ぎ、君の所に到る）

と言っている（文治二年四月八日条）。

頼朝と政子は、伊豆山神社に逃げ込み、伊豆山に保護された。手に手を取って二人で伊豆山に向かったのか、頼朝が転がり込んでいた伊豆山に政子が来たのかはわからないが、とにかく頼朝はまたも伊豆山を頼ったのである。

伊豆山神社は奈良時代創建と伝える修験道《しゅげんどう》の聖地であり、平安時代末期には、伊豆はもちろん、東国一帯から篤い信仰を集めていた。また、武力として多数の衆徒《しゅと》（いわゆる僧兵だが、僧兵は江戸時代の言葉）を抱えていた。宗教的権威としても、現実の軍事力の面でも、伊豆山神社の庇護下に入った者には、何者もおいそれと手出しはできない。頼朝は二度も伊豆山神社のお世話になったが、その選択は正しいと言うより、当然であった。

かくて時政は頼朝を婿と認めた。当時の伊豆では伊東氏の勢力が突出しており、これは時政にとって頭の痛い問題であった。頼朝は厄介な存在であるが、同時に「河内源氏」の貴種性は魅力でもあった。頼朝を婿とすることは、伊東氏に対する防波堤として（多少

は）役立つと、時政は考えたのではないか。

だが、時政は祐親と同じく一度は頼朝と政子を別れさせたのであるから、頼朝を婿としたことは、あくまでも政子のガンコさに、仕方なく時政が折れた結果である。頼朝の貴種性の利用は後付に過ぎない。よって、時政に先見性を認めることは到底できない。頼朝が北条氏の婿となれたのは、偏《ひとえ》に政子がガンバッたからである。八重と政子の性格を含め何かが違えば、時政は伊東祐親と同じ運命を辿ったか、時政と祐親の立場は入れ替わっていたかもしれないのだ。

やがて頼朝・政子夫妻には娘、大姫が生まれる。平治の乱による運命の激変後、やっと頼朝は血の繋がった家族を得たのであった。

## 治承二年の北条ファミリー

大姫の誕生は、治承二年または三年（一一七八・九）と推定されているが、私は三年と考えている。前述した同年三月二日の梵鐘寄進が政子の安産祈願で、生まれたのが大姫と推定するからである。よって、時政帰郷後の騒動は同二年となる。軍記物の妙本寺本『曽我物語』は、頼朝夫妻の伊豆山参籠を治承二年十一月とする。軍記物語はいわば戦争小説であり、その記事は信用度が低いとされ、妙本寺本『曽我物語』の記す年月日もほとんどがデタラメであるが、頼朝夫妻参籠の日時は、いい線行っているのではないかと思う。この推定が正しければ、配流から十八年後、頼朝三十二歳、政子二十二歳の時のこととなる。

北条一家は当時、政子の父、時政。時政の嫡子（跡継ぎ候補）である宗時。庶子（嫡子以外の子）で政子・宗時の弟、義時。義時のさらに弟で、やはり庶子の五郎（後の時房）。これに、時政の従弟とも甥とも伝える時定がいた。

女の子、つまり政子の妹は、次の四人がいずれも生年未詳であるが、活動時期などから治承二年以前に生まれていたはずである。

（1）頼朝鎌倉入りの翌年、養和元年（一一八一）二月一日に頼朝の命で、室町幕府将軍家足利氏の先祖である下野の源姓足利義兼《よしかね》と結婚した娘。

（2）時期不明だが頼朝の異母弟、阿野全成《あののぜんじょう》の妻となり、建久三年（一一九二）八月九日、実朝誕生の当日に乳母に選ばれた、阿波局《あわのつぼね》と呼ばれた娘。

（3）武蔵秩父党有力者、稲毛《いなげ》重成の妻となって稲毛女房《いなげのにょうぼう》と呼ばれ、建久六年七月四日に没した娘。

（4）武蔵秩父党有力者、平姓畠山重忠《はたけやましげただ》の妻となって重保を生み、重忠・重保滅亡後に義兄（姉の夫）足利義兼の子義純に嫁いで、室町幕府管領家となる源姓畠山氏初代、泰国を生んだ娘。

時政の妻は、前田本『平氏系図』が義時の母を「伊東入道女《いとうにゅうどうのむすめ》」と記しており、『工藤二階堂系図』の伊東祐親の項に「伊東入道」とあるので、義時の母、つまり時政の妻は伊東祐親の娘と推定される。家柄からして、この人が時政の正妻であろう。政子と義時は六歳違いなので、政子・宗時の母でもあったと考えられる。

だが、彼女について『吾妻鏡』は一言も語らないので、頼朝と政子が付き合い始めた頃には、没していたと考えられる。政子と時房は十八歳違いなので、時房もこの女性の子であれば、当時としては高齢出産であり、時房の出産が難産で没した可能性も考えられよう。

治承二年の北条一家の年齢を記すと、頼朝の舅《しゅうと》である時政は頼朝の九歳上の四十一歳。宗時は生年未詳だが、政子と義時が六歳違いなので、宗時も政子の弟であろう。義時は十六歳。時房はまだ元服前の四歳。時定は三十四歳。政子の妹たちはいずれも生年未詳だが、畠山重忠の嫁については、私は八歳くらいであろうと推定している。

武士団の構成員は、惣領（当主。主人）、惣領と血縁のある家子《いえのこ》、惣領と血縁の無いただの家臣（郎従《ろうじゅう》など）に分かれる。同年の北条氏武士団は、惣領が時政、宗時・義時・時定が家子（時房は四歳なので）。家臣の人数は不明だが、惣領時政と家子三人を含めて、総勢二十数騎程度であったと、私は考えている。

頼朝は三十を過ぎて初めて家庭を持った。一一七〇年代末、気の強い妻政子の奮闘により、頼朝はささやかではあるが未来への希望を手にしたのであった。

このまま行けば、頼朝は伊豆の土豪北条氏の婿として生涯を送り、頼朝の子頼家・実朝の子孫は清和源氏の一系統、いわば「伊豆源氏」として細々と存続したかもしれない。このアナザーワールドでは、きっと大姫の悲劇も無かっただろう。こちらの運命の方が、あるいは頼朝一家は幸福であったのか。しかし、これは「もしも」の話である。

## 7 頼朝流人時代の武家社会

### 「一所懸命」の武家社会

では、頼朝の流人時代＝「伊勢平氏」全盛時代の武家社会は、いかなる状況にあったのであろうか？

「一所懸命（一箇所の土地に命を懸《か》ける。「一生懸命」は間違い。「一生に命を懸ける」のは、当たり前）の言葉で知られるように、古代・中世の武士たちにとって最も大切なのは、先祖代々伝えて来た所領（ナワバリ）を最低限、維持し、願わくば拡大して、子孫に伝えることであった。そのためには、武士たちはあらゆる手段をとった。

（1）荘園の経営や主従関係によって京都貴族や大寺社など有力者（権門《けんもん》）と関係を結び、その庇護を受ける。（2）律令制度の地方支配機構である国衙《こくが》の役職を得て、朝廷支配の末端に連なる（在庁官人《ざいちょうかんじん》）。（3）「河内源氏」のような中央軍事貴族（武家の棟梁）の家臣となるのも、その一つである。そして最終的手段は、言うまでもなく（4）武力による実力行使である、などなど。

具体的な例を挙げよう。

（1）については、武蔵の畠山氏は畠山庄司《しょうじ》、下総の下河辺《しもこうべ》氏（下野小山氏の一門）は下河辺庄司を称しており、彼らが畠山荘《はたけやまのしょう》・下河辺荘という荘園の現地管理人（はっきり言ってしまえば、年貢取り立て人）の役職である荘司（庄司）であったことを示す。ちなみに荘園の「荘」は史料では「庄」と記されることがほとんどである。彼らは朝廷権力に連なる荘園領主の権威を背負っていた。荘司と同様に武士の名乗りになっている「別当」は、馬牧場である牧《まき》の現地管理人、牧別当《まきのべっとう》である。

（2）については、相模の三浦氏・下総の千葉氏・下野の小山氏は頼朝時代の鎌倉御家人トップ3となる大武士団であるが、三浦氏惣領は相模介《さがみのすけ》を世襲して三浦介《みうらのすけ》を、千葉氏惣領は下総介《しもうさのすけ》を世襲して千葉介《ちばのすけ》を称していた。介《すけ》は守《かみ》に次ぐ国司の二等官、今なら都道府県副知事である。そして小山氏惣領は三等官、今なら助役である下野大掾《しもつけのだいじょう》の地位にあった。同様の例では、桓武平氏系の常陸大掾《ひたちのだいじょう》氏がズバリ官職をそのまま苗字としている。これらの事例は彼らがそれぞれの住国において高位の朝廷官職を帯びることによって朝廷の権威を背負い、それによって他の武士団に臨《のぞ》んでいたことを示す。このような連中を在庁官人というのである。
（3）については、南坂東に「河内源氏」の累代の家人が多いことは、すでに述べたとおりである。
しかし、（1）（2）（3）は、言うまでもないことであるが、いずれも所領防衛にとって決定的な効果を持ってはいなかった。

そこで最終的に（4）となる。相模国には多数の武士団が割拠していたが、代表するのは三浦氏（三浦党）と鎌倉党である。両者は共に桓武平氏系であるのみならず、始祖を同じくする親戚であるが、三浦氏と鎌倉党有力氏族大庭《おおば》氏とは、所領争いで対立した。天養元年（一一四四）には、三浦義次（義継とも）が中村党（桓武平氏系）の中村宗平らと組んで源義朝を担ぎ、大庭氏の苗字の地である大庭御厨《おおばのみくりや》（御厨とは伊勢神宮の荘園のこと）に「千余騎」で殴り込みを掛け、大庭景宗がこれを朝廷に訴えるという事件が起きている（大庭御厨濫行《らんぎょう》事件。『天養記』）。

三浦氏と大庭氏は共に「河内源氏」累代の家人であり、保元の乱では景宗の子大庭景義・景親兄弟が、平治の乱では三浦義次の孫（義明の子）義澄が、源義朝に従って参戦している。だが、この事件では御厨に殴り込ませているのであるから、源義朝が三浦・中村氏らの側に立っていたことは、誰の目から見ても明らかである。よって、この事件においては、大庭氏が「河内源氏」累代の家人であることは、何の役にも立たなかったと言い得る。

平治の乱以前、相模においては相模介を世襲し源義朝を婿とした三浦氏（義澄の姉妹が義朝の妻となって長男義平を生む）が優勢であったようだ。ところが、平治の乱での「河内源氏」壊滅後は大庭景親が「伊勢平氏」と強力に結び付き、その「東国ノ御後見」（『源平盛衰記』巻二十）となって巻き返し、優位に立ったと考えられる。

もう一例挙げると、下野では共に秀郷流藤原氏である小山氏と藤姓足利氏（後に室町将軍となる源姓足利氏とは別族）が「一国之《の》両虎」（「下野国に並び立つ二匹の虎」。養和元年閏二月二十三日条）と称されて対立していたのであった。

### 朝廷の重圧の下で

また、当時の日本という国家を動かしていた律令制の支配機構は大宝元年（七〇一）の『大宝律令』制定以来、頼朝の流人時代には五百年に及ばんとしていた。五百年続けば、人は普通それを永遠に続くと考えるものである。しかも、武士たちには『大宝律令』が大宝元年に作られたなどという知識は、おそらく無い。当時の人々の考えでは、天皇とそれを戴く朝廷は、神代から続いて来たものなのであった。律令制の組織も神話の時代以来続いて来たと考えていたであろう。悠久の過去から続いて来たものは、永遠の未来にも不変に続いて行くはずである。

だからこそ、有力な武士たちは、在庁官人として朝廷権力の末端に連なり、その権威を背負ったのである。だが、朝廷は彼らにとって頼るべき権威であると同時に、彼らを抑圧する敵ともなった。

十一世紀初頭、房総半島を破滅的な荒廃に陥れ、「河内源氏」の祖源頼信の武名を高めた平忠常の乱は、自身が前上総介《さきのかずさのすけ》（元上総介）であった忠常が国衙との抗争の果てに反乱に及んだものであった。保延二年（一一三六）には、忠常の玄孫《げんそん》（孫の孫）で下総千葉氏初代である常重が下総守藤原親通によって下総国相馬郡《そうまのこおり》の官物《かんもつ》（年貢）未納入を理由に逮捕されている（久安二年八月十日付「千葉常胤寄進状《きしんじょう》」『櫟木《いちのき》文書』）。

朝廷は武士たちにとって疑いようの無い絶対的な権威であった。権威であるがゆえに利用価値は高かったが、同時に重圧でもあったのである。

十世紀以来、およそ三百年近くにわたり、先祖代々、ナワバリ争いの抗争を繰り返し、それもさすがに行き詰まった一一六〇・七〇年代の武士たちの頭上には、朝廷という煌《きら》びやかで広大な天蓋《てんがい》が広がっていた。美しくはあるが、いくら見上げても、空は見えない。

**コラム② 〈頼朝はバイリンガル〉**

本書での頼朝や御家人たちのしゃべり方は、「プロローグ」にあるような感じである。

平成二十四年（二〇一二）に本書の洋泉社版『頼朝の武士団』が出版された時、ネットに、「京都生まれ・京都育ちの頼朝が、あんなしゃべり方をするわけない」という意見が複数あった。

だが、私は頼朝をバイリンガル（bilingual　二つの言語を話す人）であったと考えている。……と書くと、「何を言っとンのじゃ、こいつは？」と思われるだろうから、まずは現代の具体例を二つ示そう。

## 具体例No.1

私が東洋大学大学院文学研究科日本史学専攻修士課程（あ〜、長い）に入学した昭和六十三年（一九八八）、鬼頭清明《きとうきよあき》先生が東洋大に赴任された。鬼頭先生は東京生まれ・東京育ち。東京大学大学院在学中に、国立奈良文化財研究所（奈文研《なぶんけん》）に就職され、以来二十年くらい木簡の研究などを続け、六十三年に突然東洋大へ赴任されたのである。

鬼頭先生が我々洋大生《ようだいせい》（東洋大生のこと）と話す時は、いつも標準語であった。「元々、東京出身なのじゃから」と何の疑問も抱いていなかったのであるが……。

翌平成元年、秋の大学院研修旅行は鬼頭先生の御案内で奈文研がメインとなった。そして初日の夕方、JR京都駅に着き、タクシーに分乗して宿泊先に向かおうとした時！

鬼頭先生はイントネーションもなめらかなカンペキなる関西弁（正確には奈良弁なのであろうが、完全東夷《あずまえびす》の私にはそこまではわからない）で運チャンとやりとりを始めたのであった。

この鬼頭先生の突然の関西弁を聞いた時の衝撃は、翌日見せてもらった「長屋親王宮」の木簡より遥かに大きかった。

**具体例No.2**

逆パターンの例である。

十九歳から三十代にかけて、私は東京都江戸川区小岩《こいわ》の実家の自室（四畳半と三畳の間の襖《ふすま》を外して一部屋にしていた）で、小・中学生相手の補習塾をやっていた。

この塾の生徒にタカシ・サトルの小林兄弟がいた。小林兄弟は最近ではめずらしい八歳ちがいの兄弟で、兄タカシは小学校低学年まで奈良は法隆寺の側《そば》の祖父母の家で育ち、その後、東京は江戸川区にやって来た。対する弟サトルは江戸川区生まれの江戸川区育ち。

タカシが私らと話す言葉は標準語（東京弁）であった。ところが、後に中学生になったサトルから私は聞いたのである。タカシも京都駅に降り立った途端にカンペキなる関西弁（奈良弁）になる、と。一方、タカシに言わせると、サトルが自分たちをマネてしゃべる関西弁は、ニセモノ丸出しで「聞けたもんじゃねェー」そーな。

父の仕事の関係で一歳から六歳までフランスで暮らしフランス語を話していたのに、

今は「フランス語なんて、サッパリ」という友達（四十代男性）もいるので、個人差はあるのだろう。だが、鬼頭先生・小林タカシくんの例からすると、人は生まれ育った場所の言語を忘れることはないが、その後長く移り住んだ場所の言語も、同じように使いこなすようになる、ということが言えそうである。

ひるがえって頼朝は、京都で十三年暮らし、その後、東国《とうごく》は伊豆で二十年を過ごした。京言葉と東国言葉、両方しゃべれたはずである。これをバイリンガルと私は言うのである。

ところで、頼朝は東国育ちである異母兄の義平や朝長とは、平治の乱の時が初対面にして最後の対面であったろう。

「父上（義朝）。右兵衛権佐、参上いたしました」

などと話していた十三歳の頼朝くんは、いかにもなヤカラを引き連れて、

「オヤジィ〜〜！　来たぜェ〜〜！」

とズカズカ現れた初対面の兄義平に、それこそブッたまげたはずである。

そして平治の乱の一ヶ月、頼朝の脳裏には父や兄たちが郎従（家臣）である東国武士たちとどのように交流しているか、深く記憶されたのではなかろうか。

これは想像であるが、流人時代以降の頼朝はしゃべり方などで、父や兄たち、特に悪源太義平（悪源太は「モノ凄く強い源氏の太郎〈長男〉チャン」を意味する義平の通称）を意識的にマネしている部分があったのではないか。初めは、具体例№1の鬼頭先生、具体例№2の小林タカシくんのように、「聞けたもんじゃねェー」だったろうが、具体例№2の小林サトルくんのように、そのうち板に付いて来たはずである。

頼朝が武士の中では超名門なのは皆、知っている。高貴な人が澄ましていても、当たり前で、オモシロくもナンともない。

伊豆に流されて来てから数年を過ぎた頃の頼朝に接した東国武士たちは、超名門の頼朝が自分たちと同じベランメェの東国言葉を話すのに、ハートを射貫かれたのではないか。

また、後に建久元年（一一九〇）十一月、頼朝は配流以来三十年ぶりで上洛《じょうらく》（京都に行くこと）する。内裏・院御所《いんのごしょ》（上皇邸）へも参上し、皮肉屋の摂政《せっしょう》藤原（九条）兼《かね》実《ざね》とも会見した。

兼実は頼朝が語ったことを「たいへん奥深い（太甚深也《はなはだじんしんなり》）」と感心している（兼実の日記『玉葉』同年十一月九日条）。また、この兄に負けず皮肉屋で人の評価に厳しい大《だい》僧正慈円《そうじょうじえん》も著書『愚管抄』で、頼朝の言行についてホメるばかりで、一つも貶《けな》していない。皮肉屋兄弟の残した文章からすると、この時の頼朝の所作《しょさ》は朝廷貴族として申し分の無いものだったようだ。

もちろん、レクチャー役はいたであろうが、付焼刃ではどうしようもない限界はあるのである。頼朝の貴族としての見事な立ち居振る舞いは、配流までの十三年間に身に付いたものと考えられる。そして兼実・慈円がホメた頼朝の言動には、文句のつけようの無い京言葉も含まれていたであろう。

都から伊豆に流されてしまった結果として身に付けたバイリンガルという特技を、頼朝は意識的に上手《うま》く使い熟《こな》していただろうと私は考えているのである。

## 二　ドキュメント・鎌倉入り

さて、運命の治承四年（一一八〇）である。頼朝、三十四歳。

本章では、頼朝の鎌倉入りまでを時系列で追ってみよう。

### 追い詰められた頼朝

**○四月二十七日**

平氏打倒の挙兵を命じる以仁王《もちひとおう》（後白河法皇の庶皇子）の令旨《りょうじ》（皇族の命令書）が頼朝邸に届いた。

もたらしたのは、生き残っていた頼朝の叔父の一人、源行家である。

頼朝は、わざわざ衣服を着替え、まず「河内源氏」の氏神である石清水八幡宮《いわしみずはちまんぐう》のある京都の男山《おとこやま》の方（正確にわかるわけないから、つまり西）を向いて拝み、謹んで令旨を拝したと『吾妻鏡』は記している。まァ、流人の自分に皇子様が令旨をくれたのであるから、このくらいの礼は尽くすであろう。一緒に拝読したのは、舅の北条時政だけであった。

そして『吾妻鏡』は、この令旨の到来によって、頼朝は「義兵を挙げん」と決意したと記しているのであるが、その後の動きを見ると、実態はだいぶ違ったようである。

頼朝が挙兵に向けて具体的な動きを見せるのは、二ヶ月近く後の六月二十四日だからである。準備が必要であったにしても、二ヶ月は長過ぎだろう。

政子と結婚し、大姫という娘が生まれて、やっと人並みの幸福を手に入れたばかりの頼朝にとっては、以仁王の令旨は迷惑以外の何モノでもなく、「見なかったこと」にしたようである。

よって、頼朝も時政も、令旨の到来を誰にも言わなかったはずである。

だから、小野田盛長を筆頭とする頼朝の家臣たちも、政子はじめ北条一家の人々も、少なくとも事態が動く六月十九日までは何も知らず、彼らは残る五十一日間を、これまでと変わらぬ日常の中で過ごしたことであろう。

たとえば、時政の次男、義時は父北条四郎《ほうじょうのしろう》時政から北条の西隣、江間の地を割《さ》き与えられ、北条小四郎《ほうじょうのこしろう》と共に江間小四郎《えまのこしろう》とも称していた。庶子、ようするにミソッカスである義時には、嫡子の兄、北条三郎《ほうじょうのさぶろう》宗時の家子となるのが、ただ一つの将来であったはずである。

現実に送ることになるトンデモない運命など知るよしも無く、十八歳の江間小四郎義時は、六歳の弟五郎と手をつなぎ、二歳の姪大姫を肩車して、のんきに江間の西を流れる狩《か》野《の》川（今は流路が変わって、北条と江間の間を流れている）のほとりを歩いていたのではないか。

○五月十日

下総の下河辺行平が使者を頼朝に派遣し、以仁王を擁しての源頼政（摂津源氏系）のクーデター計画を知らせて来た。

行平の父行義は頼政に従って平治の乱に参加しており（『平治物語』）、下河辺氏は頼政の家臣であったので、情報を得たのであろう。

では、なぜ頼朝にこの情報を伝えたかと言えば、行平は頼朝の乳母寒河尼の甥なのである。詳しく言うと、寒河尼の夫小山政光（下野）が行平の伯父（父行義の兄）なのである。この関係で、頼朝と繋がっていたと推定される。また、小山政光も以仁王の令旨を受け取っている（養和元年閏二月二十三日条）。

そして、この推定が正しければ、寒河尼の実家八田氏（常陸）、婚家小山氏も流人時代の頼朝を支援していた可能性がある。

**○五月二十六日**

京都では以仁王・源頼政らのクーデター計画がバレ、この日、彼らは敗死してしまった。

**○六月十九日**

頼朝の乳母の妹の子三善康信の使者が到着。使者は康信の弟康清で、わざわざ仮病を使って朝廷の仕事をサボって来たのであった。康信が仮病を使わせてまで弟を派遣しただけあって、知らせの内容は、まことに重大であった。

「以仁王の令旨を受けた源氏の人々の追討《ついとう》（殺害）が命じられました。だから、逃げてください」

というのであり、康信は逃亡先まで指定している。奥州（陸奥国）である（去月廿六日、高倉宮《たかくらのみや》〈以仁王〉御事《おんこと》有るの後、彼の令旨を請《う》くるの源氏等、皆もって追討せらるべきの旨、その沙汰有り。君は正統《しょうとう》なり。殊《こと》に怖畏《ふい》有るべきか。早く奥州の方《かた》に遁《のが》れたまうべきのよし、存ずる所なり）。

当時、奥羽《おうう》（陸奥国と出羽国）と呼ばれていた東北地方は三代約百年にわたって奥州藤原氏が事実上の独立状態で支配しており、ここに逃げ込めば、平清盛もおいそれとは手が出せない。逃亡先としては、バッチリである。

しかし、「逃げなさい」という康信のこの知らせが、逆に頼朝に挙兵を決意させたようである。

これは、以仁王の令旨を握り潰したことと表裏を成す。

やっと家庭を手に入れた頼朝。自分だけ逃げたなら、政子や大姫は、どうなるのか。妻子は連れて行ったとして、自分を家族として受け入れてくれた時政ら北条氏は、どうなるのか。そもそも、奥州藤原氏が自分を庇護してくれる保証は無い。

守るべきものを手にした窮鼠《きゅうそ》は、襲い掛かろうとする猫を咬む決意をしたのである。

また、頼朝は追い詰められ過ぎて、少し頭がおかしくなったようである。

北条氏武士団を加えても配下三十人強程度のただの流人が、全国の武士を束《たば》ねる「伊勢平氏」を倒すと叫んで暴れ出したとて、いったい味方がどれだけ集まるというのか。

しかも、いったん暴れ出したなら、もう後には引けない。「伊勢平氏」を打倒するまで勝ち続け、生き残り続けなければならない。一度でも負ければ、それはすなわち死であるはずだ。それが証拠に、平治の乱後、頼朝と同日に九歳で土佐（高知県）に配流された

（『清獬眼抄』など）同母弟希義《まれよし》は寿永元年（一一八二）九月二十五日、殺されてしまった（同日条）。頼朝も同様の運命を辿る可能性は大いにあったのである。客観的には、無謀としか言い様がない。

だが、このテの非常識な行動の例は、古今東西に散見される。

一例を挙げよう。一九五六年十二月、独裁者フルヘンシオ・バチスタ大統領打倒を叫んで八人乗りヨットに八十二人が乗り込んでキューバに上陸したフィデル・カストロ率いる革命軍は、上陸の直後にキューバ政府軍の攻撃を受け、十七人になってしまう。ちなみにキューバ軍の総兵力は二万人である。

この時、山中に逃げ込んだ生き残りメンバーに向かい、カストロは、

「これで、バチスタの命脈はつきたようなものだぞ。おれたちはきっと勝つ」

と元気に宣言し、さらに持参の高度計で測量をして、キューバの地図に載っている標高が五十メートルも間違っているとも言ったという。これを聞いたメンバーの中には、カストロが狂ったと思った者もいた（三好徹『チェ・ゲバラ伝』一九七一年）。

しかし、二年後、カストロの宣言どおり、キューバ革命は成功した。

「革命」の成功にとって、狂気や激情は必須の要素なのだ。

### 挙兵参加者を募る

○六月二十四日

三善康信の知らせを受けてからの頼朝の動きは早く、かつての「河内源氏」家臣らに協力を求めるため、小野田盛長・中原光家を使者として出発させた。

○六月二十七日

相模の三浦義澄・下総の千葉胤頼が頼朝邸に参上。

彼らは京都大番役《きょうとおおばんやく》（内裏大番役とも。武士が国毎に組織されて輪番で皇居の警護を務める軍役）で在京していたのである。本当は先月中旬に帰郷する予定であったが、以仁王の事件で留め置かれていたのであった。頼朝は義澄・胤頼と三人だけで、長時間の密談をした。

頼朝が盛長・光家を出発させたのが三日前であり、義澄・胤頼は京都からの帰途に頼朝のところに立ち寄ったのであるから、当然、二人は頼朝の挙兵計画を知るはずがない。

よって、三浦氏・千葉氏は以前から頼朝と付き合いがあったことがわかる。三浦氏・千葉氏は源家累代の家人で、保元の乱に胤頼の父常胤が（『保元物語』）、平治の乱には三浦義澄自身が参戦している（『平治物語』）。三浦氏・千葉氏も流人時代の頼朝を支援していたのであろう。

しかし、かつての主家の生き残りと付き合いがあることと、その生き残りが企てる反乱計画に参加するかどうかは、当然のことながら別の話である。

**○七月十日**

盛長たちが戻る。その報告によると、協力を約束する者もいたものの、ケンもホロロに拒否する者もあった。

たとえば、相模の山内首藤経俊（『源平盛衰記』では利氏《としうじ》）は『源平盛衰記』巻二十によれば、次のように言い放って嘲笑《あざわら》ったという。

「人間、追い詰められると、トンでもねェことを思い付くね。佐殿の今の力で、平家の世を取ろうなンざ、まったく富士山と背ェ比べしたり、猫のおデコにくっついてるモンをネズミが取ろうとするようなもンだよ。無力な人に協力なんかできるかよ。あ～～～、恐ろしい。ナンマンダブ、ナンマンダブ」

（人ノ至テ貧成ヌレハ、アラヌ心モツキ給ケリ。佐殿ノ当時ノ寸法ヲ以テ、平家ノ世ヲトラントシ給ハン事ハ、イサイサ富士ノ峰ト長《た》ケ並へ、猫ノ額ノ物ヲ鼠ノ伺喩《たと》ヘニヤ。身モナキ

人ニ同意セント得申《えもう》サジ。恐シ恐シ南無阿弥陀仏南無阿弥陀仏）

山内首藤氏は源家累代の家人の一つで、経俊の父俊通は平治の乱で義朝に従って討ち死しており（『平治物語』）、母山内尼は頼朝の乳母であるから、経俊は頼朝の乳兄弟である（治承四年十一月二十六日条・『平治物語』）。

頼朝に最も忠誠を尽くすべき立場であるが、その経俊ですら、この始末であった。しかし、まァ、これが常識的な意見であろう。

**○八月二日**

在京していた「伊勢平氏」の「東国ノ御後見」（『源平盛衰記』巻二十）大庭景親が相模に帰着。

**○八月四日**

頼朝邸の近隣に伊豆目代《もくだい》（国司の代官）山木兼隆が住んでいた。

兼隆はかなり庶流だが、「伊勢平氏」の一門である。去年（治承三）正月十九日に父の関信兼の訴えで解官《げかん》となり、伊豆国田方郡山木郷《やまきのさと》に配流されて来た。だが、今年の五月二十六日以後に伊豆目代に抜擢されたのである。流人としても新参者だったうえに、目代にもなったばかりであった。

頼朝はこの兼隆を挙兵の標的に定め、数日前に藤原邦通を山木邸に送り込んでいた。山木邸周辺の絵図を描かせるためである。

その邦通がこの日、帰還した。

命懸けの任務であるが、邦通が行くと、兼隆は飲み会を開いて興に入り、何日も逗留させたため、邦通は首尾良く見事な絵図を完成させた。

邦通が、

「どうも〜！　山木殿〜！　藤判官代でェ〜す！」

とばかりに行くと、兼隆は頼朝の家臣であることがわかりきっている邦通を疑いもせず、

「お〜！　よく来た！　よく来た！」

と歓待したわけで、ここに邦通のタイコモチ的なオチャラケた性格がよく出ていると言えよう。

さっそく頼朝は北条時政と二人で邦通作成の絵図をはさんで山木邸攻撃の作戦を練《ね》った。

**○八月六日**

頼朝は十七日の寅卯《とらう》の刻《こく》（午前四時から六時頃）に山木邸攻撃を決定。

この頃になると、挙兵参加者が頼朝邸に集結しはじめていた。

この日、頼朝は主立ったメンバーを一人ずつ「閑所《かんじょ》」に呼んで、

「いまだ口外せずといえども、ひとえに汝《なんじ》を恃《たの》む」

と言った。

屋敷の中をウロウロしてメンバーを捕まえては、人気《ひとけ》の無い所（閑所）に、こっそり連れ込み、

「今まで口に出してはいなかったけど、な」

と前置きして、いきなりガバッ！　と手でも握り、

「オレは！　お！　ま！　え！　だッけ！　が！　頼りだ！」

と全員にやったわけである。

言われた方は、当然のことながら、一人残らず感激し、奮闘を決意した。

あざといにも程があるし、こんなことをやれば、後でバレるに決まっている。実際、バレた。なぜ、「バレた」と断言できるかと言えば、この話が『吾妻鏡』に書いてあるからである。

キャバクラ嬢がお店で配った義理チョコとは別に、「あなただけよ」と言って、常連客全員に、こっそりバレンタイン・チョコ（本命と称す）を渡すのとまったく同じ手口であ

る。また、向いのお客と楽しくおしゃべりしながら、テーブルの下では隣のお客のヒザに、ずっと手を置いているというベタな手口にも通じよう。

頼朝には、お客を夢中にさせるスゴ腕キャバ嬢・スゴ腕ホストと同じく、その場その場で相手の心を摑《つか》むに的確な言動をとれるという才能があったのである。

頼朝なりの計算もあったのであろうが、この「ひとえに汝を恃む」の事例でもわかるように、やっていることは、かなりベタと言うか、見え見えと言うか、計算だけでやっていたのであれば、かなり露骨であり、やはり、もともとそういう性格であったようだ。いわゆる天然というやつである。

**○八月九日**

一週間前、相模に帰ったばかりの大庭景親が、佐々木四兄弟の父秀義を招いた。秀義が行くと、景親は京都で以仁王の乱後に「伊勢平氏」の侍大将藤原忠清と会った時の話をした。

景親は忠清に一通の書状を読み聞かされたのである。長田入道（正体不明）という者からの手紙であった。そこに記されていたのは、

「北条時政と比企掃門允たちが源頼朝を大将として反乱を計画しています」

（北条四郎・比企掃門允等、前武衛を大将軍として叛逆の志を顕《あら》わさんと欲す）

長田の書状を読み終えた忠清は、

「トンでも無いことだ。高倉宮（以仁王）の事件があった後、諸国にいる源氏の動きを調べるように命じている最中に、この手紙が来た。火の無い所に煙は立たない。すぐに入道相国《しょうこく》（清盛）様にお見せしなければなるまい」

（この事、常篇《じょうへん》に絶えたり。高倉宮の御事の後、諸国の源氏の安否《あんぷ》を糾《ただ》しおこなうべきのよし、沙汰の最中に、この状到着す。定めて子細有るか。早く相国禅閤《ぜんこう》に覧《み》すべきの状なり）

と言った。「おまえ、何か知らないか?」というのである。景親は次のように答えた。

「北条は、もう頼朝の縁者ですから、何考えてるかわかりやせん。比企は、トックに死んでます」

（北条はすでに彼の縁者たるの間、その意を知らず。掃部允は早世するの者なり）

藤原忠清との会見の話をした後、景親は秀義に語りかけた。

「忠清の話を聞いてから、オレはずっと心の中で慌てまくってたンだ。おめェとは、ずっとダチ（友達）だったンだからさ。だから、今もこうして、この話をするンだぜ。太郎（定綱）たち、おめェのガキどもは佐殿に仕えてるンだろ。よく考えた方がいいぜ」

（景親これを聞きしより以降、意潜《こころ》かに周章す。貴客と年来芳約有るの故なり。よって今又これを漏脱《ろうだつ》す。賢息佐々木太郎等は武衛の御方に候ぜらるるか。尤《もっと》も用意の事有るべきなり）

景親は立場上、頼朝が挙兵したなら、これを討たねばならない。だから、長年の友人である秀義の子供たちを案じ、秀義に最高機密とも言うべき事実を漏らしたのである。

忠清は長田の書状を読んで「常篇に絶えたり（トンでも無い）」と驚き慌てまくり、その忠清に会って以降、景親も驚き慌てまくっていた（周章す）と自分で言っているが、この話を聞いた秀義も驚き慌てまくった（心中驚騒の外他無し）。取り乱して、ロクに話もせずに家に帰ったのであった（委細を談話するにあたわずして帰りおわんぬ）。ちなみに、家と言っても、二十年も居候している渋谷重国の所である。

## 空前絶後の万馬券——北条氏の道

このエピソードは、我々に多くのことを教えてくれる。

まず、当時の情報のいい加減さである。長田入道なる者の手紙は、もうこの世にいない比企掃部允を、北条時政と共に反乱計画の首謀者と伝えている始末である。情報というものの現代との質の違いが良く理解される。

次に、流人頼朝の微妙な立場である。頼朝は、これまで見たように、かなり自由に暮らしており、また頼朝の挙兵計画を知った藤原忠清が「常篇に絶えたり(トンでも無い)」、つまり非常識過ぎると言っているのでもわかるとおり、「伊勢平氏」側からは無力な存在と考えられていた。大庭景親や佐々木秀義の反応からも、頼朝の挙兵が考えられない非常識なものであったことが裏付けられる。だが、同時に、頼朝を含めた「河内源氏」の生き残りは、「伊勢平氏」にとって警戒すべき存在でもあり、それは当時の武家社会にあって「河内源氏」のブランド効果が潜在的には影響力が大きいと考えられていたことを示している。

また、この話は当時の北条氏の危機的状況をよく伝えている。「伊勢平氏」とその与党にとって、北条氏は頼朝と一蓮托生のものなのである。『吾妻鏡』は、この頃の北条時政の心境を具体的に記していないが、彼には頼朝を担いで勝負に出る以外に最早、選択の余地は無かったと言えよう。頼朝を殺して首を清盛に差し出すという選択肢は考えられるが、それで北条氏が無事で済んだかどうかは、かなり怪しいであろう。

よって三善康信の知らせを聞いた時、時政は「エライことになった」と頭を抱えたであろうし、「やっぱ、あの時、政子と佐殿の仲を認めるンじゃなかったわい」と後悔したかもしれないが、後の祭である。

以仁王の乱は時政にとって、予想外のことであったのではないか。「伊勢平氏」は二十年も権力の座にあるのだ。そしてこの事件によって、時政には頼朝の勝利という大穴を狙う以外に道は無くなったのである。結果、日本歴史上、空前絶後と言って良い万馬券を手にすることとなる。

○八月十日

佐々木秀義、さっそく大庭景親から聞いた話を知らせるため、長男定綱を頼朝邸へ派遣。

○八月十一日

定綱、頼朝邸に到着。頼朝は、佐々木秀義の忠節に感謝の言葉を述べている。自身の置かれた立場をあらためて知り、危機感を一層高めたことであろう。

○八月十三日

佐々木定綱が明日、いったん居候先の渋谷重国邸に帰ると言い出す。

頼朝は止めたが、「甲冑などを持って参上します」と言うので、挙兵前日の十六日には「必ず戻れ」と命じて許可し、重国宛の書状を定綱に託して帰宅させた。

○八月十六日

昨日からの雨が一日中止まない。

佐々木定綱は、今日戻るはずが、戻らないまま日が暮れてしまった。頼朝の心は千々《ちぢ》に乱れ、「いよいよ人数《にんじゅ》無きの間（ますます人数が少ないから）」と明日の山木攻めを「延期しようか。いやダメだ」と迷う。そして長年の家臣である佐々木兄弟の裏切りを疑い、定綱に渋谷重国への書状を託したことを頻《しき》りに後悔した。

## ○八月十七日

挙兵予定日当日であるが、早朝の攻撃は結局、中止。

未《ひつじ》の刻（午後二時頃）、定綱ら佐々木四兄弟がやって来た。上の二人、定綱・経高は疲れた馬に乗り、下の二人、盛綱・高綱は徒歩であった。この哀れな姿を見て、頼朝は感激の余り泣く。それでも、

「おめェらが遅れたから、今朝の攻撃ができなかったじゃねェか。残念至極だ」

（汝等が遅参に依りて、今暁の合戦を遂げず。遺恨万端）

と文句を言った。これに対し、定綱は、

「雨による洪水で、心ならずも遅れてしまいやした」

（洪水の間、意ならず遅れ留まる）

と謝った。

佐々木兄弟が来なければ、「裏切ったンじゃないか?」と疑ってオタオタ後悔し、メロスのようにボロボロの状態でやって来た姿を見たら、今度は感激して泣く。上に立つ人間は普通、こんなに感情にまかせた言動はしないものである。「大将なんだから、もう少しドッシリ構えていなさいよ」と言いたくなるのは、私だけであろうか。

さて、頼朝の下に集まった軍勢は、『源平盛衰記』巻二十によれば、九十人。この内、頼朝の直参は、時政・宗時・義時・時定の北条氏四人を含めて四十六人(八月二十日条)であり、彼らの中で鎌倉入りまで生き残った者は、御家人に列することとなる。

残りの兵力には、本来、非戦闘員である雑色《ぞうしき》・下人《げにん》(両方とも、召し使いのようなもの。武士ではない)まで含まれており、この九十人は、頼朝がまさに掻き集めたものであった。「けっこう集まったじゃないの」と思う読者もいることであろうが、頼朝がこれを少勢と考えていたことは、十六日の言動からもわかる。

夜。いよいよ挙兵の時は来た。

五人を屋敷の防衛に残すことにしたため、攻撃の軍勢は八十五人である。

出陣の直前、北条時政が頼朝に進言した。

「今日は三島神社のお祭りです。見物に行ってた連中が帰って来るンで、道には、きっとたくさん人がいます。だから、大通りである牛鍬大路《うしくわおおじ》を行けば、見付かってしまいます。ここは裏通りである蛭島通《ひるがしまどおり》を行くべきです」

（今日は三島の神事なり。群参の輩《ともがら》、下向《げこう》の間、定めて衢《ちまた》に満つるか。よって牛鍬大路を廻らば、往反の者のため咎《とが》めらるるべきの間、蛭嶋融を行くべきか）

お説ごもっともであったが、敢えて頼朝は答えた。

「おめェの言うとおりだ。だが、未来を築くその始まりに、裏道を行くことはできない。それに蛭島通は狭いから、騎馬では進めないはずだ。堂々とメインストリートを行け」

（思う所然《しか》るなり。但《ただ》し事の草創として、閑路を用い難《がた》し。はたまた蛭嶋通においては騎馬の儀叶うべからず。ただ大道《たいどう》たるべし）

「ただ大道たるべし」というセリフがカッコいいが、おそらく、この会話は時政と頼朝が事前に打ち合わせした仕込みである。頼朝の言葉を聞いた軍勢が勇躍しないわけがない。

頼朝に見送られた八十五人は二手に分かれ、山木邸とその北にある兼隆の後見 堤 信遠《つつみのぶとお》邸を襲った。

子《ね》の刻（午前〇時頃。当時は夜明けが日付の境界なので、まだ十七日である）、佐々木四兄弟の次男坊、経高が月明かりの中で堤邸に向かって放った矢を『吾妻鏡』は、

「これ、源家、平氏を征する最前の一箭《いっせん》なり」

（これこそ、源家が平氏を倒す戦いの最初の矢であった）

と記している。

だが、信遠を倒した軍勢も加わっての山木邸での戦闘は長引き、痺れを切らせた頼朝は残っていた五人にも出陣を命じた。この時、頼朝は手ずから長刀《なぎなた》（薙刀《なぎなた》は当時、「長刀」と書かれた）を五人の一人加藤景廉《かげかど》に与え、

「これで、兼隆の首を獲《と》って、持って来い」

（兼隆の首を討ち、持参すべきのむね）

と命じた。景廉たちは馬も無く、自身の足で駆けて行ったが、頼朝の言葉に大いにハリキッていたことであろう。

援軍五人を加えた攻撃軍は、ついに兼隆を殺し、火を放たれた山木邸は炎上した。

日付の変わった暁《あかつき》、攻撃軍は頼朝邸に帰参。頼朝は兼隆主従の切り落とされた首を見た。

かくて、「山木攻め」は成功したのである。

## 頼朝、相模を目指す

○八月十八日

頼朝は流人生活中、ずっと、どんな日であろうとも毎日欠かさずお経などを上げていた。『般若心経《はんにゃしんぎょう》』十九回、『観音経《かんのん》』一回、『寿命経《じゅみょう》』一回、『毘沙門経《びしゃもん》』三回、薬師《やくし》如来《にょらい》の真言《しんごん》二十一回、尊勝陀羅尼《そんしょうだらに》七回、毘沙門天《びしゃもんてん》の真言百八回、念仏《ねんぶつ》（「南無阿弥陀仏《なむあみだぶつ》」）千百回。

『般若心経』はじめお経はどれも、お経としては短い方だし、陀羅尼は梵語《ぼんご》、つまり古代インド語であるサンスクリット語を音写した、いわば呪文で、やはり短い。真言は陀羅尼のさらに短いものである。どれも短いとはいえ、これだけ唱えるのは、かなりの時間が掛かる。頼朝が流人時代、いかにヒマであったかがわかる。

だが、今後は戦乱の中での生活になるのだから、

「きっとこれからは、毎日やるのは無理だよなァ」

と、頼朝は政子に愚痴をこぼした。

すると、政子が自分のお経の師匠である伊豆山神社の法音《ほういん》という「一生不犯《いっしょうふぼん》（生涯、エッチしない）」を誓った尼さんの話を持ち出し、

「佐殿の代わりに法音様に、やってもらえば、いいじゃん」

と言った。

そこで頼朝はお経などの目録を持たせて家臣の誰かに伊豆山神社まで行かせて、法音に頼んだところ、法音は快く引き受けてくれたのであった。

（武衛、年来の間、浄不浄を論ぜず、毎日御勤行等有り。しかるに今自《よ》り以後、戦場に交わらしめたもうの程、定めて意《こころ》ならず御《ご》怠慢《たいまん》有るべきのよし、嘆き仰せらる。ここに伊豆山に法音と号するの尼有り。これ、御台所の御経師《ごきょうじ》、一生不犯の者たりとうんぬん。よって日々の御所作《ごしょさ》を件の禅尼《ぜんに》に仰せ付けらるるべきの旨《むね》、御台所これを申さしめたもう。即ち、目録を遣わさる。尼、領状を申すとうんぬん）

○八月十九日

夜、政子は頼朝と親しい伊豆山神社の住僧、文陽房覚淵を頼って同神社に避難した。藤原邦通と七月二十三日に頼朝に仕えたばかりの神官、佐伯昌長がお供をした。『吾妻鏡』は政子しか名を挙げていないが、大姫や政子の妹たちをはじめ北条氏やその家臣たちの一族である女たちも一緒だったはずである。

○八月二十日

頼朝主従は伊豆を発《た》ち、相模に向かった。『吾妻鏡』の記すその人数は赤穂浪士と同じく四十七士《しじゅうしちし》であるが、家臣のいる者は、家臣を連れていたはずである。しかし、佐々木兄弟のような身一つの者もあった。

## 一発逆転に賭けた三浦氏

### ○八月二十二日

相模最大の豪族三浦氏は、惣領義明の嫡子義澄を先頭に本拠地三浦半島を出て、海岸線に沿うように西に向かった。

一方、頼朝たちは、やはり海岸線に沿う形で、東に進んでいた。

これは、頼朝が伊豆で挙兵後、相模に進み、三浦氏と合流する計画であったことを示している。三浦氏は坂東でもトップクラスの大族であり、これと合流できれば、一安心というわけである。

ところで、三浦氏はなぜ頼朝の挙兵に加わったのであろうか。直接的には長年のライバルであり、「伊勢平氏」の「東国ノ御後見」となって威を振るっていた鎌倉党大庭氏との対抗関係によるものであったろう。このまま「伊勢平氏」の時代が続けば、いずれ三浦氏はジリ貧になる可能性が高く、三浦氏は一発逆転に賭けたものと推定される。

確かに三浦氏は源家累代の家人で、当主義明は源義朝の家臣だったのであり、義明の嫡子義澄は平治の乱にも参加しているが、そんな昔のロマンのみで危険極まりない行為に出るはずはない。三浦には三浦の都合があったのである。

## 石橋山敗戦

### ○八月二十三日

寅《とら》の刻（午前四時頃）、三百騎に膨らんだ頼朝軍は、相模国石橋山に陣した。

だが、ここで大庭景親率いる平氏方相模武士団連合が頼朝軍と三浦氏の間に割って入ったのである。景親はプロローグに出て来た景義の弟で、兄は頼朝の挙兵に加わっていたが、景親は「伊勢平氏」の「東国ノ御後見」として、頼朝を討伐することとなったのであった。その数、実に三千騎。さらに、頼朝軍の背後には、伊豆から追って来た伊東祐親の三百騎が迫っていた。

こうして、浴びるような大雨の闇夜に開戦したのが、石橋山合戦である。三百VS.三千三百の戦いに、頼朝軍はたちまち壊乱状態となって、敗北した。頼朝方の人々は、散り散りになって逃げるハメになる。

三浦一族であるが相模中部に所領があったため挙兵時から頼朝方に参加していた岡崎義

実・佐那田義忠父子は、この戦いで義忠が戦死した。

○八月二十四日

暗闇の中を逃げ廻っていた人々は、夜が明け、日付が変わっても逃げ廻っていた。頼朝の側近くにあったのは、北条時政父子三人を含め十四人。そこに大庭方の大軍が強襲した。

頼朝方の人々は、主人を逃すため人間の盾となって大庭方の軍勢と戦った。騎馬で逃げつつ頼朝自身も、何度も振り返って矢を放った。頼朝の射芸が『吾妻鏡』の記すごとく「百発百中」であったかはともかく、頼朝に射殺《いころ》された者は複数あったようである。

つまり、大庭方は命中した矢が人を殺害できる距離にまで迫っていたのである。さらに大庭方が迫ると、北条父子を含めた十一人が交戦して、頼朝を逃がした。その距離、「四、五段《たん》（1段＝6間《けん》≒10・92メートル。つまり約43・7〜54・6メートル）」。相当、ヤバい。ダッシュで逃げる距離である。

奇跡的と言うべきか、この危機で頼朝方には死者が出なかった。その中で五人が頼朝との合流を希望した。だが、北条父子三人は疲労が激しく、頼朝の後を追うことを断念した。

宗時は二十歳前後、義時は十八歳であるから、四十三歳の時政が疲弊していたのであろう。

残るメンバーが数町（1町＝60間≒109・2メートル。数町：327・6〜655・2メートルくらい）の険阻《けんそ》をよじ登ったところ、頼朝は倒木の上に立ち、土肥実平が側に立っていた。かくて、彼らは頼朝と合流できたのだが、実平の説得でまた頼朝と別れ、頼朝には土肥実平だけが付き従うこととなった。

北条父子は、時政・義時は箱根湯坂を越えて甲斐国を目指し、宗時は土肥山から桑原に下り平井郷に向かった。当主時政と嫡子宗時が別行動をとったのである。これは敗残の武士の逃走方法の一つである。どちらかが生き延びれば、家は残せるわけである。庶子義時は、当主時政のボディガードである。ところが、平井郷に至った宗時は、早河の辺で伊東祐親の軍勢に包囲され、討ち死にしてしまう。

頼朝も一時は死を覚悟したが、箱根神社別当行実の派遣した弟永実が北条時政と遭遇し、頼朝は同神社に匿われることとなった。

一方、石橋山を目前としながら、ここのところの雨によって増水した丸子川《まりこ》（現・酒匂《さかわ》川）に進軍を阻まれていた三浦氏は、頼朝軍の敗退を知ってUターンし、本拠三浦半島に戻ろうとした。

その途中、鎌倉由比ヶ浜で、頼朝挙兵を聞いて南下して来た平氏方の武蔵秩父党実力者畠山重忠（十七歳）率いる軍勢と遭遇戦となった。この由比ヶ浜合戦で、三浦氏は五十余人を殺し、重忠を退却させて、三浦半島を目指した。

○八月二十五日

箱根神社も安住の地ではなく、頼朝は土肥実平の所領土肥郷を目指した。

○八月二十六日

三浦氏は本城である衣笠《きぬがさ》城に一族ことごとく籠城。

その衣笠城を畠山重忠と彼に招集された河越重頼・江戸重長の率いる秩父党の大軍勢が囲み、合戦となった。これを衣笠城合戦と呼ぶ。

戦闘は三浦氏の劣勢となった。

三浦の惣領義明は八十九歳の老将であったが、嫡子義澄以下一族に向かって言った。

「ワシは源家累代の家人だ。今、源氏の復活を目にすることができた。こんな嬉しいことは無《ね》ェ。もうワシは八十を過ぎている。ほっといても、どうせ、ジキ死ぬ。だから、今、この老いぼれた命を佐殿のために抛《なげう》って、おめェら子孫の功績にしようと思う。おめェらは早く逃げて、佐殿をお探ししろ。ワシは一人、城に残って大軍に見せ掛け、(河越)重頼のヤツを騙くらかしてやらァ」

(吾《われ》、源家累代の家人として、幸《さいわい》にその貴種再興の秋《とき》に逢うなり。なんぞこれを喜ばざらんや。保つ所已《すで》に八旬有余なり。余算を計《はか》るに幾《いく》ばくならず。今、老命を武衛に投げうち、子孫の勲功《くんこう》に募《つの》らんと欲《ほっ》す。汝等《なんじら》、急ぎ退去して、彼《か》の存亡を尋ね奉《たてまつ》るべし。吾独《ひと》り城郭に残り留《とど》まり、多軍の勢を摸《も》して、重頼に見せしめん)

このセリフは『吾妻鏡』の記すところである。『源平盛衰記』巻二十二では、『平家物語』巻十一の記す壇ノ浦合戦での平知盛のセリフとほぼ同じ、

「可見程ハ見ツ(見るべき程は見つ)」

(人としてこの世に生まれて、見なければならないものは、全部見たさ)

となっている。

「全然違うじゃねェーかよ!」と思う人もいるかもしれないが、私は『吾妻鏡』の「保つ所已に八旬有余なり。余算を計るに幾ばくならず」と『源平盛衰記』の「可見程ハ見ツ」は矛盾しないと言うか、同じ意味だと思う。

一家一門の運命を賭けた大バクチに敗れ、今、眼前に秩父党の大軍勢が迫った義明にし

てみれば、こう言う以外に言葉は無かったろう。

「佐殿は、きっと生きておられ、きっとお勝ちになるさ」

と無理矢理にでも信じるしかなかったのだ。

かくて義澄以下三浦一門は義明を残し、泣く泣く衣笠を退却し、海路、房総半島先端の安房に逃れることとなった。

義明ジィさんは「吾独り城郭に残り留まり」とカッコ良いことを言っているが、まさか本当にたった一人で残ったわけではないだろう。義明に長年従って来たヨボヨボの軍団が衣笠に籠城したのではないだろうか。

○八月二十七日

辰《たつ》の刻（午前八時頃）、衣笠落城。三浦義明は討ち取られた。

攻撃側の大将畠山重忠は、義明の外孫であった（『三浦系図』。異説あり）。『サザエさん』に例えれば、八十八歳（満年齢）になった波平を高校一年生のタラちゃんが殺したのである。武家社会とは、このようなものである。

一方、北条時政・義時父子らは、この日、相模の岩浦より舟に乗り、安房を目指した。そして、海上でやはり安房に向かう三浦一族と偶然出会って、合流している。

○八月二十八日
頼朝は、土肥郷内の真名鶴崎《まなづる》（真鶴岬）から、実平の用意した小舟に乗り、実平と共に海路、安房を目指した。

出帆前に、頼朝は政子への使者として、土肥実平の息子遠平を派遣している。

三浦も北条も、そして頼朝も、敗退後、安房に向かったのである。

これは、頼朝たちが「もし負けたら、安房に再集合」と事前に決めていたことを示している。

戦争は、なるべく負けないに越したことはないが、相手のいることなので、負けることもある。負けた場合、先のことを決めていなければ、それでお終いである。であるから、負けた場合の対応策を決めておくのは、いわば戦争の定石《じょうせき》である。

そして頼朝たちはこの基本を守ることによって、逆転のチャンスを摑んだのである。
○八月二十九日
頼朝は安房国平北郡猟島《へいほくのこおりりょうのしま》に到着。三浦・北条ら石橋山の残党に迎えられた。

この時、三浦義澄の甥（義澄の兄である故杉本義宗の子）和田義盛（三十四歳）が頼朝に

向かい、

「佐殿！　佐殿が天下を取った暁《あかつき》には、オレを日本の侍の別当（トップ）にしてくだせェよ！」

（中ニモ義盛ニハ日本国ノ侍ノ別当ヲ賜リ候へ）

とねだった（『源平盛衰記』巻二十二）。

今、ここにいる人々は頼朝以下、石橋山や衣笠城で完膚無きまでの敗北を喫し、命からがら安房に辿り着いたばかりである。他の連中で誰が犠牲になり誰が生き残っているか、皆目わからない。頼朝が再起できるかどうかもわからない、と言うより客観的には再起の可能性はかなり低いと言わざるを得ない。誰にでもわかるはずである。

頼朝はじめ皆、唖然としたに違いない。噴き出した者もいたであろう。

だが、頼朝は義盛に向かい、

「ああ。わかったよ」

（御許諾《ごきょだく》有り）

と答えた（治承四年十一月十七日条）。

ここからは想像だが、頼朝の言葉を聞いた義盛は、きっと、

「ホントッすね⁉　約束ですぜ！」

と勢い込んで念を押したことであろう。そして、頼朝は、

「わかった、わかった。約束！　約束！」

と請け合ったに違いない。

和田義盛はいい歳をしてチョッと足ンない感じだが、場が和《なご》んだのなら、けっこうなことである。「ナントカとハサミは使いよう」というヤツである。

そして先の話だが、頼朝は鎌倉入りから四十日後の十一月十七日、本当に義盛を侍《さむらい》所別当《どころべっとう》に任命する。

侍所は、政所・問注所と共に、鎌倉幕府の三大機関と呼ばれることになる組織で、軍事・警察・御家人統率を役目とする。別当はその長官である。そしてこれが鎌倉幕府中枢における最初の人事であった。

しかも、頼朝は「約束したンだから」と、義盛より格上の連中を差し置いて（上首《じょうしゅ》を閣《さしお》き）、この人事をおこなったのである。律儀《りちぎ》に約束を守ったのであった。

けれどもと言うか、案の定、義盛は義盛だから、「侍所別当の自覚があるの？」と聞きたくなるコトを数々やらかした末に、建久三年（一一九二）、性格はナンだが有能で侍所所司《しょし》

（副長官）だった梶原景時と交代している（正治元年二月六日・同二年二月五日条）。

頼朝も義盛が侍所別当の器《うつわ》ではないことは、当然わかっていたことであろう。だが、あえて義盛を任命することで、自分が季布《きふ》の一諾《いちだく》の人であることを示したのである。

とにかく、頼朝は源平合戦中最大の危機を脱した。しかし、この後も危機は次々と押し寄せるのである。

**○九月二日**

政子は伊豆山神社を出て、秋戸郷《あきと》（阿岐戸《あきと》とも。伊豆国内に違いないが場所不明）に移った。

申《さる》の刻（午後四時頃）、土肥遠平が秋戸郷の政子のもとに到着した。遠平は、これまでの頼朝の動静を詳しく話したが、真鶴岬出帆後のことは知らない。政子はダンナのとりあえずの無事を喜んだものの、心配は続くのであった。

これから、しばらく『吾妻鏡』は政子について語らない。次に政子が出て来るのは、一ヶ月以上たった十月十一日卯《う》の刻（午前六時頃）、頼朝鎌倉入りの五日後に政子が鎌倉にやって来た時である。前夜に鎌倉の近所まで来ていたのに、日次《ひなみ》（日の吉凶）が良くないというので、わざわざ一日延期して、渡れば鎌倉の稲瀬川近くの民家に泊まったという。ずっとヤキモキさせられていたのに、いかにも昔の人である。当時の日付の境界は夜明けの寅の刻（午前四時頃）なので、政子は早く頼朝に会いたくて一晩中イライラしていたに違い無い。だからこそ、朝も早《は》よから、鎌倉入りしたのである。

## 上総氏と千葉氏への期待

### ○九月四日

安房の頼朝は、上総（先端部を除く千葉県南部）の上総広常へ和田義盛を、下総（千葉県北部）の千葉常胤へ小野田盛長を派遣。

上総氏と千葉氏は「河内源氏」の祖源頼信の家臣だった平忠常の子孫である同族で、常胤も広常も頼朝の父義朝に従い、保元の乱に参戦した（『保元物語』）。広常は義朝の麾下《きか》で平治の乱にも参戦している（『平治物語』）。

よって源家累代の家人であり、しかも三浦氏同様、坂東ではトップクラスの大族であったから、頼朝は両氏に期待するところ大であったようである。

ついでに言えば、大豪族と言っても千葉氏と上総氏では、規模に相当の開きがあった。広常率いる上総武士団は当時、坂東はおろか全国的に見ても、単立の武士団としては突出した勢力だったのである。

九月十九日に広常は頼朝の下に参向するが、その際「周東・周西・伊南・伊北・庁南・庁北の輩等《ともがらら》」を率いていたというから、その勢力はほぼ上総全土に及んでいた。この時の軍勢を『吾妻鏡』は「二万騎」と記すが、延慶本『平家物語』では一万騎、『源平闘諍録』では千騎なので、さすがに「二万騎」は誇張であろう。しかし、十一月（『吾妻鏡』。『源平闘諍録』では十月）の常陸佐竹氏討伐後、『源平闘諍録』は奥州藤原氏を攻めようとした頼朝に広常が反対して口ゲンカになり、怒った広常が上総に引き上げた時の軍勢を「五千騎」と記しており、やはり上総軍団は桁外れの兵力であったことがわかる。三浦・千葉を含めて大武士団と呼ばれる連中でも、動員力は通常、数百騎程度である。

また広常が自己の武士団を強力に統制し、頼朝の手を入れさせなかったことは、寿永二年（一一八三）十二月の広常粛清以前に、広常の一族を含め上総武士の名が『吾妻鏡』にほとんど出て来ないことでわかる。わずかに広常の嫡子で父の事件に際し殺された能常《よしつね》（『鎌倉大日記』・『鎌倉年代記裏書』）が一度出て来る（寿永元年八月十一日条で、政子の安産祈願の使者として上総一宮に行った「小権介良常」が名乗りからも役目からしても、能常に比定される）くらいである。他の大武士団では三浦氏でも千葉氏でも惣領と共に一族が揃って御家人に列しており、上総一族は例外的な存在である。

しかし、同時に広常の兄常茂（常義とも）は『吾妻鏡』・『源平闘諍録』で富士川合戦において平維盛軍に属しており、富士川敗戦後、鎌倉方の捕虜となって処刑されたことが野口実氏の研究によって確認されている。常茂は弟広常との抗争に敗れた後、「伊勢平氏」の庇護を受けていたらしく、これが広常の頼朝方への参向の要因の一つであったと考えられる。三浦氏同様、上総広常には広常の都合があったのである。

**北条父子、甲斐に向かう――付けたり：義時のこと**

**○九月六日**

和田義盛、帰参。上総広常は、「千葉常胤と相談してから、参上する（千葉介常胤と談ずるの後、参上すべきのよし）」と返事しただけであったと報告。

**○九月八日**

北条時政・義時父子は、頼朝の命により甲斐国に出発した。

頼朝の曽祖父源義家の弟新羅三郎義光《しんらのさぶろうよしみつ》の子孫で、この頃、甲斐に盤踞《ばんきょ》していた甲斐源氏と頼朝との同盟締結のためである。

石橋山以来、散々な目に遭い、逃げ回った末、八月二十七日に安房に着いて十一日目である。やっと人心地ついたところで、房総半島の先ッチョから山梨県まで「行って来い」と言うのだから、重大任務なので仕方が無いとはいえ、人使いの荒い話である。しかも、どのようなルートを辿ったのかは不明だが、敵がウジャウジャする中を行くのであって、命懸けである。

ところで、この日の時政・義時の甲斐行きは、頼朝の「厳命」とハッキリ記されている。ならば、八月二十四日に時政・義時が甲斐に行こうとしたのも、頼朝の指令によってだったと推定される。

挙兵が成功したら時政は甲斐に行き甲斐源氏を自陣営に付くよう説得することを、頼朝は挙兵の以前に時政と打ち合わせていたのではないか。時政は、「伊勢平氏」滅亡後の文治元年（一一八五）十一月二十五日から翌二年三月二十七日まで四ヶ月、京都に滞在し、朝廷にいわゆる守護・地頭の設置を認めさせるなど、交渉事に長《た》けていた。頼朝は治承四年段階で、すでにこのような時政の才能を見抜いていたのかもしれない。もっとも、この時期の頼朝には大事を任せられるほどに信じられる者が、時政以外にいなかっただけのことだった可能性もある。それにしても、大敗直後に時政が甲斐を目指したのは、敗戦後の逃亡中に頼朝から甲斐行きをダメ押しされたからであろう。

八月二十四日、北条父子三人と別れた後、逃亡中の頼朝は伊豆暮らしの間、常に髻《もとどり》（髷《まげ》）に編み込んでいた二寸《すん》（1寸≒三・〇三センチ。よって、約六・〇六センチ）の銀製観音像を手放し、洞穴《ほらあな》（巌窟《がんくつ》）に安置している。その理由を土肥実平に聞かれた頼朝は、

「オレの首が届けられた時、この観音様を大庭三郎（景親）に見られたら、それを聞いた連中に『死ぬ時まで仏様に縋《すが》り付いていてやがって、何が源氏の大将軍だよ？　根性無しが』と言われるじゃねエーかよ」

（首を景親らに伝うるの日、この本尊を見ば、源氏の大将軍の所為《しょい》にあらざるのよし、人定めて誹《そし》りを貽《のこ》すべし）

と答えている。つまり、頼朝は死を覚悟していた。それでも、頼朝は北条父子を甲斐に向かわせたのである。絶体絶命と自分でも思いながら、生き延びた時の手を打っていたのである。頼朝はしぶとい。

さらに、ところで。

この甲斐行きでの北条義時に対する『吾妻鏡』の扱いは、かなりゾンザイ（いい加減。てきとー）である。

そもそも、この九月八日条では時政の名しか無く、十五・二十・二十四日とやはり時政だけ。で、十月十三日条に至り、「甲斐国の源氏并《なら》びに北条殿父子、駿河国に赴く」とあって、この「北条殿」（時政）の「子」は義時しかあり得ないので、やっと義時が父に同行していたことがわかる始末なのである。

役割も八月二十四日に頼朝と別れた後に、時政・義時が甲斐を目指そうとした時と同じく、父時政のボディガード以上のものではあるまい。「いざとなったら、父の盾となって死ね」ということであり、苦労の割に報われない役目である。

義時は、『吾妻鏡』が作られた鎌倉時代後期には、頼朝に次ぐ鎌倉幕府の創始者と認識されていたから、この甲斐行きでも義時大活躍のウソ話をいくらでも捏造できたはずである。よって、この義時のゾンザイな扱いは『吾妻鏡』の責任では無く、本当にこの頃の義時は時政を含めた周囲からゾンザイに扱われており、ゆえに残った史料が少なかったためであろう。特に嫡子宗時亡き後も、時政は義時を庶子として扱っている。

ついでに書けば、この後の源平合戦では義時は鎌倉方の幕僚の一人として西国に出陣しているが、軍事面でも占領地行政でも特筆すべき活動はしていない。鎌倉方軍勢みんなと苦労を共にしたものの、目立った功績は記録されていない。

もっとも、飢饉の西国で鎌倉方が皆、望郷の想いを抱《いだ》きつつガンバッているのに、侍所別当でありながらコッソリ鎌倉に戻ろうとした和田義盛（文治元年正月十二日条）のようなダメぶりも発揮してはいないが。

文治五年（一一八九）の奥州合戦では、行って帰って来ただけである（義時の『吾妻鏡』での奥州合戦関係記事は、同年七月十九日条で頼朝と共に奥州に向かい鎌倉を出陣した時だけ）。北条氏は自前の軍勢が少ないので仕方がない面もあるのだが、「つまんない人ねェ〜」というのが私の義時への印象である。

## 千葉常胤の涙

### ○九月九日

小野田盛長、帰参。千葉常胤は頼朝の無事を泣いて喜び、参向を確約したことを報告。

盛長の報告を詳しく書くと、盛長が頼朝の意向を常胤に伝えたところ、常胤はしばらくまるで居眠りでもしているように目をつむったまま言葉を発さなかった。常胤の傍《かたわ》らにいた息子の胤正・胤頼が痺れを切らせて、

「早く『佐殿のお召しに従います』ってお返事してくだせェよ！」

（早く領状《りょうじょう》の奉《うけたまわ》りを献《たてまつ》るべし）

と言ったところ、常胤は初めて口を開き、

「佐殿が源氏の再興に立ち上がってくれたことが嬉しくて、ワシャ、涙で目が開けられず、言葉も出ねェんだよ！」

（源家中絶の跡を興《おこ》さしめたもうの条、感涙眼《まなこ》を遮《さえぎ》り、言語《げんご》の覃《およ》ぶ所に非《あら》ざるなり）

と言ったというのである。

そして相模国鎌倉を本拠地とするべきだと進言した。その理由は二つ。まず、「要害」の地であること。次に、頼朝にとっての、「御曩跡《ごのうせき》」、つまり先祖代々の由緒を持つ地であること。

宇治川しか防衛ラインの無い京都と比べ、鎌倉は東西北が山、南が海であり、確かに要害の地である。そして源頼義が舅平直方《なおかた》から譲られて以来の「河内源氏」の根拠地であっ

た。頼朝の兄義平の通称「鎌倉悪源太《かまくらのあくげんた》」からもわかるように、平治の乱まで鎌倉は「河内源氏」の拠点、「御曩跡」であった。おっしゃるとおりである。

「河内源氏」と鎌倉の関わりからして、おそらく頼朝も鎌倉を目指していたことであろうが、結果として頼朝は常胤の進言に従う形となった。

常胤は次の言葉で頼朝への返事を締めくくった。

「ワシは兵隊全部連れてお迎えに参ります」

（常胤、門客等《もんかくら》を相《あ》い率い、御迎えのため、参向すべきのよし）

大変感動的な場面ではある。そして、このシーンは本当にあったことと考えて、別に問題は無いはずである。

しかし、同時に額面どおりにだけ受け取ることはできない。千葉氏は源家累代の家人ではあり、常胤は源義朝の家臣として保元の乱に参戦しているが、そんな昔のロマンだけに家の運命を賭けたりはしない。

四日後の十三日に千葉氏は下総目代を滅ぼしており、これは千葉氏が朝廷の権威・権力を背景とする目代と対立関係にあったことを示す。三浦・上総同様、千葉には千葉の都合があり、イジ悪く言えば、千葉氏は自分の利益のために頼朝を利用したのである。

常胤の感動的セリフと千葉氏の利益は、相矛盾するものではないだろう。

○九月十三日

頼朝は安房を出て、上総に向かった。この時点で、軍勢は再び三百余騎となっていた。だが、上総広常は「軍勢を集めているので、まだ遅れる（軍士等を聚《あつ》むるの間、なお遅参す）」と言って、参向せず。

一方、千葉常胤は、この日、下総目代を攻め殺し、頼朝に付く姿勢を明らかにした。千葉氏はルビコン川を渡った。頼朝の山木攻め同様、目代を滅ぼすことは国家への反逆であり、もう後戻りはできない。

○九月十七日

意を決した頼朝は去就のわからない広常の参向を待たず、上総を突っ切って下総を目指した。

途中で広常の軍勢に襲われたならば、再び敗残の憂き目を見たであろうが、広常に動きは無く、下総に入った頼朝は同国国府で常胤率いる千葉氏の軍勢三百余騎に迎えられた。

頼朝は石橋山敗戦以来初めて安堵することができたと言えよう。

この時、頼朝は常胤に向かい、

「これからオレは、あんたをオヤジと思うことにする」

（すべからく司馬《しば》〈常胤のこと〉をもって父となすべきのよし）

と述べた。

この言葉に頼朝の心情がよくあらわれているが、言われた常胤は感激したに違いない。ここにも、相手の心を的確に摑む頼朝の才能を見ることができる。

そして千葉軍団を加えた頼朝はさらに西進し、下総・武蔵国境に近い大井川《おおい》（太日川《ふとめ》。現・江戸川）東岸に至り、進軍を止めた。

頼朝は上総広常を待っていたのである。

## 最強「上総軍団」を迎える

前述のごとく、広常は上総一国を完全に支配下に置いており、広常の率いる上総軍団は兵力においても統制においても、単立の武士団としては坂東はおろか、全国規模で見ても最強の部類に入っていたと考えられる。

千葉氏を加えたとはいえ、今の軍勢では、すでに頼朝方の三浦氏と交戦してしまっている秩父党をはじめとする武蔵武士たちを圧倒するには心許《もと》ない。この兵力で隅田川を越えて武蔵に入り、武蔵武士たちが頼朝と敵対したなら、それは相模・伊豆など南坂東周辺一帯に連鎖反応を起こし、今度こそ頼朝の息の根は止まる。

だが、上総広常が頼朝に参じたならば、武蔵武士の大半が頼朝に靡《なび》くであろう。頼朝の運命は、広常の帰趨《きすう》に懸かっていた。

一方、広常は迷っていた。

伊豆の流人の首を清盛に差し出して、種々不満もあるが、まァ安泰な現状を守るか。流人を担いで新しい何かを作るか。

決断のためには、頼朝の器量（人格的な大きさ）を見極めねばならない。

ゆえに広常は自分が最も高く売れる時期を待っていた。頼朝がノドから手が出るほどに自分を必要としていることは明らかである。ベストタイミングで訪れた時、頼朝が自分をいかに遇するか。それによってこそ、頼朝の本質は知れる。

**○九月十九日**

ついに上総広常は来た。

「周東・周西・伊南・伊北・庁南・庁北の輩等《ともがらら》」、つまり上総全土の軍勢を引き連れ、地を轟《とどろ》かせて来陣したのである。

その数、『吾妻鏡』の記す公称では、「二万騎」。

ところが、広常来陣を聞いた頼朝は、激怒。

「すこぶる彼の遅参《ちさん》を瞋《いか》り、あえてもって許容の気なし」

（激しく広常の遅刻を怒り、まったく許す様子が無かった）

意訳①
「遅〜〜〜い！　絶ッ！　対ッ！　許さん！」

カンカンである。

意訳②
「今頃来たって遅いのよ！　顔も見たくない！　べ、べつに広常のこと、待ってたわけじゃないんだからね！」

ツンデレである。

この本を読むのが、いつの時代のどんな人かわからないので説明しておくと、ツンデレとは「プライドが高いため好意を素直に表現できず、ツンツンと高飛車な態度をとってしまう主に女の子のタイプ」を意味する二十一世紀初頭の日本における若者言葉である。

もちろん、これは頼朝のハッタリである。この時点での頼朝の軍勢は公称でも四・五千騎以下であったと推定される（九月二十九日、広常の軍勢を併《あわ》せて「二万七千余騎」を称しているので）。広常が怒り「二万騎」の上総軍団に襲われた場合、一溜まりもなかったはずである。石橋山の惨状が再現され、ここで頼朝は最期を迎えたことであろう。

しかし、同時に頼朝は広常にペコペコしてナメられるわけにはいかなかった。今後、坂東武士をまとめ、内乱を勝ち抜くためには、頼朝は武士たちの主人として圧倒的な権威を確立しなければならない。

そして、頼朝渾身の演技、必死のツンデレに、上総広常はコロッといったのである。広常は頼朝に大将の器を見、臣従を決めた。いわば、男が男に惚れたのであった。

「この土壇場で、このオレ様に向かって意地を見せるか？　小僧」

唇を吊り上げてニヤリと笑う広常の顔が浮かぶではないか。

広常は頼朝に詫びを入れ、配下となった。三年後、寿永二年（一一八三）十二月二十二日、広常はその強大さと誇り高さゆえに他ならぬ頼朝の命で殺害される（『愚管抄』・『鎌倉大日記』・『鎌倉年代記裏書』）が、大井川の陣での対面以降、彼の頼朝への忠誠はその死に至るまで生涯揺るがなかった（元暦元年正月十七日条）。

頼朝は一世一代の賭けに勝ったのである。

こうなれば、もう慌てることはない。頼朝は、しばらくこの下総西端に在陣することになる。

**○九月二十九日**

広常来陣以降、頼朝に参向する者は日を追って増え、ついにこの日「二万七千余騎」を号するに至った。

**○十月一日**

石橋山敗戦で散り散りになっていた生き残りたちが頼朝の鷺沼《さぎぬま》（現・千葉県習志野市。沼に白鷺が飛来したことが地名の由来とされる）の陣に参上。

また、頼朝の異母弟で京都、醍醐寺《だいごじ》の僧となっていた全成《ぜんじょう》が来陣。頼朝は初対面の弟を見て泣いて喜んだ。本当に「泣いてその志に感ぜしめたもう」と『吾妻鏡』に書いてある。後、十月二十一日に奥州からやって来た義経に会った時も泣いている（懐旧の涙を催す）。頼朝は感情の起伏が激しい人なのである。

## 小山のゴッドマザー寒河尼

**○十月二日**

頼朝は常胤・広常と同じ舟に乗って大井・隅田の両河を渡り、武蔵に入った。「精兵《せいびょう》三万余騎」。

そしてこの日、一組の母子が隅田川宿《すみだがわのしゅく》に来陣した。頼朝の乳母寒河尼とその息子である十四歳の少年であった。

寒河尼は頼朝の九歳上なので、この時、四十三歳である。比企尼が頼朝の「心の母」であれば、寒河尼はいわば「心の姉」である。その彼女は下野最大の豪族小山政光の妻となっており、尼が連れて来た少年は彼女の生んだ政光の末子（三男）であった。

寒河尼の来訪を聞いた頼朝は、すぐさま彼女を召し、昔話に花を咲かせた。そして寒河尼が息子を側近くで奉公させてやって欲しいと願い出ると、頼朝は自ら烏帽子親《えぼしおや》となって、その場で少年を元服させ、自分の名の一字を与えて「小山七郎宗朝《おやまのしちろうむねとも》」と名乗らせたのであった。

成人式である元服において、新成人の少年に成人の証《あかし》である烏帽子を初めて被せる役が烏帽子親であり、被せられた新成人は烏帽子子《えぼしご》という。

そして烏帽子親は自分の名の一字を烏帽子子に与えることが多く、これを「偏諱《へんき》を賜う」という。「偏」は「片方」、「諱」は名前のことである。

元服において、烏帽子親の手で烏帽子を被せられることによって、男の子は男になるのである。烏帽子親は烏帽子子の「もう一人の父」であり、生涯にわたって烏帽子子を保護する義務があった。

すなわち頼朝は小山宗朝の「父」となったのであり、乳母寒河尼の希望にこれ以上は無いやり方で応えたのである。

誠に美しい話ではないか。

だが。頼朝も寒河尼もオクビにも出してはいないが、この場合、宗朝は明々白々に人質である。この時、寒河尼の夫で小山氏の当主である政光は、京都大番役に行ったまま「伊勢平氏」によって京都に留め置かれており、宗朝の同腹（『結城《ゆうき》氏系図』。白河集古苑所蔵『白河結城家文書』所収）の長兄で小山の嫡子朝政・次兄宗政（長沼氏祖）らが鎌倉に参上し小山氏が頼朝に従うのは、まだ先のことだからである（朝政が鎌倉に来ていたことが確認されるのは、寿永元年〈一一八二〉二月二日条。宗政は養和元年〈一一八一〉閏二月二十三日条であるが、これは寿永二年二月二十三日の誤記載である）。

当時、北坂東には頼朝の叔父志太義広（常陸）、「河内源氏」一門である佐竹氏（常陸）・新田義重（上野）・源姓足利義兼（下野）、そして小山の同族藤姓《とうせい》足利氏（下野）などなどの強大な自立勢力が存在していた。

当主不在の小山氏は頼朝に付くかどうか決めかね、とりあえずの時間稼ぎとして頼朝にとって乳兄弟である宗朝を頼朝に差し出すことにしたのであろう。

そしてこれを頼朝に受け入れさせるため、頼朝の乳母であった寒河尼を宗朝と共に鎌倉に送り込んだと判断される。

むしろ、この作戦を主導したのは、小山のゴッドマザーとも言うべき寒河尼当人であったと考えるべきかもしれない。寒河尼は、小山の家の運命を二十年以上前の思い出に賭けたのであり、頼朝もまた、寒河尼母子をこれ以上無い待遇で迎えたのであった。

この寒河尼と頼朝の阿吽《あうん》の呼吸は功を奏する。三年後の寿永二年（一一八三）二月二十三日（『吾妻鏡』は間違って、養和元年閏二月二十三日条に記載している）、下野野木宮《のぎのみや》合戦において、宗朝の同母兄、小山朝政・宗政兄弟や彼らの従兄弟下河辺行平・政義兄弟を中核とする小山武士団は、頼朝の叔父で常陸に威を振るっていた志太義広及びこれと結んだ小山の同族にして宿敵、藤姓足利忠綱の軍勢「三万余騎」を撃破するのである（養和元年閏二月二十三・二十五日条）。この戦いによって、北坂東は頼朝の版図《はんと》となり、小山氏は下野を含めた北坂東における地位を確立したのであった。

宗朝は、後に頼朝からもらった「朝」の字を上に付けて改名し、「朝光《ともみつ》」を名乗る。この少年こそ、下総北端結城郡を本領とする大豪族結城氏の始祖、結城朝光である。頼朝の烏帽子子となった時、現代であれば中学一年生であるから、朝光は自分の役割を理解していたであろう。しかし、その後、頼朝は朝光を近習《きんじゅ》としてかわいがり、朝光も頼朝を慕う理想的な主従関係が結ばれるのである。

**大軍勢で鎌倉へ**

**○十月四日**

畠山重忠を筆頭とする秩父党の幹部たちが参上。頼朝は三浦義明殺害を許し、秩父党と三浦氏に手打ちをさせた。

**○十月六日**

武蔵を発《た》って、相模に入った頼朝は「幾千万なるを知らず」という大軍勢と共に、パレード状態で進軍し、父祖の地、鎌倉に到着したのであった。

永暦元年に伊豆に住み着いた時は、一人。

流人時代にできた家臣、七人。姻戚北条氏の武士団を加えても、四十騎に満たず。

治承四年八月十七日の伊豆挙兵時は、九十人。

八月二十三日、相模石橋山合戦時点は三百余騎であったものの、壊滅。

八月二十八日、海路、安房を目指し、翌二十九日に安房上陸。三浦・北条ら石橋山残党と合流。

九月十三日、安房より上総に向かった時は、再び三百余騎。

九月十七日、上総を突っ切って下総に入り、千葉氏三百余騎に迎えられる。

九月十九日、上総広常が「二万騎」を率いて大井川に来陣。

九月二十九日には、「二万七千余騎」を号していた。

十月二日、大井川・隅田川を渡河して武蔵に入った時は、「精兵三万余騎」。

そして十月六日、相模に入った時は「扈従《こしょう》の軍士幾千万なるを知らず」。

伊豆をスタートし、相模→安房→上総→下総→武蔵→ふたたび相模と、南坂東を反時計回りして、ゴール鎌倉へ。

治承四年十月六日。流人生活二十年、挙兵以来四十九日《しじゅうくにち》の艱難辛苦《かんなんしんく》のその果てに、ついに頼朝は鎌倉の地を踏んだ。

## 三 「オレたちの町」鎌倉

鎌倉入りした頼朝が、ただちに開始したのは、坂東平定のための戦闘と同時進行での、鎌倉の町作りであった。

### 武士団と鎌倉幕府

まずは、当時の武士団と頼朝時代の鎌倉幕府の構造について記しておこう。

第一章第二節に述べたごとく、武士団とは「血縁及び私的主従関係を根幹とする戦闘組織」であり、この武士団の構成員である戦闘員が武士である。

武士団の首長は、主人（惣領、当主）である。主人以外の構成員は、「家子《いえのこ》・郎等《ろうどう》、引き連れて」という言葉があるように、主人との血縁関係によって、大きく主人と血縁のある者と無い者に大別される。主人と血縁のある者は、家子と呼ばれる。ちなみに家子の範囲は非常に広く、主人の子などの近親から数代前に分かれた一族にまで及ぶ（暦仁元年〈一二三八〉二月十七日条の三浦義村の「家子三十六人」など）。主人と血縁の無い者には、郎等（郎党）・郎従《ろうじゅう》・所従《しょじゅう》・伴類《ばんるい》・門客《もんかく》などなど、いくつかの種類があるが、その中心は郎従である。郎等と郎従を区別して、郎等を郎従より上位にあるとする史料も存在するが、同一人を郎等とも郎従とも書いている史料（たとえば、正治二年〈一二〇〇〉十月二十一日条）もあり、少なくとも『吾妻鏡』では両者は同じものを指している。本書では煩雑になるのを避けるため、これら主人と血縁の無い者を、まとめて「家臣」と記している。

よって、極端に単純化すれば武士団の基本型は「主人（惣領、当主）―家子・郎従」である。大武士団は中・小武士団の集合体である。千葉氏・小山氏・三浦氏など「～氏」と呼ばれる大武士団は比較的に惣領の統制力が強いピラミッド型の組織であり、秩父党・鎌倉党・武蔵七党など「～党」と呼ばれる大武士団は惣領の統制力が比較的に弱い連合体型の組織であるとされる。もっとも現実には、三浦氏が三浦党とも呼ばれるように、これはあくまで比較の問題であった。

また当時の武士の主従関係は、かなりルーズで、特に惣領と家子の関係は曖昧なことが多かった。ある武士Aがある武士Bの家子であるかどうかは、極端に言うと個人の意識の問題であり、また時と場合で揺れ動いた。

たとえば、寿永二年（一一八三）二月二十三日の野木宮合戦では、同じ秀郷流藤原氏でありながら「一国之《の》両虎」と称されて下野で覇を競《きそ》っていた小山氏と藤姓足利氏が衝突したが、小山氏側には家系的には藤姓足利氏の家子たるべき武士たちが参加していた。

また、小山氏の当主政光の弟行義に始まる下河辺氏は単独で摂津源氏である源頼政の家臣となっていた。下河辺氏は、現在、小山氏とは別個の武士団として扱われることが多い。しかし、野木宮合戦では小山側に属しており、鎌倉幕府でも小山一族と行動を共にしている（建久二年正月三日条など）ので、小山氏の家子であったという解釈も充分可能である。

このような武士団の結合のルーズさ・曖昧さゆえに、頼朝は大武士団の家子を惣領と同様に直臣《じきしん》（御家人）とすることができたのである。

そして頼朝は当時の武士団の構成をモデルに、これをアレンジして、自分の下に結集した武士たちをランキングしている。次の三つである。

門葉《もんよう》：清和源氏一門。すなわち頼朝の父系血族（一般武士団の家子に相当）
家子：侍やその子弟から選抜した頼朝親衛隊（一般武士団に該当する者無し）

侍《さむらい》：門葉・家子以外。いわゆる御家人（一般武士団の郎従に相当）

幕府の門葉が一般武士団の家子で、幕府の家子は一般武士団に該当する者が無いのが、ややこしいのであるが、ようするに頼朝は自分を主人（惣領。当主）とする巨大な武士団として鎌倉幕府を構築したのである。事実、『吾妻鏡』文治五年（一一八九）十一月三日条に載せられている頼朝宛の後白河法皇院宣では、いわゆる御家人が頼朝の「郎従」と記されている。

頼朝はこのランキングをかなり厳格に守ろうとした。一例、挙げておこう。

建久三年（一一九二）五月二十六日、散歩していた「江間殿息童《そくどう》金剛殿」＝北条泰時（当時十歳）の前を多賀重行という御家人が騎馬のまま通り過ぎた。これを聞きつけた頼朝は、その日のうちに多賀を呼びつけ、

「礼というのは大人《おとな》だガキだによるンじゃねェンだよ。人によるべきもンだ。金剛みたいなモンは、おめェらと同じじゃねェんだよ。後でナンて言われるかに、どーして頭がいかねェんだ」

（礼は老少を論ずべからず、かつがつまたその仁《ひと》によるべきことか、なかんずく金剛のごときは汝《なんじ》ら傍輩《ぼうはい》に准《じゅん》ずべからざるのことなり、いかでか後聞《こうぶん》をはばからざるや）

と切れ気味で説教したうえに、所領まで没収してしまった。

泰時は童名《わらわな》を名乗っているのでもわかるとおり、この時まだ元服もしていない。数え年で十歳、満年齢なら九歳、ちびまる子ちゃんと同い年である。そんな子供の前をいい大人が馬に乗ったまま通り過ぎただけで、所領没収。「一所懸命」の武士である多賀にしてみれば、たまったものではない。

多賀は恐れおののきながらも、

「そんなことしてやせん。金剛殿とお供の人に聞いてくだせェ」

（全く然《しか》るべからず。かつは若公《わかぎみ》と扈従《こしょう》の人とに尋ねくださるべきのよし）

と弁解した。そこで泰時とお供だった奈古谷《なごや》頼時を呼んで聞いたところ、泰時は、

「そんなこと、無かったですよ」

（然るがごときのこと無きのよし）

と答え、奈古谷は奈古谷で、

「多賀殿はチャンと下馬しましたぜ」

（重行慥《たしか》に下馬するのよし）

と証言した。

泰時は事件自体が無かったと言っているのに、奈古谷は多賀が下馬したと答えたことで、二人が多賀を庇《かば》っていると頼朝は見抜いた。これがさらに怒りに油を注ぎ、頼朝は多賀に向かって、

「後で追及されるのを恐れもせず、すぐさまウソをついて、しばらく罪を逃れようとするとは、心根といい、おこないといい、まったく怪《け》しからん」

（後の糾明《きゅうめい》を恐れず、たちまちに謀言《ぼうげん》を構え、一旦《いったん》の科《とが》を贖《あが》わんと欲するの条、心中《しんちゅう》といい、所為《しょい》といい、はなはだ奇怪）

直訳だと雰囲気が伝わらないので、意訳すると、

「その場凌《しの》ぎで、ウソつきやがって、チョー！　ムカつくンだよ！」

と何度も何度も叱りつけたのであった。怒り狂っている。

しかも、泰時（金剛公《ぎみ》）には、

「ガキなのに、思いやりがあって、優しいねェ〜♪」

（幼稚の意《い》端《たん》に仁恵《じんけい》を挿《さしはさ》み、優美のよし）

と猫なで声で褒《ほ》め、ご褒美に自分の剣（御剣）まで与えた。

この剣は「これ年来《ねんらい》御所持の物とうんぬん」というから、頼朝が長年使っていたものであった。もっとも挙兵以来、頼朝が戦場に立ったのは石橋山合戦と奥州合戦くらいであり、石橋山では弓で戦っているし、奥州合戦では自分で戦いはしなかったから、ふだん儀式や行列の時に佩《は》いて（腰にブラ下げること）いたものであろう。でも、奥州合戦には持って行って佩いたかもしれないし、ひょっとしたら石橋山でも佩いていたかもしれない。

「そんなこと、無かったですよ」と言っただけで頼朝所持の剣がもらえたのであるから、泰時と言うか、金剛くん、大もうけである。

この記事で、『吾妻鏡』は泰時を「江間殿息童金剛殿」・「若公」・「金剛公」と敬称で呼び、二回も「給《たま》う」と敬語を使っているうえに、全体としてあまりにも北条氏の優位を強調した内容なので、「北条氏のためにする曲筆」により捏造された話とする説がある。たしかに頼朝の怒《おこ》り方は尋常ではなく、私も「ホンマかいな?」と言いたくもなる。

たしかに泰時への敬称や敬語の使用は地の文であり、北条氏全盛の鎌倉後期に編纂された『吾妻鏡』の特徴である。だが、泰時は「家子専一《せんいつ》」（家子の筆頭。宝治二年〈一二四八〉

閏十二月二十八日条）である江間（北条）義時の嫡子であり、家子江間氏を継ぐべき者であって、「侍」多賀重行の行為は頼朝の定めた門葉・家子・侍という鎌倉幕府の階層序列に反するものである。頼朝のあまりと言えばあまりな怒りの原因も、ここにあったのであろう。内容自体は史実として信用して良いはずである。

また、この事件は頼朝が自分の家子を一代限りのものではなく、家格として代々継承されてゆくよう固定化しようとしていたことをも示している。

しかしながら、後には門葉・家子・侍の区別は忘れ去られ（宝治二年閏十二月二十八日条）、一緒くたに御家人と理解されるようになった。忘れられてしまった最大の原因は、鎌倉殿（将軍）が源氏三代から摂関家九条（藤原）家を経て皇族となり、御家人の中に鎌倉殿の血族がいなくなったためである。御家人に一般武士団の構成員に通じるランキングがあったのも、頼朝期鎌倉幕府の特徴である。

本書では、いちいち門葉・家子・侍を区別していては煩雑になるので、まとめて御家人と表記している。

また頼朝は武士の一部を御家人（門葉・家子・侍）として組織したのであり、全ての武士を支配下に収めたわけではない。鎌倉幕府の構成員は、御家人とその家臣だけであった。御家人ではない武士は鎌倉時代当時は本所一円之地住人《ほんじょいちえんのちじゅうにん》と称され、現代の学術用語では非御家人という実に分かり易いというか、当たり前過ぎる呼称で呼ばれている。

平清盛の平氏政権は、朝廷と一体化して全ての武士を一応、支配下に置いたが、その統制は全般に緩やかなもので、平氏と運命を共にするような家臣は比較的少数だった。これに対し、頼朝は武士の一部を御家人とし、厳しく統制しようとした。鎌倉幕府と平氏政権を武士への支配方法という点で比較すれば、平氏政権は「薄く広く」、鎌倉幕府は「濃く狭く」という対比が可能である。

---

**コラム③〔頼朝の家子〕**

頼朝の家子は一般武士団にはいない存在なので、少し説明しておく。

頼朝の家子は、宝治二年（一二四八）閏十二月二十八日、八十二歳になっていた結城朝光（小山宗朝）が幕府に提出した頼朝の花押《かおう》（直筆サイン）入り「宗《むね》たるの家子・

---

侍を注《しる》す交名《きょうみょう》」（主立《おもだ》った家子・侍を記した名簿）なる文書に、結城朝光と北条義時の名があり、義時が「家子専一」（家子の筆頭）であった。

この「宗たるの家子・侍を注す交名」に対応すると思われるのが、養和元年（一一八一）四月七日条の左の記事である。

御《ご》家人らのうち、殊《こと》に弓箭《きゅうせん》に達《たっ》するの者、また御隔心《ごかくしん》無きの輩《ともがら》を撰《えら》び、毎夜、御寝所《しんじょ》の近辺に候《こう》ずべきのよしを定めらるるとうんぬん。

江間四郎　下河辺庄司行平　結城七郎朝光　和田次郎義茂
梶原源太景季　宇佐美平次実政　榛谷四郎重朝　葛西三郎清重
三浦十郎義連　千葉太郎胤正　八田太郎知重

この十一人が毎晩、頼朝のベッドルーム（御寝所）の近くで、おそらくは輪番制の徹夜で、警護をやることになったというので、歴史学界ではこれを「寝所警護番」と呼んでいる。

「御家人の中から、特に弓矢が上手《じょうず》で、かつ頼朝と親しい人々を選んで」というのであるから、これは単なる夜警やガードマンではなく、頼朝の親衛隊と言えよう。

そして筆頭の「江間四郎」は義時（当時、十九歳）であり、三番目に朝光がいるから、これが頼朝の家子の原型、あるいは家子そのものであろう。

十一人のうち七人、下河辺（下総。下野小山一族）・結城（下総。下野小山一族）・和田（相模三浦一族）・葛西（下総。武蔵秩父党の同族）・三浦（相模）・千葉（下総）・八田（常陸）は、大豪族の子弟または本人（葛西）である。榛谷も、武蔵の大武士団連合秩父党の有力メンバーである。梶原は、頼朝お気に入りの側近、梶原景時の息子。

伊豆の小土豪の庶子、当時十九歳の北条義時が、このようなメンバーを差し置いて、親衛隊長に任命されたのである。

当年十五歳の結城朝光は小山一族であり、確かに大豪族の子弟であるが、同時に頼朝の「心の姉」寒河尼の子である。十五歳なら弓矢の上手であっても、おかしくはないが、頼朝に選ばれた主因は、「御隔心無きの輩」であったことにあろう。

また、宇佐美（大見とも）は、北条氏と同じ伊豆国田方郡を本拠とする桓武平氏系の武士である。規模的には北条氏程度と推定される。宇佐美は蛭ヶ小島や北条の近くの地名であり、実政は頼朝挙兵にも参加しているので、伊豆時代から頼朝と親しかったのであろう。

また、葛西清重は治承四年十一月十日、自邸に泊まった頼朝に秘密で自分の妻を献じようとし、気付いた頼朝が断っている。「御隔心無」さ過ぎである。

よって、大半が大豪族・有力武士団出身者であるが、家子の選択基準の第一は、頼朝と「御隔心無きの輩」であることであったと考えられる。

頼朝は室町将軍の奉公衆・徳川将軍の旗本に通じる親衛隊の創設を、鎌倉入り七ヶ月（養和元年には閏二月がある）でおこなったことになる。だが、頼朝の家子は奉公衆や旗本ほどには組織されておらず、人数もずっと少数であったと考えられる。

頼朝が小土豪のミソッカスで年も若く大した功績も無い義時を「家子専一」＝親衛隊長に抜擢した理由は、義時が妻政子の弟、つまり義弟で、頼朝と「御隔心無」い間柄であったことであろう。

## 鎌倉の大親分

さて、頼朝たちがやって来た当時の鎌倉の地について、『吾妻鏡』は、漁師などしか住んでいない辺鄙《へんぴ》な田舎《いなか》。

〈所はもとより辺鄙にして、海人《あま》・野叟《やそう》〈田舎者〉のほかは、卜居《ぼっきょ》の類《たぐい》これ少なし〉


とド田舎だったように記している（治承四年十二月十二日条）。

しかし、これは言い過ぎである。

鎌倉は、源頼義が岳父《がくふ》（妻の父）平直方から譲られて以来の「河内源氏」の根拠地であり、寺院も複数建てられている、それなりの町であった。ちなみに、このような場所を現在、歴史学界では「都市的な場」（分かり易く言い換えれば、「都市っぽい場所」）という、考えてみると意味のよくわからない言い方で呼んでいる。

だが、頼朝の鎌倉入りが、鎌倉の町の様相を激変させたのは間違いない。

鎌倉入りの時点で、頼朝は相模・武蔵・安房・上総・下総の南坂東五ヶ国に伊豆を加えた六ヶ国を支配下に収めていたので、この地域の各地から、いきなり武士たちが鎌倉に押し寄せて来たのであり、人口は突然激増した。

その後、頼朝とは別個に兵を挙げた甲斐源氏（頼朝の先祖義家の弟義光流）との同盟が成立すると、甲斐源氏が支配下に置いた甲斐・信濃・駿河・遠江の甲信・東海地域も頼朝の版図に加わり、さらに頼朝の支配が上野・下野・常陸の北坂東三ヶ国にも伸びると、これら地域からも、武士たちが鎌倉に来住するようになった。

頼朝の支配領域が拡大すると共に、鎌倉の人口増は続いたのである。

十月六日に鎌倉に入った頼朝は、九日に屋敷（つまり、建造物としての幕府）の築造を開始。十二日には鶴岡八幡宮の小林郷北山《こばやしのさときたやま》（現在、鶴岡八幡宮がある地）への移転・新造を開始した。

武士たちも各々の屋敷を建築し始める。

その後、鎌倉では道路の修造、寺院の建立《こんりゅう》など町作りが着々と進められた。

元暦元年（一一八四）十一月二十六日からは、頼朝の父義朝の菩提を弔う勝長寿院《しょうちょうじゅいん》（大御堂《おおみどう》・南御堂《みなみのみどう》）の建立が開始された。

奥州合戦後の文治五年（一一八九）十二月九日からは、鎌倉北東の谷戸《やと》（鎌倉に多い山と山との間の谷間《たにま》）一つを全て寺域とする永福寺《ようふくじ》の建立が開始された。平泉にあった二階建て寺院を模したもので、永福寺は「二階堂」と通称され、やがて永福寺の周辺地域自体が二階堂と呼ばれるようになった。頼朝親戚の文士藤原行政の屋敷がこの地域にあったため、行政の子孫は二階堂氏と呼ばれるようになる。

このように鎌倉の町作り、「都市鎌倉」の建設は、頼朝の時代を通じて続けられて行くのである。

鎌倉入りの二ヶ月後、治承四年十二月十二日、完成した新邸への頼朝の引っ越しの儀式「御移徙之儀《ごいしのぎ》」が挙行された。

ここが「大倉御所《おおくらごしょ》」とか「大倉幕府」と呼ばれる建造物としての最初の幕府である（その後、鎌倉時代に幕府は二度引っ越している）。

出仕した者は、三百十一人。

この儀式について、『吾妻鏡』は次のように記している。

しかりしより以降、東国皆その有道《ゆうどう》を見て、推《お》して鎌倉主《かまくらのぬし》となす。

現代語訳すれば、

「この時より以降、東国の武士たちは皆、頼朝の道理あることを知って、担ぎ上げて『鎌倉主』とした」

となる。さらにわかり易く意訳すれば、

「この時から、東国の武士たちは、頼朝の器量を知り、皆で担いで『鎌倉主』とした」

というような感じである。

「鎌倉主」、そして後に鎌倉幕府首長の呼称となる「鎌倉殿」は、直訳すれば「鎌倉に住んでいる偉い人」・「鎌倉にお住まいの身分の高い御方《おかた》」という意味になるが、この頃の頼朝の立場や武士たちの感覚をも考慮して意訳すれば、「鎌倉の大親分」・「鎌倉に住んでるオレたちの大親分」というのが適切であろう。

当時の頼朝の公的な立場は、無位無官の「ただの流人」・「反政府武装勢力（反乱軍）のボス」であり、公権力（朝廷）から見れば犯罪者以外の何モノでもなく、まったくもって武士たちが勝手に担いだだけの存在だったのである。

実際、頼朝側も治承四年（一一八〇）の挙兵以来、一一八一年の治承から養和へ、八二年の養和から寿永への安徳天皇の下《もと》での改元を拒否し、寿永二年まで治承年号を使い続けていた。年号を拒否するということは、それを定めた天皇（皇帝）の支配を認めないという意思表示であり、頼朝は自分が反乱軍のボスであることを自ら認めていたと言える。

また、『吾妻鏡』が右の一文を記していることは、鎌倉幕府自身がこの頼朝の大倉邸入りをもって、鎌倉幕府の正式なスタートであったと考えていたことを示している。

と言うのは、『吾妻鏡』は、いつ誰が作ったのかを明記する史料の存在しない書物であるが、内容から鎌倉時代後期に鎌倉幕府自身が編纂した鎌倉幕府の公的史書であることは明白だからである。

現在、鎌倉幕府成立には一一八〇年・一一八三年・一一八五年などの諸学説がある。これは、それぞれの説を推す歴史研究者が「鎌倉幕府をいかなる権力体と考えるか」によって、成立の基準が異なるからである。これら学説は学説として、右の一文からすれば、鎌倉幕府ご本人は、

「治承四年十二月十二日、オレたちは『オギャー!』と産声《うぶごえ》を上げたのだ」

と思っていたこと、鎌倉幕府の成立をこの日と考えていたことを示している。

そして、「鎌倉主」・「鎌倉殿」という呼称は、朝廷官職である征夷大将軍とは異なる、武士たちとの関係から生まれた頼朝(及びその後継者たち)の呼称なのであった(むしろ、鎌倉殿が天皇から与えられる官職が征夷大将軍であると言った方が正確である)。

## コラム④〈頼朝の呼称〉

鎌倉入り後、頼朝は御家人たちから、どんな呼称で呼ばれていたのであろうか。

伊豆時代には平治の乱の最中に十三歳で任官した右兵衛権佐にちなみ「佐殿」と呼ばれていたであろうことは、すでに記した（第一章参照）。

では、鎌倉入り後はどうか。『吾妻鏡』は基本的に任官職や位階が変わるたびに呼称も、それに合わせて変更しており、征夷大将軍任官後は「将軍家」と称するのが基本である。これは頼朝に限らず鎌倉殿は全員、この方針で通している。

しかし、実際の御家人たちがそんな面倒なことをしていたとは思えないし、将軍任官後も頼朝に面と向かって、またふだん日常会話で「将軍家」と呼んでいたとも思えない。

それで私が注目したのが「御所《ごしょ》」という言葉である。

御所は摂政・関白をはじめとする身分の高い人・偉い人の「御屋敷」という意味で、転じてその御屋敷にお住みの偉い人そのものをも指す。貴人を直接呼んでは失礼なので、そのお方がお住まいの御屋敷の呼び名でお呼びするのは日本ではよくあることである。武田信玄を「御屋形様《おやかたさま》」と言ったりするし、雛《ひな》人形の「御内裏様《おだいりさま》」の内裏は皇居のことで、御内裏様とは内裏にお住まいの天皇のことである。

『吾妻鏡』では将軍任官以前を含め将軍（鎌倉殿）邸の呼称として、使用回数の多い順に「御所」・「幕府」・「営中《えいちゅう》」・「殿中《でんちゅう》」などがもちいられているのだが、御所は五六一件もあって他の三つを圧倒し、将軍邸の呼称の七七・七パーセントを占めている。

そして「将軍家」に比せば、遥かに少ないが将軍個人を「御所」と呼んでいる例がある。いくつか具体例を示すと次のようになる。

［実朝記］建保元年（一二一三）五月三日条

鎌倉幕府の内戦「和田合戦」について朝廷へ報告する書状中に「御所方《ごしょのかた》、別の御事無し（将軍源実朝様の陣営は無事でした）」とある。

［頼経記］仁治元年（一二四〇）六月十一日条

今年、御所御年廿三（今年、将軍藤原〈九条〉頼経様は二十三歳である）

［頼嗣記］寛元二年（一二四四）五月二十一日条

両御所の御不例の事、いささか御少減ありとうんぬん（前将軍藤原頼経様と現将軍

藤原頼嗣様の御病気は、少し良くなられたということである）

［宗尊記］建長六年（一二五四）閏五月十一日条

御所、内々射《ないないしゃ》せしめたもうべきのよし（将軍宗尊親王様も非公式に矢を射られるからである）

建造物である将軍邸は築年数はあろうが年齢ではないし、病気にもならないし、矢も射れない。いずれも、将軍邸と解釈することは不可能である。

『吾妻鏡』では、頼朝期（文治元年〈一一八五〉四月二十一日条に載る梶原景時書状中など）から将軍（鎌倉殿）が征夷大将軍に任官する以前より、その邸宅を御所と呼んでおり、頼朝の事例は無いものの、将軍個人も御所と呼んでいた事例が確認できるのである。

さらに鎌倉時代後期の史料を見てみると次のようになる。

第六代問注所執事太田康有《やすあり》（三善康信の孫）の政務日記『建治三年記』（一二七七年）は、第七代将軍源惟康《これやす》（後の惟康親王）個人も将軍邸も「御所」と呼んでいる。

第七代問注所執事太田時連《ときつら》（康有の子）の政務日記『永仁三年記』（一二九五年）は、

第八代将軍久明《ひさあきら》親王（惟康の従弟）を正月十日条では「将軍」と呼んでいるものの、八月十日条と十五日条では「御所」と呼んでいる。

また、鎌倉時代末期に北条高時（義時から数えて七代目の子孫）の連署（副執権）を務め、在職たった十日であるが第十五代執権にもなった北条氏有力庶家金沢《かねさわ》氏の当主貞顕《さだあき》は、書状で第九代にして鎌倉幕府最後の将軍、守邦《もりくに》親王（久明王子）個人も将軍邸も「御所」と呼んでいる。おもしろい記事を例として挙げてみよう。

○元徳二年（一三三〇）正月二十三日付「金沢貞顕書状」（『金沢文庫文書』。『鎌倉遺文』三〇八七五）

御所者《は》茶を御このみにて候（御所はお茶がお好きなので）

将軍邸は建造物なのでお茶は飲めないから、この「御所」は将軍守邦個人を指している。

○元徳二年二月付カ「金沢貞顕書状」（『金沢文庫文書』。『鎌倉遺文』三〇九一〇）

御所、相州亭に入御《にゅうぎょ》の事（御所が相州の屋敷にお入りになること）

○元徳二年二月十九日付「金沢貞顕書状」（『金沢文庫文書』。『鎌倉遺文』三〇九〇九）

御所の相州へ入御の事（御所が相州のところへお入りになること）

同月七日に「将軍御所」は失火で燃えてしまい、将軍守邦は執権赤橋《あかはし》（北条）守時（相模守。相州）の屋敷に居候することになった（『鎌倉年代記裏書』）。それについての記事である。この「御所」も、将軍邸は燃えてしまったし、それ以前に建造物なので守時のところだろうが、どこだろうが居候はできない。明白に将軍個人を指している。

ここまでが同時代人の記した一次史料で、最も信用できる。

次に編纂物《へんさんぶつ》では、鎌倉末期成立の『鎌倉年代記裏書』は、将軍個人をもっぱら「将軍」と記すものの、永仁三年七月十日条では「御所、尾張前司時兼の亭に入御す（御所は元尾張守である普恩寺（北条）時兼の屋敷にお入りになった）」とある。この「御所」も第八代将軍久明親王個人を指している。

やはり鎌倉時代末期成立の『武家年代記裏書』も、将軍個人はもっぱら「将軍」と記すが、一カ所、延慶元年七月九日条では「御所、佐介尾州《さすけのびしゅう》の亭に御出《ぎょしゅつ》」（御所は佐介尾張守の屋敷にお出《い》でになった）」とある。「佐介尾州」は北条氏庶家伊具《いぐ》氏の時高（後、斎時《なりとき》）と考えられ、幕府幹部の役職である四番引付頭人であった。

『鎌倉年代記裏書』・『武家年代記裏書』に見られる将軍個人の呼称としての「御所」は、編纂材料となった原史料にあった言葉が残ったものであろう。

また、鎌倉中期（一二四〇年代）以降から将軍邸を「御所」と呼ぶのに対し、もともとは「御所」と同じく将軍邸の呼称であった「殿中」が得宗《とくそう》（義時の直系の子孫である北条氏当主）邸の呼称となって区別されるようになる（『吾妻鏡』・『見聞私記』）。

ようするに、鎌倉時代に都市鎌倉で「御所」と聞いた人は、将軍邸か将軍個人を最初に頭に浮かべたはずだということである。

以上の考察から、事例は確認できないものの、鎌倉入り後の頼朝は御家人たちから「御所」と呼ばれていたであろうと、私は思うのである。おそらくは鎌倉入りの二ヶ月後、新築の御屋敷としての「御所」に頼朝が正式に引っ越した治承四年十二月十二日「御移徙之儀」が、「（流人の）佐殿」から「御所」への変更の契機になったと考えている。

よって本書では、御家人たちに鎌倉入り後は頼朝を基本的に「御所」と呼んでもらうことにする。

## 頼朝の陣頭指揮の下

寿永元年（一一八二）三月十五日、鶴岡八幡宮から由比ヶ浜に至る道の曲がりくねりを直して、参詣のための道路の修造が始まった。

鎌倉のメインストリート「若宮大路《わかみやおおじ》」である。

以前から計画していたものの延び延びになってしまっていたのであるが、政子の安産（八月十二日に頼家が生まれる）を祈るために修造を開始したのであった。この時の様子を『吾妻鏡』は、次のように記している。

武衛《ぶえい》手ずから、これを沙汰せしめたもう。よって北条殿已下《いげ》、おのおの土石を運ばるとうんぬん。

現代語訳は、次のようになる。

「御所（頼朝）は自らこの工事の指揮を取られた。そこで北条殿（時政）以下の人々がそれぞれ土や石を運んだということである」

頼朝の陣頭指揮の下、御家人たちは自らの手で土や石を運び、若宮大路を作ったのである。もちろん、これは儀式であり、本格的な工事は専門業者や人夫がやったであろう。しかし、この儀式は極めて重要な意味を持つ。

「御家人たちは、頼朝と共に自分たちの手で鎌倉の町を作った」ことを象徴するからである。

### 三大豪族の意見に従う

とは言え、鎌倉入りの時点で、頼朝自身が鎌倉をどの程度まで拠点とするつもりでいたのかは、かなり微妙である。

鎌倉入りから十五日後の治承四年十月二十一日、反乱軍討伐に東下して来た平維盛軍が前日の二十日駿河富士川合戦で甲斐源氏に敗走すると、同国賀島まで出陣していた頼朝は維盛を追って上洛《じょうらく》（京都に行くこと）しようとしているからである。

だが、頼朝の上洛命令に対して、千葉常胤・三浦義澄・上総広常という当時の御家人トップ3が、坂東を平定した後に西に向かうべきことを進言して諫め、頼朝は彼らの意見を受け入れて相模に戻った。

頼朝が取ろうとした行動は、寿永二年（一一八三）五月、越中・加賀国境、倶利伽羅《くりから》峠《とうげ》（現・富山県小矢部市と石川県河北郡津幡町）合戦（礪波山《となみやま》合戦）で平維盛軍を破った木曽義仲が敗走する維盛軍を追って京都を目指したのと、全く同じである。

鎌倉入りの頃には、頼朝は確固たる政権構想を持っていなかったことがわかる。

そして頼朝が二年半後の義仲同様に、治承四年十月時点で上洛していたならば、どのような結果となったであろうか。

常胤ら三人組が主張したように、この時点では北坂東には常陸の佐竹氏（清和源氏義光流）など強大な敵対勢力が存在したのであり、さらにその背後には奥州藤原氏があった。

頼朝は坂東の経営に失敗した可能性がある。

また、シャニムニ京都に突入した義仲の末路は、上洛した場合の頼朝の運命を推測するのに役立つであろう。

三大豪族の言葉に従ったことは、頼朝にとって正しい判断であったと言えよう。しかし、これは仮定の話である。むしろ、ここで注目すべきは、頼朝が自己の意志を曲げ、三大豪族の意見に従ったという事実そのものである。

『愚管抄』によれば、上総広常は頼朝に向かい、

「どうして朝廷のことばっか、そんなにみっともないほど気にするンすか？　こうして坂東にいりゃ、誰も、御所をコキ使うことなんかできゃしませんよ」

（ナンデウ朝家ノ事ヲノミ身グルシク思ゾ、タダ坂東ニカクテアランニ、誰カハ引ハタラカサン）

と言ったという。

頼朝はこの発言を広常の朝廷への「謀叛心《むほんしん》」を示すものだとし、それゆえに広常を粛清したと朝廷側に述べている。だが、実際には頼朝は広常の言ったとおり、坂東にあり続け、それによって成功したことは言うまでもない。

これは、広常のみの気持ちではないだろう。御家人たちは、頼朝に自分たちと共に坂東にいることをこそ願っていたのではないか。

そもそも千葉常胤も進言したことを併《あわ》せ考えれば、鎌倉を拠点とすることは、頼朝よりも、むしろ彼を担いだ御家人たちの希望であったと言えるのではないだろうか。

頼朝は鎌倉幕府の樹立を「事の草創」（治承四年八月十七日条）・「天下の草創」（文治元年十二月六日条・『玉葉』文治元年十二月二十七日条）と称している。しかし、追い詰められた末の挙兵や富士川合戦後の言動を見ると、少なくとも治承四年時点では、頼朝には自分が何を築こうとしているのか、具体的な構想があったとは思われない。

また御家人たちにしても、自分たちの望みを具体的に意識してはいなかったであろう。朝廷の存在は当時の人々にとって絶対的な常識であり、武士たちは与えられれば喜んで官職に任官し、その栄誉に歓喜した。そのような武士たちに、朝廷打倒とか新国家樹立といった発想が浮かぶはずがない。

けれども、『愚管抄』に残された広常の言葉から、御家人たちの希望が「相対的な朝廷からの自立」であったことは、朧気《おぼろげ》ながら理解できるのではないか。

朝廷の重圧に悩みながら、お互いに抗争を繰り返していた武士たちには、団結して大集団を築くという発想すらも浮かばなかったことであろう。しかし、彼らは無意識下で、それを願っていた。だからこそ、頼朝が隅田川を越えた時、雪崩のごとく頼朝の下に結集したのではなかったか。

そして頼朝は御家人たちの潜在的な希望を汲み取り、それに添って鎌倉を拠点とし、鎌倉の町を築いたのである。

## 狐も棲んでいる「都市」

かくて、頼朝たちの鎌倉入り以降、鎌倉は「都市」と言ってよい景観を示すようになって行く。

もっとも都市とは言っても、現代の東京や大阪のようなモノではない。建物は木造の平屋ばかりだし、道路も舗装されてなどいない。当たり前である。

なにしろ、幕府（大倉御所）の裏山に狐《きつね》が棲んでいて、生まれた子狐が頼朝のベッドルーム（御丁台《みちょうだい》）に入って来てしまったりしている（文治二年二月四日条）。

現代であれば、「まあ、かわいい」で済《す》むところであるが、昔の人は迷信深い。「これは一体、何の前兆か？」と占いをやっている（ちなみに結果は、凶であった）。

狐と言えば、例の長老大庭景義の鎌倉邸の庭で朝、狐が死んでいたこともある（文治四年十一月十八日条）。これも今なら「ありゃ、かわいそうに」で済むことであるが、昔の人は迷信深い。「怪異」として、「閉門」（人の出入りを禁じること）となった。

また、幕府の門前で小さな子供（嬰児《えいじ》）が遊んでいたりする（文治二年八月十六日条）。のん気なものである。

現代人の感覚からすれば、熱海のような大温泉街から少しズレたところにある鄙《ひな》びた温泉町でもイメージしてもらえば良かろう。

雰囲気としては、映画の西部劇に再現されている十九世紀後半、開拓時代のアメリカ西部の田舎町を想像していただければ、一番近いのではないかと思う。

それでも、都市鎌倉は坂東を中心とする東国の武士たち、頼朝の下に結集した御家人たちにとって、特別な場所となった。京都は言うまでもなく朝廷の都であり、清盛が築いた京都郊外六波羅や摂津国福原京《つのくにふくはらきょう》は「伊勢平氏」の町に過ぎない。都市鎌倉に先行する「武士たちの町」は、おそらく奥羽の武士たちにとっての平泉のみであろう。

## 東国・関東・坂東

東国・関東・坂東の意味について解説しておこう。

北海道と沖縄を除く日本列島、つまり本州・四国・九州の三島とそれに付随する島々が、古代・中世日本の領土である。律令制度では、六十六の国《くに》と二つの島《しま》（対馬と壱岐）、計六十八（六十六ヶ国二島《ろくじゅうろっかこくにとう》）に分けられていた。国と言っても国家の意味ではなく、現在の都道府県に当たる地方行政単位である。

東国は時代によって範囲が揺れ動くが、だいたい東日本（本州の東側）を意味する。
関東は、東国より始点がハッキリしており、伊勢国鈴鹿関《すずかのせき》・美濃国不破関《ふわ》・越前国愛発関《あらち》、併せて三関《さんかん》の東側の国々を指し、愛発関は後に近江国逢坂関《おうさか》に変更された。

そして現在の東北地方六県が陸奥国（青森県＋東北の太平洋側）と出羽国（青森県を除く東北の日本海側）、併せて奥羽《おうう》。

関東地方一都六県は、坂東《ばんどう》と呼ばれた。坂東とは駿河国と相模国の国境《くにざかい》にある足柄坂《あしがらのさか》、信濃国と上野国の国境である碓氷《うすい》坂の東の八ヶ国である。具体的には相模・武蔵・安房・上総・下総・常陸・下野・上野で、現在の関東地方にあたる。関東がこの地域だけを指す名称となり、関八州《かんはっしゅう》などと呼ばれるようになるのは、江戸時代以降である。

鎌倉幕府が成立すると、その直接支配領域が東国・関東の地域であったため、鎌倉時代当時には、鎌倉幕府そのものが「関東」と呼ばれた。

また、鎌倉幕府の直接支配領域が、すなわち「東国」と認識されるようになり、頼朝時代はほぼ三河・信濃・越後以東の国々がこれに該当した。

鎌倉幕府は坂東を中心とする東国武士の政権であったのである。そして都市鎌倉は、紛れも無く御家人たちの町であった。

いつもどこからか槌音が響く往来を、武士たちが、あるいは騎馬で、あるいは徒歩《かち》で、顎を上げ胸を張って闊歩している。——それが、頼朝時代の鎌倉の町の様相であった。

御家人たちにとって、都市鎌倉は、自分たちで作り、初めて手に入れた「オレたちの町」であったのである。

# 四　御家人たちの「溜まり場」鎌倉幕府

## 1　仲間意識を醸成した都市鎌倉

### 武士たちの交友範囲

都市鎌倉の誕生は、東国武士たちの人間関係をも大きく変えた。馬や舟を常用する古代・中世の武士たちの行動範囲は、かなり広かった。たとえば、石橋山敗戦後、頼朝は安房に上陸したわけであるが、この時、相模の三浦義澄が安房の「国《こく》郡《ぐん》の案内者《あないじゃ》（案内役）」を務めている（治承四年九月三日条）。義澄は安房の地理に詳しかったのであり、これは三浦半島を本拠とする三浦氏が船で房総半島先端の安房へヒョイヒョイ渡っていた証拠である。

武士たちの姻戚関係も、彼らの行動範囲の広さを示している。武蔵の畠山重忠の母は、相模の三浦義明の女《むすめ》（義澄の姉妹）である（『三浦系図』。異説あり）。また、畠山重忠のオバ（祖父秩父重弘の娘。父畠山重能の姉妹）は、下総の千葉常胤の妻となって胤正を生んでいる（寿永元年八月十八日条）。

極端な例だと、近江の佐々木秀義の姨母《おば》（母の姉妹）は奥州藤原氏三代目秀衡に嫁いでいる（治承四年八月九日条）。

また、武士たちは京都大番役や各々が仕える権門《けんもん》（皇族・貴族・大寺社など）の用事で、京都に数ヶ月あるいは年単位で滞在することもあった。

このような状況であったから、武士たちの交友範囲はかなり広かった。

だが、同時に武士たちが日常暮らしているのは、各々の所領《しょりょう》（ナワバリ）である。武士の所領は通常、先祖が住み着いた土地の周辺に子孫の所領が広がって行く。

典型例を一つあげれば、三浦氏である。三浦一族の苗字を見ると、本拠地である三浦半島を中心に相模東部に一族の所領が広がっていることがわかる。

この傾向は千葉氏・秩父党・甲斐源氏など、皆共通している。

よって、当時の武士たちが日常、最も多く接しているのは、一族と家臣であった。親戚や従業員は、同時にご近所住民でもあるのであり、同世代の一族は親戚であると共に一緒に育った幼馴染《おさななじ》みの友達でもあったわけである。

この頃、血縁と地縁は、ほぼ重複していたのである。少し後の時代になるが、具体例を挙げよう。

建保元年（一二一三）五月の鎌倉幕府の内戦「和田合戦」に際し、三浦義村（義澄の息子）は従兄である和田義盛（義澄の甥）を裏切り、これがため義盛以下和田一門は滅亡した。この裏切り行為を承久元年（一二一九）正月一日、下総の千葉胤綱（常胤の曽孫。当時、十二歳！）は、

「三浦の犬野郎はダチを喰うぞ！」

（三浦犬は、友をくらふ也）

と罵《ののし》っている（『古今著聞集』巻十五）。

三浦義村と和田義盛は従兄弟であるから、これを「友」と表現するのは、今日的感覚では奇妙な感じである。しかし、この言葉には、前記したような「一族は同時に友達である」という当時の武士のあり方が的確に表されていると言うことができる。

もっとも、この事例の和田義盛と三浦義村は従兄弟と言いながら、父子ほども歳が離れていたようである（義村が年下）。だが、義盛と共に滅びた義盛の息子たちは義村の同世代であり、義村はたしかに「友をくら」ったのである。

## 朝廷の支配と国毎の統率

話がズレたが、当時の武士にとって日常的に接し親しいのは、一族と家臣ということである。

よって、たとえ近所に住んでいても、別の武士団に属する者との交流・親しさは、一族・家臣よりは劣ると言わざるを得ない。

まして、遠距離に暮らす武士同士では、出会うことがそもそも非日常である。京都に出張した時に出会うこともあったではあろうが、京都滞在自体が非日常の、いわばイベントであった（イベントと言うほど、楽しいことばかりではなかろうが）。

何が言いたいかと言えば、たとえば相模の武士が日常、道をプラプラしていて、たとえ友達であっても下野の武士にバッタリ出会うということは、まず無かったということである。

では、都市鎌倉成立以前、一族・家臣を越えた武士たちの結集場所はどこであったかと言えば、これは各国の国府《こくふ》（今で言えば、都道府県庁）である。

国境《くにざかい》は、大河や山脈などの自然の境界とたまたま一致することはあっても、基本的には人工的に引かれたものであり、武士たちは国境を越えて活動していた。

しかし、朝廷の支配は国毎《ごと》になされていた。たとえば、京都大番役は国毎に国司によって動員されていたのであり、平治の乱後は「伊勢平氏」がこれを引き継いだが、国毎の統率に変化は無かった。国単位を越えた広域での武士の結集場所は、存在しなかったのである（例外は前述のごとく、おそらくは奥羽における平泉であり、この点で平泉は都市鎌倉の先駆であったと評価できるであろう）。

## 鎌倉は武士たちの交流の場

都市鎌倉の成立は、このような東国における武士たちの日常生活・人間関係を大きく変えた。

御家人たち（と、その家臣たち）は、鎌倉に集住するようになったのである。

もちろん、それまでと同じく所領でも暮らす。

彼らは所領と鎌倉を行ったり来たりするようになったのであり、鎌倉での生活も日常となったのである。

遠隔地に所領を持つ武士同士が、日常的に交流するという事態が起こったのだ。

相模の武士と下野の武士が道をプラプラしていて、バッタリ出会うということが日常と化したのである。

具体例を挙げよう。

文治二年（一一八六）。兄頼朝と対立し逃亡の身となった源義経の愛妾、白拍子《しらびょうし》（アイドル歌手）静《しずか》が捕らえられ、母磯禅師《いそのぜんじ》と共に鎌倉に連行されたのは、三月一日である。この時、静は義経の子を宿していた。

頼朝の命により鶴岡廻廊《かいろう》で静が「よし野山みねのしら雪ふみ分けていりにし人のあとぞこひしき」と歌い舞ったのは、四月八日。

五月十四日。工藤祐経（伊豆）・梶原景茂（相模）・千葉常秀（下総）・八田朝重（常陸）、それに文士の藤原邦通の五人組が、酒（下若《かじゃく》）を持って静の旅宿に押しかけ、宴会をやらかしている。娘の心身を案じたのであろう磯禅師は、静に代わって芸を披露した。

夫が全国指名手配で行方不明中、自分は囚《とら》われの身というかわいそうな妊婦さんのところに押しかけて宴会をやるだけでも、東国武士の無神経さがよくわかるが、さらにその上、酔っぱらった梶原景茂は「艶言《えんげん》を静に通」じた。口説いたのである。セクハラである。静は怒って泣いてしまった。トンでもない話である。

まあ、それはともかく、このエピソードで、伊豆・相模・下総・常陸四ヶ国に所領のある武士たちが、

「静殿の所に遊びに行こうぜ」

と言って集まる友達になっていたことがわかるのである。

### ケンカもあります

言うまでもないが、楽しいことばかりではない。

なにしろ、ケンカッ早い連中が集まって来たのであるから、モメ事も起きる。

建久六年(一一九五)正月八日。毛呂季光と中条《ちゅうじょう》家長がケンカして、双方に縁者が加勢に集まり、合戦になりかけている。

頼朝は侍所別当和田義盛を派遣して仲裁をさせた。

侍所は幕府の治安・警察機関、御家人統率機関であり、都市鎌倉の治安維持も担当していたので、ケンカの仲裁もするのである。

季光と家長は和解したが、このケンカが原因で頼朝主催の仏事（心経会《しんぎょうえ》）が延期になっており、大騒動であったことがわかる。

毛呂季光は武蔵の豪族。頼朝のお気に入りで、藤原氏でありながら清和源氏一門、つまり頼朝の一族（門葉）に准ずる待遇を与えられた有力者であった。なにしろ頼朝時代、武士系の御家人で国司になれるのは原則、門葉に限られていた（文士は別）が、季光は頼朝の推挙で豊後守に任官しているのである（文治二年二月二日条）。

流人時代、原因は不明だが、頼朝の屋敷に仕えていた下働きの者たち（下部《しもべ》）が集団脱走して季光の父季綱の所に行ってしまったことがあった。季綱は下部たちの世話をしてやり、頼朝のもとに送り帰した（建久四年二月十日条）。このように、毛呂氏は流人時代の頼朝と付き合いがあり、季光は頼朝に目を掛けられていたらしい。それを鼻に掛けて季光は威張っていたようである。

中条家長も武蔵の武士であるが、常陸の大豪族八田知家の養子となっていた。知家は頼朝の乳母寒河尼の兄弟である。

ケンカの原因は、養父八田知家の権威を借りて威張りだした家長を、季光が咎《とが》めたことであった。

頼朝は、家長については養父八田知家に命じて、幕府への出仕停止とした。自宅謹慎である。季光は幕府に呼び付け、

「おめェは門葉に准じられてるのに、つまらんことでケンカして、命を落としそうになるなんて、まったくもって自覚が無さ過ぎなンだよ！」

（御家人等に対して闘戦し、生涯を失わんと擬《ぎ》するは、はなはだ穏便の儀にあらざるのよし）

と直々に説教している。

武蔵の武士同士が相模の鎌倉でケンカしているのであり、これも都市鎌倉ができたが故のことである。

## 頼朝邸は溜まり場

都市鎌倉の中でも、特に御家人たちの交流の場、ハッキリ言ってしまえば溜まり場の役割を果たしたのは、他ならぬ頼朝邸、つまり幕府である。いくつか事例を挙げよう。

### ○事例1　幕府で双六

寿永二年（一一八三）十二月二十二日、上総広常（上総）と梶原景時（相模）が双六《すごろく》をや

って遊んでいる。

『愚管抄』・『鎌倉大日記』・『鎌倉年代記裏書』などは場所を記していないが、『吾妻鏡』の翌元暦元年正月一日条が「去年の冬、広常の事で営中《えいちゅう》（幕府）が穢《けが》れた（去冬《きょとう》、広常が事により、営中穢気《えき》）」と記しているので、幕府であったことは間違いない。おそらく大広間である侍間《さむらいのま》であろう。

この時、広常は頼朝の密命を受けた景時によってゲームの最中に斬殺されてしまうのであるが、今は広常と景時が幕府で双六をやっていたことの方を注目しておこう。

現代であれば、侍間にゲーム機とテレビが置いてあり、二人で対戦していたことになる。楽しくゲームで対戦中に殺されるというのは、恐ろしい話であるが、ここにも、プロローグで述べた「残虐とほのぼの」あるいは「物騒とゆるさ」の共存が見て取れよう。

それはともかく、私が幕府を御家人たちの「溜まり場」と言った意味がおわかりいただけると思う。

### ○事例2　居酒屋の役割

元暦元年（一一八四）六月十六日、頼朝の主催で西侍《にしざむらい》（侍間は東侍《ひがしざむらい》と西侍の二間）で飲み会。

主賓は、甲斐源氏実力者一条忠頼。

他の参加者は、工藤祐経（伊豆）・天野遠景（伊豆）・小山田有重（武蔵）・稲毛重成（有重の長男）・榛谷重朝（有重の次男）・結城朝光（下野）・鮫島宗家（駿河）など（同年六月十六日・十七日条）。

この宴会自体が忠頼を誘《おび》き出すためのもので、忠頼は宴会の最中に頼朝の命で暗殺されてしまうのだが、

「飲み会をやるぜ」

と頼朝に言われて、忠頼は何の疑いも抱かず、やって来たわけである。

楽しい飲み会の最中に斬り殺されるというのも恐ろしい話であるが、ここにも「残虐とほのぼの」・「物騒とゆるさ」の共存が見て取れる。

それはともかく、この例では幕府は居酒屋の役割を果たしている。

### ○事例3　ドンチャン騒ぎ

血腥《ちなまぐさ》い話が続いてしまったので、終始、楽しい例を。

文治二年（一一八六）十二月一日。千葉常胤が地元下総から鎌倉に来て、頼朝にお酒を献上したので、西侍で頼朝主催の飲み会。

出席者は、頼朝・常胤の他に、小山朝政（下野）・岡崎義実（相模）・足立遠元（武蔵）、そして小野田盛長（三河）に、文士の三善康信ら。

この飲み会はものすごく盛り上がって、参加者は「爪十分を醮《ひた》す」という状態になった。これは「酒を腹いっぱい飲んで酔っぱらう」様子をあらわす言葉である。そして千葉常胤は席を立って踊り、三善康信は歌いまくったそうである。

現代であれば、常胤がタンバリン片手に踊りまくり、康信はマイクを放さなかったということになろう。

常胤は御家人トップ3の一人。康信は、この頃、政所・侍所と並ぶ鎌倉幕府の三大機関の一つ、問注所《もんちゅうじょ》の長官たる執事であった。二人とも、最高幹部である。

酔っぱらって踊る房総半島最大の豪族にして御家人の長老千葉常胤六十九歳。ノリノリで歌い続ける問注所執事三善康信四十七歳。すごい光景である。

こういうのをナンと言うかと言えば、「ドンチャン騒ぎ」と言うのである。

この例では、幕府はカラオケボックスの役割を果たしている。

○事例4　年寄りの自慢話

建久二年（一一九一）八月一日。またしても、頼朝主催で飲み会。

スポンサーとして酒や肴《さかな》を準備したのは、例の長老大庭景義（相模）である。

頼朝は偉いので、飲み会をやりたければ、スポンサーを指名して、

「おめェ、支度《したく》しろ」

と言えばよいのであり、指名されたスポンサーは、酒から料理から全部、自分の持ち出しで準備しなければならない。しかし、頼朝からのご指名なので、やらねばならぬ。と言うより、頼朝から直々にご指名を受けるとは大変名誉なことなので、スポンサーは喜んで大ハリキリ。他の連中は、それを羨ましがる。シュールと言うか、おめでたい人たちである。

ところが、この時の肴は質素（美を極めず）だったそう（景義が貧乏だったわけでは、決してない）で、メニューは「五色鱸魚等」とある。

「鱸魚」は今でも食材にされている白身の魚類であるスズキである。これを「五色《ごしょく》の鱸魚」と読んではならない。そんな派手なスズキはいない。これは「五色《ごしき》・鱸魚《すずきうお》」と読むの

であり、「五色」は瓜《うり》のことである。

つまり、瓜とスズキがメインメニューであったのである。いくら鎌倉時代でも、たしかに質素である。

他の参加者は、源姓足利義兼（下野）・千葉常胤（下総）・小山朝政（下野）・三浦義澄（相模）・畠山重忠（武蔵）・八田知家（常陸）・工藤景光（甲斐）・土屋宗遠（相模）・梶原景時（相模）・梶原朝景（景時の弟）・比企能員（武蔵）・岡崎義実（相模）・佐々木盛綱（近江）ら。

ちなみに、この宴会では頼朝の提案で、参加者たちが各々、過去の体験談を話している（仰せによっておのおの往事《おうじ》を語り申す）。しかし、『吾妻鏡』が載せているのは、大庭景義の話だけである。

景義は、三十五年も前の保元の乱の時、「吾朝無双弓矢達者《ごちょうむそうのゆみやのたっしゃ》（日本で並ぶ者無き弓矢の達人）」鎮西八郎為朝《ちんぜいのはちろうためとも》（頼朝の叔父。当時十八歳）に弓で狙われ、絶体絶命の状況となった時、咄嗟《とっさ》の判断による回避行動で、胴体に中《あた》るはずの矢が逸《そ》れて、ヒザに中り、重傷を負ったものの、命拾いした話を長々と話している。ようするに年寄りの自慢話である。

## ○事例5　ゲーム・イベント会場

飲み会ばかりではナンなので、別の例を挙げよう。

建久元年（一一九〇）七月二十日、頼朝主催で双六《すごろく》大会がおこなわれた。

佐々木四兄弟の三男坊盛綱（近江）が頼朝と対戦中、頼朝のお気に入りで幕府幹部である工藤祐経（伊豆）がやって来たのだが、座る場所が無い。

そこで祐経は盛綱の息子で十五歳（満十四歳）の信実《のぶざね》を抱いて席をズラし、信実が座っていたところに自分が座った。中学二年生の男の子を抱《だ》っこして、横に移動させたわけである。

祐経としては、かわいい男の子に席を譲ってもらっただけだったのかもしれないが、信実は顔色を変えて席を立ち、しばらくして石（礫《つぶて》）を持って戻って来ると、その石で祐経のおデコ（額《ひたい》）を殴った。

祐経の額は切れて出血し、流れた血が着ていた衣服を汚した。

頼朝はカンカンに怒り、信実は逃げて行った。

翌日、信実は出家して行方不明になった。父盛綱は信実を義絶して、

「針の先ほどの所領も信実には譲りません（針を立つの地も譲り与うべからざるのよし）」

と頼朝に誓った。勘当である。

そこで頼朝は被害者工藤祐経のところに藤原邦通を行かせて仲裁したところ、祐経は、

「原因を考えると、信実が怒るのも尤《もっと》もです。だから、あの坊やのことは怒ってません。まして、盛綱に含むところはありません」

（事の濫觴《らんしょう》を思うに、信実、道理なり。随いて小冠《しょうかん》の所為《しょい》、さらに確執無し。いわんや盛綱において異心を存ぜざるをや）

と答えた。一件落着。

ちなみに、出家して佐々木兵衛太郎入道西仁《ささきのひょうえのたろうにゅうどうさいにん》を称した信実は十九年後、承元三年（一二〇九）十二月十九日、当時の将軍実朝に硯《すずり》の名品を献上しており、この時には幕府に復帰していたことが確認され、その後も御家人として普通に活動している。

祐経の軽挙でサンザンなことになったが、頼朝は双六大会を主催して自分も参加しているのである。

この例では、幕府はゲーム・イベント会場である。

## ○事例6　仲間意識の醸成

頼朝が薨《こう》じた翌年の正治二年（一二〇〇）二月六日。畠山重忠（武蔵）たちが侍所（侍間）に集まって、ペチャクチャおしゃべりをしている（雑談《ぞうだん》剋を移す）。

他のメンバーは、小山朝政（下野）・長沼宗政（朝政の弟）・和田義盛（相模）・渋谷高重（相模）・安藤右宗《すけむね》（信濃）ら。

話題の一つとして出たのは前年、失脚して本領の相模国一宮《いちのみや》に逼塞《ひっそく》し、起死回生を狙って上洛しようとして、その途中でこの年正月二十日に駿河国清見関《きよみのせき》で討たれた梶原景時について。

渋谷高重が景時のことを、

「近くの橋を落として館《やかた》に立て籠もりゃァ良かったものを、泡喰って逃げ出し、逃げる途中でバラされた。口ほどにもねェヤツだよ」

（景時、近辺の橋を引き、しばらく相《あ》い支《ささ》うべきのところ、左右《そう》無く逐電《ちくでん》し、途中において誅戮《ちゅうりく》に逢《あ》う。兼日《けんじつ》の自称に違《たが》えり）

と貶《けな》したところ、畠山重忠が、

「突然のことだったから、堀《ほり》を作ったり橋を落とすヒマは無かったろうよ。難しいンじゃねェの？」

（縡《こと》、楚忽《そこつ》に起こり、樋《ひ》を鑿《うが》ち橋を引くの計あるべからず。難治か）

と反論した。すると、これを聞いた安藤右宗が、

「畠山殿は大名《だいみょう》（勢力のある武士）すっからねェ〜。橋、落として砦を築くやり方なんかは、ご存じないみたいスね。近所の小屋をブッ壊して橋の上に乗っけて火ィつけりゃ、橋を落とすのなんて、わけねェすよ」

（畠山殿はただ大名許《ばか》りなり。橋を引き城郭《じょうかく》を搆《かま》うるのこと、存知《ぞんち》せられざるか。近隣の小屋を橋の上に壊《こぼ》ち懸《か》け、火を放ち焼き落すこと、子細有るべからず）

とさらに反論した。

重忠は武蔵の強大な桓武平氏系武士団連合である秩父党のリーダーの一人であり、自分の武士団も大兵力であったから、たしかに「大名」である。戦場でも実際の戦闘は家臣にやらせ、自分で戦うことは滅多に無い（文治五年八月十一日条）。

だから右宗の言うとおり、橋を落としたり砦を作ったりといった軍事の実際についての詳しいことは、よく知らなかったようである。

それは、そうだろう。重忠クラスであれば、橋を落としたければ、家臣に「落とせ」と

言えば良いのであり、落とすのは家臣である。

これに対し、右宗は「畠山殿は大名すっからねェ〜」と言い、橋の落とし方を具体的に語っている。自分で「小名《しょうみょう》」、つまり大したことない武士であることを認めていると言えよう。私はこの点に注目する。

頼朝の下《もと》に結集した御家人たちは、鎌倉に集住し、幕府に通い、交流を深めていった。彼らの間には、率いる武士団の規模に大きな格差があったにもかかわらず、彼らは「頼朝の直参」という意味で平等であり、実際、一緒に飲み会をやったりして遊んでいる。それは「一体感」、言い換えれば「仲間意識」を醸成したのである。

## 梶原景時弾劾事件

この御家人たちの横の連帯が最もハッキリ出るのが、正治元年（一一九九）十月の梶原景時弾劾《だんがい》事件である。

頼朝が薨じて九ヶ月後、同年十月二十五日、結城朝光（三十三歳。下総。もと下野）が侍間で、「頼朝のために念仏（南無阿弥陀仏）を一万回唱えるように」との夢のお告げがあったと話したので、その場にいた皆で念仏を唱えた。

この時、朝光は頼朝を慕《した》うあまり、

「忠臣は二君に仕えずって言うけど、オレは御所にメッチャかわいがっていただいてたンだよね。だけど、お亡くなりになった時、ご遺言に従って、出家も遁世《とんせい》（世を捨てる）もしなかったンだ。後悔しまくりだよ。それに今の世間を見ると、まるで薄い氷の上をビク歩くようなもンだしさ」

（吾《われ》聞く、忠臣は二君に事《つか》えずとうんぬん。殊《こと》に幕下《ばっか》〈将軍＝頼朝〉の厚恩を蒙《こうむ》るなり。遷《せん》化《げ》の刻《きざみ》、遺言有るの間、出家・遁世せしめざるの条、後悔一《いっ》に非《あら》ず。かつがつ今の世上を見るに、薄氷を踏むがごとし）

と歎き、これを聞いた人々は、もらい泣きをした。

十四歳から頼朝に仕えて来た「無双の近仕」（同日条）である朝光の頼朝への思慕が胸を打つ。たいへん良い話である。

ところが、二十七日になって、北条政子の妹で幕府の女房（女官。侍女。メイドさん）であった阿波局が朝光に告げた。朝光が言った「忠臣は二君に事えず」という言葉をとらえて、梶原景時（相模）が、朝光が謀反《むほん》を計画していると讒訴《ざんそ》し、これがため朝光は頼家の命で殺されることになったというのである。

朝光は慌てて「断金《だんきん》の朋友《ほうゆう》（金属をも断ち切るほどの固い絆《きずな》で結ばれた親友）」である三浦義村（相模）に相談した。話を聞いた義村は、すぐさま和田義盛（五十三歳。相模）・小野田盛長（六十五歳。三河）を呼び、御家人有志に呼び掛けて、皆で頼家に景時の非道を訴えることにした。

かくて、翌二十八日、結城朝光救援のため、鶴岡八幡宮の廻廊に集結した御家人は、朝光本人、朝光の兄小山朝政・長沼宗政を含め、実に六十六人。

『吾妻鏡』に名が記されている者は三十八人で、伊豆・相模・武蔵・下総・常陸・下野・三河・近江八ヶ国の出身者と京武者《きょうむしゃ》（京都で主に活動する武士）出身者（所〈伊賀〉朝光）・文士（中原仲業《なかなり》）であった。

この事件で、頼朝の側近として権勢を振るった梶原景時は失脚。十一月十三日、一族と共に所領である相模国一宮に逼塞した。そして、翌年正月二十日、京都を目指す途中、駿河国清見関で滅亡したことは、すでに記したとおりである。

都市鎌倉、その中でも特に頼朝邸（幕府）は、御家人たちの「集《つど》う場所」であった。

その雰囲気を現代でたとえれば、「部室」である。

などと書くと、「何を言い出したのか?」と思われそうだが、つまり、マンガやアニメ、ライトノベルなどで理想的に描き出されている二十一世紀日本における高校の部活動における部室、大学のサークル活動におけるサークル室である。

現代の高校生・大学生にとって、部室・サークル室は物理的にだけではなく、精神的にも「居場所」として機能している。これと同様の役割を頼朝時代の都市鎌倉、中でも幕府は、御家人たちにとって果たしていたのである。

心の拠り所でもある場所を守ることが、人にとっていかに大切かは、あえて言うまでもないことだろう。

## 2　仲が良いけどケンカする御家人たち

### 合戦と友情

都市鎌倉ができたことに限らず、鎌倉幕府の成立自体が、武士たちの交流に大きな影響を与えた。

戦乱における集団行動も、その一つである。

前九年の役・後三年の役でも同様のことがあったであろうが、全国規模で十年の長期に及んだ内乱は、先駆である両役よりも、さらに大規模な軍事行動に武士たちを駆り立て、その中で御家人たちは戦乱無くしては、あり得ない体験をしたのである。

奥州合戦中、最大の激戦であった阿津賀志山《あつがしやま》合戦での例を挙げよう。

文治五年（一一八九）八月九日、鎌倉方本隊に先んじて奥州方の砦に攻め入った三浦義村（二十二歳くらい。相模）以下七人の中に、工藤行光（甲斐）があった。

行光は奥州方の武士と戦ってこれを殺し、切り落とした首を馬の鞍にブラ下げて、山を登って行った。すると、二人の武士が馬から下りて取っ組み合いをしているのに行き会った。まだ夜明け前で暗く、戦っている二人の顔も見えない。そこで行光は、

「おまえ、誰？」

と聞いた（名字《なじ》を問う）。まァ、戦っているのだから、一方が鎌倉方で、もう一方が奥州方であろう。すると、一人が格闘しながら、

「藤沢次郎清近《ふじさわのじろうきよちか》（清親とも。信濃）が、敵を殺そうとしてるとこなンだよ！」

（藤沢次郎清近、敵を取らんと欲《ほっ》す）

と答えた。抜け駆け七騎の一人である。

「それならば」ということで、行光は清近に加勢して、二人で敵を殺した。

二人がかりで一人を殺すというのは、現代の感覚では卑怯な話であるが、当時はそんな感覚は無かった。

めでたく清近も首を獲《と》ったので、二人はしばしの休憩となった。

行光の協力に感激した清近は、この休憩中の雑談で自分の娘を行光の息子と結婚させる約束をしたのであった。

清近「いや！　ありがとう！　助かったよ！　ところで、おめェの息子とオレの娘、結婚させようぜ」

行光「うん。いいよ」

並んで座って、こんな会話をしている二人の傍《かたわ》らに立つ各々の馬には、血の滴《したた》る活《い》きの良い人間の生首が一つずつブラ下がっているのである。

一緒に人を殺して友情が芽生える。――ここにも「残虐とほのぼの」・「物騒とゆるさ」の共存が確認できるが、甲斐の武士工藤行光の息子と信濃の武士藤沢清近の娘の（本人たちに何の断りも無い）婚約が陸奥で成立したというのは、奥州合戦あったればこそのことである。

## 鎌倉武士・鎌倉御家人とは

鎌倉幕府成立による大規模な武士たちの集団行動は、軍事行動だけではない。

建久六年（一一九五）。頼朝は二月十四日に妻北条政子や嫡子頼家ら家族と共に鎌倉を発《た》ち、三月四日に上洛《じょうらく》（京都に行くこと）。六月二十五日まで、三ヶ月以上在京した。建久元年に続く、二度目の上洛である。

御家人の大群がお供をしたのは、言うまでもない。

五月十五日、頼朝に従って在京していた三浦義澄（相模）と「足利五郎」の家臣が京都の町なかで「闘乱」を起こした。

足利五郎は、藤姓足利一門の木村五郎信綱（下野）と考えられる（養和元年閏二月二十三日条）。この藤姓足利氏を含む秀郷流藤原氏は清和源氏・桓武平氏と並ぶ武士の大族で、特に下野を中心とした北坂東では大きな勢力を振るっていた。そして北坂東秀郷流藤原氏の盟主の地位にあったのが小山氏である。

三浦方には義澄の弟義連などの三浦一門が馳せ集まり、足利方にも小山朝政・宗政・朝光兄弟や大胡《おおご》・佐貫《さぬき》などの一族が集結。

三浦一族と小山一族という最大級の御家人同士が京都を戦場に合戦を始めようとしたのである。

知らせを受けた頼朝は侍所所司（次官）梶原景時を両一族のもとに派遣し、和平を厳命。これによって騒ぎは夜になって、やっとおさまった。

前述した毛呂と中条のケンカは両方、武蔵武士であるから、舞台が鎌倉であったことを除けば、幕府無くしてもあり得ることであろうが、三浦と小山は相模と下野であり、それが京都でケンカするのであるから、これは鎌倉幕府、そして頼朝の存在無くしては、まずあり得ないことである。

それにしても、後鳥羽天皇以下の皇族・貴族に対する主人頼朝の面目も考えない暴挙である。三浦と小山は下総の千葉と共に御家人トップ3の大豪族であり、当時の鎌倉幕府では大幹部である。それで、この有り様。武士・御家人というものの実態が良くわかる。

ところで、この事件では侍所所司の梶原景時が仲裁役を命じられており、毛呂・中条の事件で派遣された侍所別当和田義盛は遣《つか》わされていない。なぜなのであろうか。

実は、義盛は三浦の一族（義澄の甥）であり、この時、三浦方に駆け付けていたのである。先にも書いたように、侍所は幕府の治安・警察機関及び御家人統率機関であり、別当はその長官である。よって義盛は幕府首脳の一人と言って良い。しかも、この時、義盛は数え年で四十九歳、満年齢でも四十八歳。言うまでもないが、十分過ぎるほどに、分別盛りの年齢のはずである。それで、これ。

もう、ここまで来ると、何と言ってよいものやら。

地位も立場も眼中になく、一族・仲間のために、

「オラ！　オラ！　オラ！　どけェ〜〜〜！」

とばかりに洛中《らくちゅう》（京都）の往来をケンカの現場に向かって駆けて行く鎌倉幕府大幹部和田義盛四十九歳。——思わずニヤッとしてしまうが、鎌倉御家人・鎌倉武士とは、このような連中なのである。鎌倉幕府は、日本最初の本格的武家政権（武士の政府）であるが、こういう人たちの集まりだったのである。

## 激昂して武器を取り人を殺す

平安・鎌倉時代、武士は「勇士」と呼ばれ、また自分たちでもそう名乗っていたが、その「武勇」・「武威」の中身は、これである。一言で言えば、しょうがない野蛮人なのである。頼朝の苦労が偲ばれる。

三浦と小山は、建久六年から四十六年後の仁治二年（一二四一）にも、世代交代して、また派手にケンカしている。この年十一月二十九日、三浦泰村・光村・家村兄弟（義澄の孫。義村の子）ら三浦一族と、小山長村（朝政の孫。朝長の子）・長沼時宗（宗政の子）・結城朝広（朝光の子）を中心とした小山一族が、真っ昼間から鎌倉の繁華街で酔っぱらってモメた揚げ句に合戦寸前になっているのである。

これらの事件を見ると、三浦と小山は仲が悪かったように思われるが、事実はそうではないと言うか、むしろ仲が良かったというのだから呆れる。

前節で見たように、正治元年（一一九九）年十月二十七日、梶原景時に讒言されたことを知った小山一門の結城朝光が最初に相談したのは三浦義村だったのであり、この時、『吾妻鏡』は朝光と義村を「断金の朋友」と記しているのである。

また、仁治二年の事件では、三浦と小山について『吾妻鏡』は、

件の両家、その好《よしみ》あり。日来《ひごろ》互いに異心無し。今日の確執、天魔その性《しょう》に入《い》るか。

（この両家は仲が良くて、ふだんからお互いに悪く思ったりしていなかった。今日のモメ事は、魔物が両者の心に入りでもしたためであろうか）

と記している。

さらに、宝治元年（一二四七）六月五日、鎌倉幕府の内戦「宝治合戦」で、三浦本家が滅ぼされると、二十九日、八十一歳になっていた結城朝光は、当時の本拠地下総から鎌倉に参上。三浦を滅ぼした北条氏の当主である執権北条時頼（二十一歳。義時の曽孫。泰時の孫）の面前で、「断金の朋友」三浦義村の子で自刃した泰村のために泣き、

「合戦の日、ワシが鎌倉にいれば、容易《たやす》く泰村を滅ぼさせはしなかった」

（日阿〈朝光の法名〉、鎌倉に在らしむるにおいては、若狭前司《わかさのぜんじ》〈泰村〉たやすく誅伐の恥に遇《あ》うべからざるのよし）

とまで言ってのけている。

ケンカするほど仲が良いとは、まさにこのことであるが、友達なのにチョッとしたきっかけで殺し合いになりかけるというのが、当時の武士の武士たるところである。

古代・中世武家社会が、現代日本と大きく異なるのは、人が人を殺すことがほぼ「日常の風景」と言ってよい状況であったことである。「殺《や》らねば、殺られる」という言葉が現実なのが古代・中世武家社会である。モメ事の解決方法として相手を殺すことを即座に選

択するのが武士であり、彼らは合戦や抗争の場に限らず、チョッとしたことで激昂して武器を取り、日常的に友達や家臣、時には主人（安貞元年〈一二二七〉六月十八日条）すら含めた人を殺した。

頼朝の時代から四十年以上の後、鎌倉幕府も安定期と言い得る時代、北条義時の三男重時が嫡男長時のために記した家法、『六波羅殿御家訓』の中に次の一文がある。

時トシテ何《いか》ニ腹立事アリトモ、人ヲ殺害スベカラズ。
（どんなに腹が立っても、怒りに駆られて人を殺してはならない）

「当たり前です」と言いたくなるが、この文章をわざわざ書かねばならないのが、当時の武家社会であった。

現代日本人からすれば恐るべき殺伐とした世界であるが、その世界に生きる武士たちは、それでも共に酒を飲み、遊び、友情を育《はぐく》んでいたのである。結城朝光と三浦義村のように。

下野の小山と相模の三浦がこのような交流をすることになったのも、都市鎌倉、そして鎌倉幕府ができたればこそのことである。

# 五　御家人たちのハートを掴んだ頼朝

## お下がりの奪い合い

養和元年（一一八一）六月十九日、頼朝は三浦の地に遊びに行った。納涼である。昔は暦《こよみ》の関係で、今より季節がだいたい一ヶ月前倒しになるので、もう暑い盛りなのであった。

義澄以下三浦一族が歓待したことは言うまでもない。

三浦義澄主催の豪華大宴会（盃酒垸飯《はいしゅおうばん》を構え、殊《こと》に美を尽くす）になり、参加者が皆、酔っぱらって盛り上がる中、三浦の長老岡崎義実が頼朝の水干《すいかん》（衣装の一種）をねだった。

義実は前年八十九歳で討ち死にを遂げた三浦義明の二十歳下の弟で、当時七十歳（正治二年六月二十一日条の没年齢から逆算）。本当に長老である。そして彼は老齢であるにもかかわらず、息子佐那田義忠と共に頼朝の挙兵に加わり、義忠は石橋山で討ち死にしていた。

頼朝は老人の願いどおりに水干を与え、

「着てみな」

と勧めた。言われるままに、義実はその場で頂戴した水干を着た（仰せによって、座に候じながら、これを着用す）。

はしゃぐ義実ジィさんの様子が浮かんで、ほほえましいシーンである。

ところが、この様子を見た上総広常が妬《ねた》んで、

「そのような素晴らしいご衣装は、オレのようなもン（者）が戴くべきもンだ。岡崎みてェなジジィが戴くなんて、信じらンねェな！」

（この美服は広常が如きが拝領すべきものなり。義実の様なる老者が賞せらるるの条、存外《ぞんがい》）

と憎まれを叩いたものだから、場の雰囲気が一転して険悪になってしまった。

広常だって、当時六十四歳だった千葉常胤の又従兄弟《またいとこ》であるから、けっこうな歳だったはずなのであるが。

義実は怒って、言い返した。

「上総介《かずさのすけ》！　おめェは手柄があると思ってンのかもしンねェが、そんなもンは、ワシの最初の手柄（頼朝挙兵への参加のことなるべし）に比べりゃ、大したこたねェンだよ！　ワシ

と五分《ごぶ》（対等）だなんて思うなよ！」

（広常功有るのよしを思うといえども、義実が最初の忠に比《くら》べ難し。更に対揚《たいよう》の存念有るべからず）

かくて広常と義実は頼朝の面前で怒鳴り合いとなった。頼朝は長老同士のケンカに困ってしまったらしく、何も言わずに二人の言い争いを見ていた。情け無い話である。

さらにエキサイトした二人が刃傷沙汰《にんじょうざた》に及ぼうとした時、三浦義澄の末弟義連が割って入り、たしなめたので、やっとケンカは収まったのであった。

義連は岡崎義実の兄三浦義明の十番目の息子（十郎）であるから、義実、そしておそらく広常にとっても、子供の世代である。まったくもって、困ったジィさんたちである。

広常はこの宴会の前、海岸で頼朝に会った時も、一悶着《ひともんちゃく》起こしている。

この時、広常が引き連れていた彼の家臣五十数人は全員、下馬して頼朝に平伏したのであるが、広常は馬に乗ったままお辞儀をしただけだったのである。

それでこの時も三浦義連が出て来て、下馬するように注意したのだが、広常は、

「公私共にジィさんの代から、オレん家《ち》は誰にも下馬したこたァ無《ね》ェよ」

（公私共に三代の間、未だその礼を成さず）

と言い放って、ついに馬から下りなかった。

広常はその突出した強大さと共に、この誇り高さが頼朝の権威を脅《おびや》かすとして、二年後、暗殺されることになるのだが、それはここでは措いておく。

大人気《おとなげ》ない人たちであるが、義実と広常のケンカの原因は、頼朝のお下がりの取り合いだったことが注目される。

義実は大族三浦の長老であり、広常は御家人中、最強・最大の豪族である。

鎌倉入りから九ヶ月（養和元年には閏二月がある）にして、頼朝は彼らの心を摑んでいた。

そして頼朝がハートをゲットしたのは、幹部クラスだけではなかった。

## 憧憬と気遣い

武蔵七党《むさしのしちとう》と総称される武蔵国の中・小武士団連合の一つに児玉《こだま》党がある。

この児玉党の構成メンバーに小代《しょうだい》氏があって、頼朝時代のこの一族に小代行平がいた。『吾妻鏡』には六回出て来て、このうち頼朝時代は四回であるが、全部、行列とかのメンバーの一人である。御家人としては、まァ、中堅クラス。ハッキリ言ってしまえば、その他大勢・モブの一人。

この行平は置文《おきぶみ》を残した。ようするに自分の武功などを書き並べて、子孫に向けて自慢話を残したのである。

行平が書いた置文自体は残っていないが、行平から五代目の子孫（兄遠平の子で養子にした俊平の曽孫《そうそん》）伊重《これしげ》（法名宗妙《ほうみょうそうみょう》）が七十二歳の時、十四世紀の初頭に記した「沙弥《しゃみ》宗妙小代伊重置文」（『小代文書』）に引き写されて現代に伝わっている。

その行平置文に次のエピソードがある。

右大将《うだいしょう》ノ御料《ごりょう》、伊豆ノ御山《みやま》ニ御参詣ノ時、行平御供随兵《おとものずいひょう》ヲ勤メタルニ、御料石橋ヲ下《くだら》セ給《たま》フトキ、行平ガ肩ヲ抑《おさ》ヘサセ給ヒテ、御心安《みこころやす》キ者《も》ノニ思《おぼ》シ食《め》ス由《よし》ノ御定《ごじょう》ニ預カリキ。面目ヲ施《ほど》コシタリキ。

いつだかわからないが、頼朝（右大将ノ御料）が伊豆山神社（伊豆ノ御山）に参詣した。このような場合、御家人たちがお供として行列を組んで往復するのであり、これを随兵《ずいひょう》という。この時、行平はその随兵の一人であった。それで、頼朝が神社の石橋を下りる時、たまたま隣にいた行平の肩をポンと抑《おさ》え、

「おめェを心安く思ってるぜ」

と言ったので、行平は面目を施したというのである。

たったこれだけの話。

「そりゃ、良かったね」としか言いようが無いたったこれだけの話を、行平は奥州合戦や建仁三年（一二〇三）九月の鎌倉幕府の内戦「比企の乱」での活躍と同列に、右のごとく実に誇らしげに記している。

行平にとって頼朝がいかに偉大な存在であったかがわかろう。と言うよりも、まるで、ＡＫＢ48などのアイドルの握手会に行って、憧れのアイドルから、

「あ、小代さん。また来てくれたんですか？　この間いただいたヌイグルミ、家に飾ってますよ。とってもカワイイ♪」

とかナンとか言われて舞い上がっちゃったファンと同じである。

頼朝は時代が下ると、すでに鎌倉時代から武家政権創始者として神格化した存在となるが、行平の頼朝に対する思いは、「神格化」というのとはチョット違う。まさにアイドルに対するファンの憧憬《しょうけい》に近い。

もう一つ、行平の置文から紹介しよう。

建久四年（一一九三）の三月二十一日から四月二十八日まで、頼朝が下野国那須野・信濃国三原へ巻狩《まきがり》（狩場《かりば》を大人数で囲んでおこなう大規模な狩猟）に行った時のこと。

途中、武蔵国大倉宿《おおくらのしゅく》に着いた頼朝は、

「小代八郎《しょうだいのはちろう》は来てるか」

（小代八郎行平ハ参リタルカ）

と尋ねた。侍所所司で、こういう時の点呼係を務める梶原景時が、

「小代は氏寺を建てて、明日がその供養なんで、遅刻するそうですぜ」

（行平ハ御堂興仏寺是也造立、明日供養ニテ候間、彼ノ営アルニ依リテ、遅参仕マツリテ候）

と答えた。すると、頼朝は、

「それなら、八郎の近所のヤツらは供養に出てから、こっちに来るようにしろや」

（其儀《そのぎ》ナレバ近隣ノ者《もの》ノハ皆《み》ナ、行平ガ御堂供養ニ逢ヒテ後《の》チ参ル可《べ》キ由《よし》）

と命じた。

そして頼朝はこの命を伝える使者となった景時の息子景茂（置文はナゼか宗家と記す）に託して行平に氏寺建立《こんりゅう》の祝いとして馬を与えた。

行平とその近所の御家人たちは頼朝の命令どおり、供養が終わってから上野国の山名《やまなの》宿《しゅく》に駆け付け、頼朝たちに合流した。

巻狩終了後、鎌倉で行平が拝領した馬のお礼に参上すると、頼朝は行平の氏寺に所領を与え、行平はまたしても面目を施した。

行平の得意満面な様子は置文の文章からもわかるのだが、この話では、むしろ私は頼朝の行平への心遣いの方に注目する。

行平は頼朝と特別な関係にあったわけではない。彼には悪いが、先に記したように客観的にはその他大勢の御家人の一人に過ぎないからである。


以上二つのエピソードは、いずれも『吾妻鏡』には記されていない。行平はたまたま置文を記し、それを子孫がたまたま引き写して、たまたまそれが残ったから、我々はこれを知ることができるのである。

であるから、頼朝への憧憬は一人行平に限るものではなく、多くの御家人たちに共通するものであり、そして頼朝は行平に対してと同様の気遣いを他の御家人たちにもしていたのではないか。

## 御家人の一人一人を

実際、頼朝は御家人一人一人を良く覚えていた。

壇ノ浦《だんのうら》での平家滅亡から、一ヶ月足らず後の文治元年（一一八五）四月十五日、頼朝は戦闘のため西国《さいごく》（西日本）にあった御家人たちの中で自分の許可無く（内挙《ないきょ》を蒙らず）勝手に朝廷官職に任官した者どもに対し、墨俣川《すのまた》（現・長良川）以東、つまり幕府の直接支配領域である東国への帰還を禁じ、これに違反した者は「本領を没収した上で、首を斬《き》って殺せ（かつうはおのおの本領を改め召し、かつうはまた斬罪を申し行わしむべきの状《じょう》）」という下文《くだしぶみ》（命令書の一種）を出した。

この下文には「東国に帰って来たら、ブッ殺すぞ」と言われた御家人二十四人の名簿（交名《きょうみょう》）が添えられているのであるが、この中での頼朝の各人への貶《けな》しまくりぶりが、大変おもしろい。ヒドイのを幾つか挙げてみよう。

後藤基清　↓　「ネズミみたいな目付きしやがって（目は鼠眼《まなこ》にて）」

梶原朝景　↓　「ガラガラ声のクセに。この後ハゲ。刑部丞《ぎょうぶのじょう》のガラか（音様《こわざま》しわがれて、

梶原景高　↓「悪人ヅラで、もともとバカ野郎だと思っていたが（悪気色《あくげしき》して、もとより白者《しれもの》〈痴れ者〉と御覧ぜしに）」
中村時経　↓「大ボラばっか吹いてやがって（大虚言《おおそらごと》ばかりを能《のう》として）」
豊田義幹　↓「色はまっチロ、ツラはバカヅラ（色は白らかにして、顔は不覚気《ふかくげ》なるもの）」
平山季重　↓「フワフワしたツラしやがって（顔はふわふわとして）」
宮内丞舒国　↓「治承四年に大井川の渡しに来た時は、声までビビッてやがった臆病者が（大井の渡において、声様まことに臆病気《おくびょうげ》にて）」
八田知家・小山朝政　↓「九州に行く途中に京都で官職をもらうなんざ、駄馬《だば》が道草を喰うようなもンだ（鎮西《ちんぜい》〈九州〉に下向するの時、京において拝任せしむること、駘馬《たいば》の道草喰ふがごとし）」
「いや、いや、ナニもそこまで言わンでも」と思わずフォローしたくなるほどの貶しようであるが、これは頼朝が自分に無断での任官は鎌倉幕府の統制を乱す行為であり、それは幕府の瓦解に繋がりかねないとの認識を強く持っていたことをあらわしている。

頼朝が一貫して腐心したのは、自己を鎌倉幕府の絶対的な棟梁として確立することであった。義経や上総広常をはじめとして頼朝が粛清の対象としたのも、ほとんど頼朝の権威と権力を脅かす存在であった。

また、頼朝は行列で自分の剣を持つ役になることを渋った甲斐源氏の武田有義に怒り、

「以前、おめェは小松内府《こまつのないふ》（平重盛）の剣を持たせてもらったって京都で自慢してたンじゃねェか？　源氏の恥さらしじゃねェか？　ヤツは他門（別の一族）だ。オレは源氏一門の棟梁だ。オレは小松内府より下なのか？」

（先年、小松内府の剣を持つ事、すでに洛中に謳歌《おうか》す。これ、源家の恥辱にあらずや。彼は他門なり。これは一門の棟梁なり。対揚やいかん）

と言っている（文治四年三月十五日条）。

さらに、河内源氏一門（義光流）である佐竹隆義が奥州合戦に参陣した際、頼朝と同じ「無紋《むもん》の白旗《しらはた》」（模様の無いただ純白の旗）を掲げていたのを咎《とが》め、月を描いた扇を与えて旗の上に付けさせている（文治五年七月二十六日条）。

白旗は周知のごとく清和源氏の旗であるが、頼朝は「無紋の白旗」を独占しようとした

わけである。「無紋の白旗」は「清和源氏嫡流」の地位を示し、ゆえにこれを掲げて良いのは自分だけであるとしたのである。

頼朝は自身を「武家の棟梁である唯一絶対の清和源氏の嫡流」として位置付け、その権威を確立することによって鎌倉幕府を統制しようとしていたのである。それが鎌倉幕府を守ることだと考えていた。

ところが、御家人たちにはそこまで考えるアタマは無く、朝廷から勧められれば、言われるままに深く考えもせず、喜んでホイホイ任官してしまったわけである。

ここに、頼朝と御家人たちの意識の相違を見ることができよう。八田知家・小山朝政といった最高幹部クラスまでこの始末であるから、頼朝としても頭の痛い話で、怒り爆発してしまったわけである。

それはともかく、この交名で、頼朝は各人の特徴や過去の言動をあげつらって、貶しまくっている。的確に特定個人の特徴を捉《とら》えて悪口を言えることや、過去にやらかした言動を持ち出して貶せるということは、頼朝が御家人一人一人を良く認識していた証拠である。

## 才能と努力によるリーダーシップ

また、建久元年（一一九〇）春の大河兼任の乱の時、兼任の襲来に際し、「小鹿島公成《おがしまのきんなり》は討ち死に。由利維平《ゆりのこれひら》は逃亡」との戦況報告が陸奥から鎌倉に入った。

ところが、これを聞いた頼朝は即座に、

「その報告は間違っている。中八《ちゅうはち》（維平）は死んだはずだ。橘次《きつじ》（公成）は逃げたろう」

（使者の申詞《もうしことば》相違ありや。中八は定めて討ち死にせしむるか。橘次は逐電《ちくでん》するか）

と断言した。そして、そのとおりであった（正月十八・十九日条）。

由利維平は治承四年（一一八〇）頼朝挙兵以来の家臣（同年八月二十日条）であり、小鹿島公成も同年以来の御家人である（同年十二月十九日条）。共に古くからの御家人であるが、それにしても頼朝は二人の本質を見抜いており、またその判断に自信を持っていた。

戦前（第二次世界大戦以前）の地方の小学校には、目隠しをして生徒一人一人の手を握り、その感触だけで、生徒の名前を言い当てられる校長先生がいたという。

また、某女性アイドルは、一度握手会に来たファンの顔と名前を必ず覚えており、一人一人に言葉を掛けるという。

頼朝には、この校長先生やアイドルに通じる才能（と努力）があったと言えると思う。教育やリーダーシップに、最も必要なのは、集団の中の個人を認識し、それを、その個人個人に的確に伝えることなのである。

小代行平の置文に記されたのと同様の心遣いを、頼朝は多くの御家人にもしており、ゆえに行平の頼朝への尊崇・憧憬は、御家人たち全般に通じるものであったと推定される。

小代行平のような小規模な御家人に対する頼朝の接し方は、功績の評価にも現れている。文治五年（一一八九）秋、奥州合戦の時のエピソードを三つ紹介しよう。

**○熊谷直家の例**

奥州合戦において、鎌倉幕府軍は東海道・東山道・北陸《ほくろく》道の三方面軍に分かれて奥羽に攻め入った。

頼朝は東山道軍一千騎を率いて七月十九日、鎌倉を出陣した。

相模・武蔵・下野を進軍し、下野・陸奥国境白河関《しらかわのせき》を越えて陸奥に攻め込むコースを取ったのである。

七月二十五日、頼朝は下野国一宮《いちのみや》（その国で最も格の高い神社）、宇都宮二荒山神社《うつのみやふたらさん》に詣《もう》でた後、宿《やど》に入った。

この宿に、下野最大の豪族小山氏の当主政光が参上した。頼朝に駄餉《だしょう》（旅の食事。弁当）を献上するためである。

政光は、この時が頼朝との初対面であったらしいが、会見の場で、頼朝の傍《かたわ》らには紺色の直垂《ひたたれ》を着た若者が付き従っていた。ボディガードである。そこで政光は若者を指して頼朝に尋ねた。

「誰ですかい？」

（何者や）

頼朝は即座に答えた。

「我が国で並ぶ者無ェ勇士、熊谷小次郎《くまがいのこじろう》だよ」

（本朝無双の勇士熊谷小次郎直家なり）

すると、政光はさらに尋ねた。

「どうして、その若造が並ぶ者無ェ勇士だっておっしゃるンですかい？」

（何事、無双の号を候や）

また頼朝は即座に答えた。

「源平合戦の時、一ノ谷《いちのたに》（摂津国一ノ谷合戦。元暦元年〈一一八四〉二月七日。源義経の鵯越《ひよどりごえ》の奇襲で知られる）なンかの戦場で、オヤジ（直実《なおざね》）と一緒に命を棄てるみてェな戦いを何度もやっているからさ」

（平氏追討の間、一谷已下《いげ》の戦場において、父子あい並びて命を棄てんと欲すこと、度々《どど》に及ぶのゆえなり）

これを聞いた政光はケラケラ笑って言った。

「御主君のために命を棄てるなンてこたァ、勇士だったら誰だって思ってることっす。ナニも熊谷に限ったことじゃござンせん。ただ、熊谷みてェなヤツらァ、世話してやってる郎従（家臣）がいねェから、てめェでケンカして、てめェで手柄を立てて、それで名を上げてるだけっす。ワシみてェなのは、戦《いくさ》は郎従どもにやらせて、そいで御主君に忠義を尽くしてるンでさァ」

（君のために命を棄つるの条、勇士の志す所なり。いかでか直家に限らんや。ただしかくのごときの輩《ともがら》は、顧眄《こめん》の郎従《ろうじゅう》無きにより、直《じき》に勲功《くんこう》を励《はげ》まし、その号を揚《あ》ぐるか。政光のごと

きは、ただ郎従らを遣《つか》わし、忠を抽《ぬき》んずばかりなり）

そして、その場に控えていた朝政・宗政・朝光の三子と猶子《ゆうし》（子供待遇。相続権の無い養子）の吉見頼綱に向かい、次のように命じた。

「おい！　ガキども！　だったら、今度の戦じゃ、おめェら、てめェでケンカして、並ぶ者無ェ勇士ってホメていただけ！」

（所詮今度《こたび》においては、自ら合戦を遂げ、無双の御旨《おんむね》を蒙るべきのよし）

簡潔にまとめて意訳すれば、次のようになる。

「兵隊がいねェから、てめェでケンカしてるだけっしょ？　やれってンなら、ワシだって、てめェでやりやすよ！

おい！　ガキども！　今度の戦じゃ、おめェら、てめェでケンカして、日本一の勇士ってホメていただけ！」

政光のセリフには、北坂東のゴッドファーザーとでも呼ぶべき彼の自信、そして驕《おご》りを読み取ることができよう。

頼朝はこれを聞いて、おもしろがっていた（二品《にほん》、興《きょう》に入《い》りたもう）ということである。

すでに何度か書いているように、小山氏は千葉氏・三浦氏と並ぶ御家人トップ3の大豪族である。これに対し、熊谷氏は武蔵の御家人で、当時の兵力は父直実と息子直家に家臣（旗差し）一人のたった三人であった（『平家物語』巻九「一二之懸《いちにのかけ》」）。

同じ御家人と言っても、その有する兵力には大きな格差があったことを示す事例とされることが多い。

しかし、私は頼朝が弱小御家人熊谷直家を自分の警護役に任じて側近《そば》くに置き、本人の面前で「本朝無双の勇士」と褒めていることに注目する。

大豪族は兵力のゆえに発言力も大きく、幕府の幹部となっている。合戦で手柄を立てることも多く、恩賞もたくさんもらえる。頼朝が彼らにそれ相応の待遇を与えていたことは言うまでもない。

これに対し、同じ御家人であっても熊谷氏のような小さな者は、小山政光が言うように家臣が少ないか、いない。財力も無い。このような連中が頼朝にできる奉公は、自らの命を賭《と》して戦うことだけである。

このエピソードは、頼朝が小さな御家人たちを軽んじていなかったことを示している。父と共に何度も死線を越えた直家を連れ歩き、「本朝無双の勇士」と讃えることを躊躇《ちゅうちょ》しなかった。

## ○河村千鶴丸の例

八月九日、奥州合戦最大の戦闘であった阿津賀志山合戦において先陣を承《うけたまわ》っていた畠山重忠を出し抜いて、最前に奥州方の砦を攻めた三浦義村以下七騎の中に、河村千鶴丸《かわむらのせんつるまる》という十三歳の少年がいた。

満年齢なら十二歳、小学校六年生である。「千鶴丸」というのは、義経の「牛若丸」と同じく童名《わらわな》と言って、元服前の子供用の名前である。

抜け駆け七騎の活躍は、頼朝の耳に入ったが、元服もしていない子供であるにもかかわらず、何度も敵陣に突入して矢を放ったという千鶴丸の名を、頼朝は初めて聞いた。

千鶴丸の活躍に感激した頼朝は十二日、千鶴丸を召し出し父の名を尋ねた。

少年は、河村秀高の四男。石橋山で頼朝に敵対した河村義秀の弟であった。プロローグに出て来たあの義秀である。

千鶴丸は反逆者の一族であったわけだが、頼朝は少年の奮戦を賞し、甲斐源氏の有力者、加々美《かがみ》長清に命じて烏帽子親とし、その場でただちに元服を挙《あ》げさせた。千鶴丸は長清の偏諱《へんき》を与えられ、河村四郎秀清《かわむらのしろうひできよ》を名乗ることとなった。

反逆者の弟として日陰の身であった少年は、戦功によって御家人に列しただけでなく、頼朝の面前で元服を挙げるという栄誉に浴したのであった。

プロローグに記したように河村義秀が赦免されるのは翌年のことであり、この時点では義秀はトックに殺されたものと頼朝は思っていた。

たとえ処刑された（はずの）反逆者の一族であっても、功績ある者には恩賞と名誉を与えるというのが頼朝のやり方であった。

## ○宇都宮・小山の家臣の例

また、阿津賀志山合戦では八月十日、宇都宮朝綱の郎従、紀権守《きのごんのかみ》・芳賀《はがの》（『吾妻鏡』原文では「波賀」）次郎大夫《じろうのたいう》、三男小山（後、結城）朝光の率いた小山政光の郎従（郎等とも）保志黒次郎《ほしくろのじろう》・永代六次《ながしろのろくじ》・池次郎《いけのじろう》ら七人が勲功《くんこう》を上げた。

九月二十日、頼朝は紀・芳賀には「子孫の名誉とせよ（子孫の眉目《びもく》に備うべきのよし）」との言葉と共に旗二流を、保志黒・永代・池には「勲功の賞によって与える（勲功の賞によって下し賜《たも》う）」との文章を書き入れた旗と弓袋を与えた（八月十日・九月二十日条）。

いかに手柄を立てようとも御家人の家臣に、頼朝が直接所領を与えることはできない。

頼朝から所領を与えられたら、その家臣は主人である御家人と同列になってしまうのである。り、それは鎌倉幕府の秩序を乱す行為だからである。

家臣の功績は主人である御家人の功績としてカウントされ、頼朝は御家人に恩賞を与えるのが、鎌倉幕府のルールである。具体例が阿津賀志山合戦でもあった。

阿津賀志山の奥州方大将藤原国衡（泰衡の異母兄）は八月十日、逃亡中に討ち取られたが、和田義盛と畠山重忠の間で、どちらが国衡を討ったか争いになった。

そこで頼朝が直接、二人に聞きただしたところ、国衡が義盛の射た矢で傷を負ったところに、重忠の率いる大軍がやって来て国衡と義盛の間に入り、重忠の門客《もんかく》（客分）大串重親が国衡の首を獲《と》ったというのが真相であった。

重忠は自軍の後方にいたので、義盛が国衡を射たのを見ておらず、大串が首を持って来たので、これを頼朝に献じたのであった（八月十・十一日条）。

熊谷直家の例で紹介した小山政光の言う「ただ郎従らを遣わし、忠を抽んずばかりなり」というのは、こういうことである。

御家人は家臣の上げた功績を自分のものとして頼朝に申請し恩賞を拝領する。その御家人が家臣の功績に対し恩賞を与えるかどうかは、御家人の自己裁量である。

であるから、頼朝が御家人の家臣に恩賞を与える必要は無いし、むしろ与えてはならないのである。それでも頼朝は功績ある者を賞しようとし、旗や弓袋を下賜したのである。言ってみれば、鎌倉幕府の「枝」に過ぎない紀・芳賀・保志黒・永代・池らが、「鎌倉殿」から直接褒美を頂戴したのであった。

当人たちも感激したであろうが、彼らの主人である宇都宮・小山も鼻高々だったに違いない。しっかりした家臣を持っているということは、自分たちが器量《きりょう》ある主人であることの証《あかし》なのだ。宇都宮・小山は、それを頼朝に認められたのである。

## 御家人全てに誇りと喜びを

頼朝は御家人一人一人を良く知り、日常的に気遣いをしていた。それだけではなく、功績ある者は大いに賞した。

頼朝の「鎌倉殿」たる地位を支えていたのは、大・小を含めた御家人一人一人であった。上総広常や、彼の滅亡後に御家人トップ3となった千葉・小山・三浦のような大豪族は、強大な軍事力と財力を有していた。しかし、彼らだけで鎌倉幕府を支えられたかと言えば、否《いな》だろう。

小代行平・熊谷直家のような小さな御家人たちを含めた全ての御家人たち、さらにその御家人たちを支える家臣たちの力が結集されて、はじめて鎌倉幕府はあり得たのである。

頼朝の視線は、軍事的・政治的・経済的に影響力のある大物たちだけではなく、有象無象とも言える小さく弱い者たちにも及んでいた。

人は誰かに認められることによって、誇りと生きる意味を見出す。

卒業した大学を「弱小私大」・「三流大学」と嘲笑《あざわら》われ、研究者としての実力とは無関係に、卒業した大学を理由に、「一流大学」とやらを出たヤツらから見下《みくだ》され、ハラワタが千切れそうなほど悔しい思いを、何度も、何度も、何度も、何度も、何度も、……して来た私には、頼朝の心遣いに触れた小代行平・熊谷直家・河村千鶴丸、そして紀・芳賀・保志黒・永代・池たちの嬉しさが、よくわかる。

「兵隊がいねェから、てめェでケンカしてるだけっしょ?」と小山政光にバカにされたことは、それは熊谷直家はもちろん悔しかったであろう。だが、大豪族小山政光に向かい頼朝が「本朝無双の勇士」と自分を讃えてくれたことに、直家は身が震えるほど感激したのではないか。政光が言うとおり、直家は家臣が少ないから、自分で戦うしかない。しかし、その命を懸《か》けた奮闘に、頼朝はこれ以上無い賞賛を送り、直家を側近くに置いた。

「この人がわかってくれているのなら、他の誰がナンと言おうが知ったことじゃねェ」
――そう信じられる人がいてくれれば、人は強く生きて行ける。

弱小御家人たちを大豪族と差別することなく、実力と努力のみを正当に評価する頼朝の言動は、一人直家に限らず、弱小御家人すべてに誇りと喜びを与えたはずである。

## 親分に恥は掻かせられねェ

では、御家人たちは、頼朝をどのように思っていたのか、今一度、見てみよう。

建久六年（一一九五）三月、頼朝は建久元年冬に続き二度目の上洛をした。源平合戦初期の治承四年十二月、平重衡《たいらのしげひら》によって焼かれた東大寺の再建が成り、大口出資者であった頼朝は供養に招かれたのである。

三月十二日、東大寺再建供養のこの日、奈良は大雨であった。

供養に臨む頼朝に付き従った御家人たちの様子を、『愚管抄』は次のように記している。

供養ノ日東大寺ニマイ（参）リテ、武士等《ら》ウチマキテアリケル。大雨ニテアリケルニ、武士等ハレ（我）ハ雨ニヌ（濡）ル、（ル）トダニ思ハヌケシキ（気色）ニテ、ヒシトシテ居《い》カタマリタリケルコソ、中々物ミシ〈知〉レラン人ノタメニハヲドロ〈驚〉カシキ程ノ事ナリケレ。

〔意訳〕供養の日、頼朝は東大寺に参り、その頼朝を武士たちが取り囲んでいた。大雨であったのに、武士たちが「オレは雨に濡れてるな」などと思ってもいない様子で、ひたすら居並んでいる姿は、常識のある人にとっては驚くべきことであった。

大雨の中、平気な顔でズラリと並ぶ武士たち。——『愚管抄』の作者慈円をはじめとする貴族・僧侶たちは驚愕したのである。

ちなみに、私の家の飼い犬（ミニチュアダックス）は濡れるのがキライで、ほんの少しの雨でも散歩に行くのをイヤがる。そんな我が家のお犬様と比べると、十二世紀の御家人は二十一世紀の犬より野蛮であったことになろう。

確かに当時の武士たちは野蛮であった。山野を騎馬で駆け回り、人間狩りを業《ごう》とする武士たちは、多少の風雨は平気の平左であったろう。

しかし、大雨の中に直立不動で立っているのは、さすがにキツかったのではないか。

御家人たちに、このような行動をさせたのは、

「親分に恥は掻《か》かせられねェ」

という頼朝への忠誠心であったろう。

## 大将軍だから付いて来たのではない

そんな忠誠心が別の形で表出したのが、『吾妻鏡』に記された次のエピソードであると思う。

建久三年（一一九二）七月十二日、京都で臨時の除目《じもく》（官職の人事異動）がおこなわれ、頼朝は征夷大将軍に任官した。

と言っても、鎌倉にいる頼朝が自分の任官を知るのは、八日後の二十日である。頼朝の姉の夫で同い年の義兄、一条能保が使者を送って来て、知らせてくれたのである。能保は当時、位階は正三位、官職は権中納言・左兵衛督という公卿であるにもかかわらず、鎌倉幕府の京都出先役である京都守護（六波羅探題の前身）を務めており、京都政界でも義弟頼朝を背景に大きな勢力を有していた。

そして除書《じしょ》（除目の目録）を持った勅使《ちょくし》（天皇の使者）が鎌倉に到着したのは、さらに六日後の二十六日である。

除書到着の九日後である八月五日、頼朝は征夷大将軍家《せいいたいしょうぐんけ》（将軍家）としての政所始《まんどころはじめ》（政所開設式）を挙行した。

政所とは公卿、つまり皇族を除いて日本で一番身分の高い人々の家政機関（家の運営機関）のことである。

頼朝は文治元年（一一八五）四月二十七日に従二位《じゅにい》に叙し、公卿となっており、政所を持つ資格を有した。その後、文治五年（一一八九）正月五日に正二位《しょうにい》に叙す。そして建久元年（一一九〇）、最初の上洛の折、十一月九日に権大納言に任官、続いて二十四日に右《う》近衛大将《このえだいしょう》を兼ね、十二月四日に早くも両職を辞した（『公卿補任』）。

これ以降、頼朝は自分の家政機関を「前右大将家政所《さきのうだいしょうけ》」と称した。よって、二年も前から頼朝は政所を持っていたのであるが、征夷大将軍となったのを機に「前右大将家政所」を「将軍家政所」に衣替えしたのである。パチンコ屋の新装開店のようなもので、看板を変えただけであるが。

昔、今の判子《はんこ》のような役割を果たしたのが、花押《かおう》（判《はん》）である。判子は朱を付けてペタリと押すだけであるが、花押はいちいち自分で書く。自分で署名することを自署《じしょ》と言い、特に花押を書くことを署判《しょはん》という。つまり、花押は自分のマークのことで、現代の芸能人が書くサインのようなものである。

頼朝は挙兵以来、下文《くだしぶみ》（命令書の一種）には、いちいち自分で花押を書いていた。花押をどこに書くかで、袖判《そではん》下文とか奥上署判《おくうえしょはん》下文とか日下《にっか》署判下文とか呼び方が異なる（袖は紙の向かって右側、奥は同じく左、日下は日付の下を意味する古文書学の学術用語）が、ようするに、このテの自分で花押を書く下文は、簡単に言ってしまえば、誰でも出せる。

ところが、同じ下文でも誰でも出せるわけではない下文がある。これが政所《まんどころ》下文である。政所下文は、政所という組織の職員（家司《けいし》）が主人に代わって連名で出す下文である。家司たちが花押を書くので、主人の花押は無い。

で、この政所始に際し、頼朝は挙兵以来、そして公卿となってからも権大納言・右近衛大将となるまで出していた、頼朝自身が花押を書いた下文を回収し、替わりに新たに将軍家政所下文を与えることにしたのである。

前フリが長くなったが、将軍家政所始のシーンに戻ろう。

頼朝臨席のもと、最初に将軍家政所下文を与えられたのは、頼朝が父と呼ぶ長老千葉常胤（七十五歳）であった。

卒業式で最初に卒業証書をもらうようなものだが、今の卒業証書授与はクラス順・出席番号順なので、別にありがた味は無い。しかし、常胤の将軍家政所下文拝領は、大変な名誉である。それは彼が御家人の筆頭であることを明示するからである。

父と慕う常胤に、頼朝は最高の名誉を与えたのであった。

ところが、将軍家政所下文を頂戴した常胤は、その場でゴネだした。

常胤は言う。まずは、直訳。

「政所下文てのは、家司どもが署名したものです。こんなのじゃ、将来のための証拠にできやせん。ワシの分は、別に御所の御花押を書いていただいて、ずっと未来の子孫たちへの証拠としたいです」

（政所下文と謂《い》うは家司らの署名なり。後鑒《こうかん》に備《そな》え難《がた》し。常胤が分においては、別して御判《ごはん》を副《そ》え置かれ、子孫末代の亀鏡となすべし）

ハレの政所始がブチ壊しであるが、頼朝は常胤のワガママを許し、自分が文書の袖に花押を書いた袖判下文を与えた。

このエピソードは、政所別当（長官）大江（当時、中原）広元・問注所執事（長官）三善康信に代表される文士《ぶんし》（文筆官僚）を重用《ちょうよう》する頼朝に対する武士たちの反感を示していると解説されることが多い。

確かに、そのような側面はあるだろう。だが、私は、むしろ御家人たちの頼朝への「思い」を代表する側面があると考える。

常胤の言葉を私なりに意訳すれば、次のようになる。

「流人だったあなたが公卿となられ、大将軍となられて、今、将軍家政所を開かれたことは誠に、おめでたい。ワシも、とても嬉しいです。でも。ワシは、あなたが公卿だから、大将軍だから、今まで付いて来たのではない。ワシは、あなたが、あなただから、付いて来たし、これからもずっと付いて行く。だから。他のヤツらは、どうでもいい。ワシにだけは、御所。いやさ、佐殿。あなたご自身が書いた花押をください」

自己中にも程があるが、この言葉には、治承四年、敗残の流人に手を差し延べて以来、一貫して頼朝を支えて来た老将の矜持《きょうじ》が滲《にじ》み出ていると思う。

## 御家人たちは頼朝が大好き

伊豆で暴れ出して以来、頼朝が自己の権威の源泉として強く主張し続けたのは、自分が「武家の棟梁清和源氏の嫡流」であるということであった。頼朝が奥州合戦を前九年の役の再演として演出していたことは良く知られている。

しかし、これは二つの意味において幻想である。

その一。頼朝の家系の実態は「清和源氏の中の河内源氏の中の一系統」に過ぎず、頼朝以前に「源氏の嫡流」などは事実上存在しなかった。そして頼朝の下に結集した御家人たちのすべてが、「河内源氏」の「累代の家人」であったわけでもない。

その二。「河内源氏」は、かつて確かに南坂東に長い間勢力を保ち、この地域の武士の中には「源家累代の家人」の家もあった。しかし、それは平治の乱までのことであり、「河内源氏」の歴史と頼朝の間には、二十年の断絶があった。

「河内源氏」の貴種性が頼朝の成功に大きな役割を果たしたことは事実であるが、実際には頼朝は御家人一人一人との私的主従関係（人間関係）を新たに構築したのである。血の通《かよ》った主従関係無くしては、「武家の棟梁清和源氏の嫡流」という頼朝の主張も絵に描いたモチに過ぎなかったであろう。

頼朝は御家人たちの生殺与奪の権を持った主人である。実際に殺された者も少なくない。怒って御家人たちを貶しまくることもあった。

しかし、同時に、頼朝は多くの御家人一人一人を良く知り、一人一人を気に掛けていた。御家人たちと飲み会や双六大会をやって遊び、チョットした機会にポンと肩を叩いて「おめェを心安く思ってるぜ」と声をかけた。

「おめェを親しく思っているし、頼りにしてるぜ」

という頼朝のメッセージは、確実に御家人たち一人一人に届き、彼らの心をとらえていた。御家人たちは、頼朝を自分の思いに応《こた》えてくれる人だと信じていた。だからこそ、命を懸けて戦いもし、大雨の中に立っていたのである。

鎌倉殿・鎌倉主、そして征夷大将軍といった頼朝の身を飾る称号は、八百年後の我々からすると、ズイブンと厳《いか》めしい感じがする。

また、主従関係などと言うと、堅苦しく厳しいものをイメージしてしまう。

しかし、実際には御家人たちにとって「鎌倉殿」頼朝は、尊崇の対象であると同時に、もっとずっと身近に感じられる親しい存在であったのではないだろうか。

現代の大学や高校における部活やサークル活動、あるいは暴走族やヤンキーなどの若者グループにおいて、後輩たちから慕われ頼られている、怒る時は怒るけど、ふだんは気の良い優しい先輩。そんな感じだったのではないか。

一言で言えば、「御家人たちは、頼朝が大好き」だったのだ。

## 六　故郷としての都市鎌倉

### 浮気と家庭内紛争

では、頼朝にとって、御家人たちと共に作った都市鎌倉、そして鎌倉幕府とは何だったのであろうか。

寿永元年（一一八二）六月一日。頼朝は中原光家の屋敷に愛人である亀前《かめのまえ》を住まわせることにした。光家は小野田盛長や藤原邦通と同じく流人時代からの家臣であり、主人の浮気の片棒も担ぐのである。

この亀前を巡って勃発したのが、いわゆる「亀前事件」である。

この事件は、頼朝や政子をはじめとする北条一家の人々の性格がよくわかるし、それよりナニよりオモシロいので、チョッと詳しく紹介してみる。

と言うか、亀前事件は鎌倉幕府の概説書や頼朝の伝記でも取り上げられることが多く、割と有名なのだが、どの本も大筋を記すだけである。概説書や頼朝伝のこれまでの作者は、どうしてこんなオモシロい話を詳しく書かなかったか、不思議である。

で、『吾妻鏡』寿永元年六月一日条は、この亀前について、

武衛御寵愛の妾女《しょうにょ》（亀前と号す）をもって、小中太光家が小窪《こくぼ》の宅に招請したもう。御中通《ごないつう》の際、外聞の憚《はばか》り有るによって、居を遠境に構えらるるとうんぬん。かつがつ、此《こ》の所、御浜出《おんはまいで》に便宜《びんぎ》の地たりとうんぬん。この妾は、良橋太郎入道《よしはしのたろうのにゅうどう》が息女なり。豆州《ずしゅう》の御旅居《ごりょきょ》より、昵近《じっきん》したてまつる。顔貌《かおかたち》の濃《こま》やかなるのみにあらず、心操《こころばせ》、殊《こと》に柔和《にゅうわ》なり。去《さ》んぬる春の比《ころ》より、御密通《ごみっつう》。日を追いて御寵《おんちょう》、甚《はなは》だしとうんぬん。

［意訳］御所は大変可愛がっている亀前という愛人を中原小中太（光家）の小窪（小《こ》坪《つぼ》の誤。現・神奈川県逗子市小坪）の家にお招きになった。密通に行く時、噂になるのがイヤで、亀前の住居を鎌倉から遠くになさったということである。同時に、ここは御所が由比ヶ浜にお出での際、通《かよ》うのに便利な場所であったということだ。この愛人

は良橋太郎入道という者の娘で、御所が伊豆にお住まいの時から、親しんでいたということである。亀前は見た目がかわいいだけでなく、とても優しい娘であった。今年《こ》の春（正月～三月）頃から浮気が始まり、御所のお可愛がりようは、日に日に度を越えて行ったということである。

小坪は鎌倉の近所であるが、間に険しい尾根がある。なにしろ、この尾根の付近の地名は名越《なごえ》で、これは「難越」が語源であると言われているほどである。そのため、陸路で行くのは厳しいが、由比ヶ浜から舟で行けば、すぐである。頼朝はうまい所に目を付けたものである。

亀前は可愛いうえに優しい娘だったとのことだが、政子は顔はよくわからないものの、言うまでも無くじゃじゃ馬である。頼朝は嫁とは真逆のタイプを愛人にしたわけで、古今東西、よくあるパターンである。

また、頼朝の亀前との浮気は、寿永元年の春（正月～三月）から再開したとのことだが、八月十二日に長男頼家が生まれるから、頼朝の浮気は政子の妊娠中である。これもまた、よくある話である。ベタ過ぎである。

それにしても、原文は『吾妻鏡』特有のムダに格調高い和様漢文（日本風の漢文。つまり文法の間違った漢文）であるが、内容は週刊誌やインターネットの下世話なゴシップネタそのものである。

話が逸《そ》れたが、その後、頼朝は亀前を伏見広綱という者の屋敷に移した。

広綱は五月十二日に遠江国掛河《かけがわ》から鎌倉にやって来て、頼朝に初参《ういざん》（貴人に初めてお会いすること）し、右筆《ゆうひつ》（字を書く係）として仕えたばかりであった。

亀前が移り住んだ広綱の屋敷は、由比ヶ浜に面した鎌倉の東の外れ、飯島にあった。直線距離なら、小坪のすぐ西隣であるが、鎌倉府内である。小坪より遥かに通い易いが、政子にバレる危険も遥かに高い。しかし、頼朝は欲望を抑えられなかったようである。

そして案の定、バレた。

勘付《かんづ》いたのは、頼朝の舅北条時政の後妻、牧方《まきのかた》である。

牧方は早速、義理の娘政子（と言っても、おそらく牧方の方が年下）に、ご注進に及んだのであった。

激怒した政子は、十一月十日、義理の祖父にあたる牧宗親（牧方の父）に命じて、伏見の屋敷を叩き壊させた。家一軒、ブチ壊させたのである。

ずいぶんと過激な行動に出たものであるが、「後妻打ち《うわなりうち》」といって、この時代の女性には夫の他の妻妾に対して暴力的行動に出る人は多数おり、政子もその一人であったのである。まァさすがに、ここまでやった事例は他にチョット聞かないが。

恐い目にあった亀前は伏見広綱に連れられ、三浦氏の一族である大多和義久の鐙摺《あぶずり》にある家に避難した。鐙摺は前に亀前がいた小坪のすぐ近く、三浦半島の根元（現・神奈川県三浦郡葉山町。現在の葉山マリーナ付近）である。

二日後の十二日、頼朝は牧宗親を連れて鐙摺の大多和の屋敷を訪れると、衆人環視の中で宗親を怒鳴りつけた。

「御台《みだい》を重んじたのは結構なことだ。だけど、御台の命令に従うといっても、こういう時は、まず、こっそりオレに知らせろよ。すぐに亀前に恥をかかせるとは、まったくもって、どういうつもりだ？」

〈御台所《みだいどころ》〈奥様。政子のこと〉を重んじ奉る《たてまつる》事においては、尤も《もっとも》神妙なり。ただし彼の御命に順う《したごう》といえども、かくのごとき事は内々なんぞ告げ申さざるや。たちまちにもって恥辱を与えるの条、所存の企て甚だ《はなはだ》もって奇怪〉

完全無欠の八つ当たりである。「内々なんぞ告げ申さざるや」というセリフも情け無い。

まあ、頼朝にしてみれば、浮気をした自分が悪いのだし、それより何より政子が恐かったのであろう。

宗親は弁解の言葉も恐怖でロレツが廻らず、地面に顔をこすり付けて土下座していたが、頼朝はそんな哀れな宗親の髻《もとどり》（髷《まげ》）を手ずから切り落としてしまった。

これは極めつけの辱《はずかし》めである。当時、出家していない俗人の成人男子は、人前では常に烏帽子を被っている。烏帽子を脱がすという行為が、そもそも現代であれば衆人環視の中でズボンを脱がす行為に相当する。さらに髻を切るというのは、これは、もうパンツを脱がして、いい大人の尻を叩くに等しい。宗親は泣きながら逃げて行った。

騒ぎは、これで終わらない。

愛する牧方の父宗親が大恥をかかされたことを知った北条時政が怒った。時政は頼朝が鐙摺から鎌倉に帰って来た十四日の夜、頼朝に挨拶も無く、伊豆に引き上げてしまった。

時政のストライキを聞いた頼朝は慌《あわ》て、時政の子義時が鎌倉に残っているかどうか、梶原景時の息子景季を義時の家に行かせて確認させた。

帰って来た景季が、

「江間（義時のこと）はいましたぜ（江間は下国せざるのよし）」

と報告すると、頼朝はまた、すぐに景季を義時の屋敷に行かせ、夜なのにわざわざ義時を幕府に呼び付けた。そしてやって来た義時に、

「おめェは将来、きっとオレの子孫を守ってくれるだろう（定めて子孫の護《まも》りたるべきか）」

と褒め、ただ家にいただけの義時に恩賞まで約束したのであった。義時は、

「恐縮です（畏《おそ》れたてまつる）」

とだけ言って、家に帰って行った。おそらく寝たであろう。

頼朝、浮気。↓政子、怒る。↓頼朝、怒る。↓宗親、泣く。↓時政、怒る。↓義時、ナンにもしてないのに褒められる。……という実にもってワケのわからない展開なのであるが、家庭内紛争というのは、往々にしてワケのわからない展開を辿るモノである。

結果としては、義時にとって漁夫の利と言うか、風が吹いたら桶屋が儲《もう》かった展開となったが、別に本人が望んだわけではないだろう。だって、義時はナンにもしていない。

その後、月が変わって十二月十日。亀前は元いた小坪の中原光家の屋敷に戻った。

亀前は、

「御台様のお怒りが怖いです（しきりに御台所の御気色《みけしき》を恐れ申さる）」

とビビりまくりで頼朝に訴えたが、懲《こ》りない頼朝の亀前への愛は日に日にエスカレート

していたので、亀前は仕方なく頼朝の言うとおりにしたそうである（御寵愛、日を追いて興盛の間、慭《なま》じいにもって仰せに順うとうんぬん）。

それにしても、こと亀前に関わる件になると、頼朝の言動は常軌を逸している。飯島ならダメ、小坪なら良いという話ではないだろうに。

十六日、伏見広綱は遠江国に流刑（！）になった。政子の憤激が持続していたからである。

もっとも、流され先は遠江であった。広綱は元々、遠江の出であるから、実態は実家に帰っただけであった可能性が高い。それでも頼朝が広綱を配流という体《てい》にしたのは、そうしなければ政子の怒りが収まらなかったからだろう。

## 被害者たちのその後

この事件で頼朝・政子御夫妻にヒドイ目にあわされた人々のその後に触れておこう。

### ○伏見広綱

右の記事を最後に広綱は『吾妻鏡』から姿を消す。彼の鎌倉暮らし七ヶ月は、ただ、ただ、ヒドイ目にあっただけであった。

## ○亀前

亀前の最終記事は、十二月十日の小坪への引っ越しである。その後の動静は不明。殺されていれば『吾妻鏡』に記載があるはずなので、頼朝との関係が終わるまで、針の筵《むしろ》、薄氷を踏むがごとき思いの日々が続いたに違いない。

## ○中原光家

光家は、十二月十日に亀前がまた小坪の家に引っ越して来た後、しばらく『吾妻鏡』に登場しない。再登場は二年九ヶ月後の文治元年（一一八五）九月五日条なので、謹慎処分を喰らい、伊豆に帰ってでもいたのではないか。再登場後は、普通に幕府で働いている。政子にガミガミ怒られたであろうが、政子にとっても伊豆以来の付き合いで気心が知れていたから、この程度で済んだのではなかろうか。

## ○牧宗親

牧宗親も十一月十二日に頼朝の八つ当たりで髻をチョン切られてから、しばらく『吾妻鏡』に出て来ない。再登場は二年半後の文治元年五月十五日。壇ノ浦で死に損なった「伊勢平氏」の棟梁平宗盛・清宗父子を源義経が連行して来た際、鎌倉府内への西の入り口の一つである酒匂駅《さかわのうまや》まで、（おそらく年上の）義理の息子北条時政が宗盛父子を受け取りに行ったのに同行している。やはり、しばらく謹慎処分を喰らっていたのではないか。

新参者だった伏見広綱以外は、皆、政子が怒ると怖いのは百も承知であったろう。四人共、頼朝の意向に従ってやったことを、政子に激怒され、エライ目にあったかわいそうな人たちである。

## 掛け替えのないのは家族

ところで、亀前騒動で不思議なのは、「頼朝はナゼ、時政の鎌倉撤収で慌てたか?」であり、そして「ナゼ、義時が鎌倉にいたことで安心したか?」である。

当時の北条氏は頼朝を支える親衛隊のごとき存在であったとする意見もある。また、時政が頼朝にとって政治的に必要な存在であったとの見解もある。しかし、私には、そうは思えない。

まず、北条氏の元々の兵力は二十数騎程度以下と推定され、挙兵以前ならともかく、この時期の頼朝にとっては吹けば飛ぶような存在である。

また最近の研究で、時政が伊豆時代から朝廷に独自のルートを持っていたことが明らかにされている。しかし、武士はそれぞれ朝廷へのルートを持っているのであり、時政に限ったものではない。時政のルートが他の御家人に比べて強力なものであったかどうかは、今のところわからない。

時政が交渉能力に秀でていたことは事実で、前にも書いたが、石橋山敗戦後に安房から甲斐に赴き頼朝と甲斐源氏との同盟を成立させたり、文治元年（一一八五）十一月二十五日から翌二年三月二十七日まで京都に滞在して朝廷との交渉をおこない、いわゆる守護・地頭の設置を認めさせたりしている。

しかし、これらは、あくまでも頼朝の存在あっての成果である。時政の才能は頼朝をバックにして初めて発揮される虎の威を借る狐の類《たぐい》に過ぎなかった。

事実、文治元年に上洛した時政について、摂関家の藤原（九条）兼実は日記に「頼朝代官北条丸」（『玉葉』文治元年十一月二十八日条）と記しているのである。「頼朝の代官である北条ナントカ」とでもいう意味であり、兼実が時政の名前すら知らなかった証拠以外の何物でもない。

時政、そして北条氏は客観的に見ると、鎌倉入り後の頼朝にとっては、軍事力の面でも政治的にも、また経済力でも、いくらでも取り替えの利《き》く、その他大勢の御家人の一人に過ぎなかったというのが、現在の私の結論である。政子とて、頼朝にとっては離婚しても、別に政治的な痛手《いたで》は無かったはずである。

では、なぜ、頼朝は政子に頭が上がらず、時政のストライキに慌て、義時が鎌倉にいたことに安堵したのか。

結局、現実の利害とは無関係に、政子をはじめとする北条ファミリーの人々は頼朝にとって大切なものであったのではないか。

スッタモンダがあったとは言え、ただの流人だった自分を迎え入れてくれた北条一家は、頼朝にとって掛け替えのない家族であったのだろう。

無粋なことを言えば、義経など源氏一門（門葉）は血縁があるがゆえ、頼朝にとっては自分に取って替わる可能性を持つ危険な存在である。これに対し、そんな可能性のまったく無い北条氏は、頼朝にとって安心できる存在であったとも言えよう。

「じゃァ、浮気すんなよ！」とも思うが、そこはそれ、また別の問題である。しょーもない浮気者というのは超歴史的な存在である。

頼朝は兄義平の後家《ごけ》（未亡人）、つまり義姉である新田義重の娘にラブレター（御艶書《ごえんしょ》）を送り、政子の怒りを恐れた義重が慌てて娘を再婚させてしまったのを怒るという、どうかと思う行為をしているし（寿永元年七月十四日条）、厳しい政子の監視の目を掻《か》い潜《くぐ》って、浮気相手（藤原〈伊達〉時長の娘大進局《だいしんのつぼね》。文治二年〈一一八六〉二月二十六日条）に貞暁（初名、能寛。文治二年二月二十六日条・『尊卑分脈』）という男子を生ませてもいるのである。

ちなみに、建久三年（一一九二）四月十一日、頼朝は七つになった貞暁の乳母夫を決めようと、武蔵横山党の小野成綱・京武者出身で右筆の藤原重弘・坊さんで右筆の一品房昌寛に次々と命じたが、三人が三人とも、

「御台様のおヤキモチがめっちゃスゴイので、怖いっす」

（御台所の御嫉妬甚だしきの間、かの御気色《ごきしょく》を怖畏《ふい》するが故なり）

と言って辞退してしまい、大江景国にお鉢が廻って来て、来月貞暁を京都に連れて行くよう命じられている。景国の祖父、藤原景通は前九年の役（前九年合戦）の激戦、黄海《きのみ》の戦いで大活躍して源頼義七騎武者の随一と言われた（『陸奥話記』・『吾妻鏡』同日条）のに、孫は源家累代の家人でありながら（あるがゆえ？）頼朝の浮気の後始末を押っ付けられる。迷惑な夫婦である。

少し話をズラして、先のことを記すと、この貞暁は僧となり、三十九年後の寛喜三年

（一一三二）二月二十二日、四十六歳で高野山に入滅した（同年三月九日条・六月二十二日条・『明月記《めいげつき》』同年三月三日条）。『尊卑分脈』は「自害」と記すが、頼朝の子孫の中では、彼が最も長寿となったのである。

頼朝・政子の困った夫婦に話を戻そう。

まァ、当時は一夫多妻である。まして自由恋愛が当たり前の貴族社会で生まれて育った頼朝にしてみれば、本妻以外に妻妾を持つことには、

「何が悪いの？」

と思っていたのかもしれない。

そして政子の立場からすれば、一夫多妻だろうが、頼朝が京都生まれの京都育ちだろうが、我慢ならないものは、我慢ならないのである。

結局、頼朝と政子は、現代でも世間によくいる、しょーもない浮気男とヤキモチ焼きの勝ち気な女のカップルなのである。

問題は二人が権力者であったことであり、ゆえにこの二人は周囲にとって極めつけに迷惑な夫婦だったのである。

心配させたり悩ませたり怒らせたり悲しませたりばかりしていたが、頼朝にとって政子は大切な人であり、そして北条氏は大切な家族であったのだろう。

思い起こせば、頼朝が以仁王の令旨を一緒に読んだのも、藤原邦通の描いた絵図を見ながら山木兼隆邸攻撃作戦を共に練ったのも、北条時政だけであった。そして時政の嫡子宗時は石橋山敗戦で死んだ。

伊豆下向に際し人を付けてくれた高庭資経の心遣いを頼朝は忘れず、二十四年後、平家方であった資経の子実経を父の恩を理由に許している（元暦元年三月十日条）。

三十騎に満たざる兵力ではあったが、十年に及んだ内乱の中で、頼朝が最も無力であった時、彼を支え続けたのが、時政率いる北条氏であったことを、他の誰が忘れても、頼朝は忘れなかったはずである。

## 北条義時に書かせた起請文

義時絡みでは、もう一つエピソードがある。

建久二年（一一九一）、義時は恋をしたのである。相手は比企尼の孫娘（子息朝宗の娘）

で幕府の官女《かんじょ》（侍女。メイドさん）であった姫前《ひめのまえ》。スゴイ！　美人（容顔《ようがん》はなはだ美麗《びれい》）であったそうである。

義時は万事に消極的なタイプであるが、この時ばかりは違い、何通も何通もラブレター（消息《しょうそく》）を送った。しかし、姫前は「権威無双の女房《にょうぼう》（官女に同じ）」と称されており、プライドの高い、いわゆるタカビーなタイプだったらしい。ぜんぜん相手にしてもらえず、義時はモンモンとした日々を過ごしていた。

この時点で、義時は二十九歳。長男の泰時がもう九歳である。満で八歳、ちびまる子ちゃんの一コ下、小学二年生の父親でもある、いい歳をした大人が「中学生でもあるまいに」と思うのであるが、まァ、義時はそういう人である。

翌建久三年になって、これを聞きつけた頼朝が、自ら仲介に乗り出した。

頼朝は姫前に向かい、

「『絶対離婚しません』て起請文《きしょうもん》（神仏への誓約書）、書かせるから、結婚してやれ」

（将軍家これを聞こしめされ、離別を致すべからざるのむね、起請文を取りて行き向かうべきのよし、件の女房に仰せらるるの間）

と命じた（同年九月二十五日条）。

おそらく頼朝が直接、義時に起請文を書くことを命じたのであろう。この時、十六歳違いの義兄と義弟の間で、どんなやり取りがあったのであろうか。次のような会話が思い浮かぶ。

頼朝「おめェよォー。オレが仲取り持ってやンだから、ぜってェー！　離婚すンなよ！」

義時「へい」

頼朝「誓えるか？」

義時「へい。誓いやす」

頼朝「ンじゃ、起請文書けや」

義時「へい。書きやす」

かくて義時は起請文を記し、めでたく姫前と結婚したのであった。

建仁三年（一二〇三）九月、義時を含めた北条氏は姫前の実家比企氏を滅ぼし（比企の乱）、結果、姫前は義時と離婚して、貴族と再婚することになるが、それはずっと未来のことである。

## 頼朝が鎌倉で手に入れたもの

文治二年（一一八六）六月十六日。前述のごとく、今なら七月であり、暑い季節である。そこで、頼朝・政子夫妻は比企尼に誘われ、納涼に比企邸を訪れている。「御遊宴終日」とのことで、一日楽しく過ごしたことがわかる。

翌文治三年九月九日。頼朝夫妻は、また比企邸に遊びに行っている。重陽《ちょうよう》（菊の節句）の日であるが、鎌倉ではこの年まだ他にどこも菊が咲いておらず、比企屋敷の南庭だけに白菊が咲いていたのである。

三浦義澄（相模）・足立遠元（武蔵）以下幕府有力者（宿老《しゅくろう》）がゾロゾロお供して、「御酒宴終日に及び」（一日中飲み会）ということであった。

頼朝は流人時代ずっと尽くしてくれた比企尼を鎌倉に呼んで住まわせ、その恩に報いたわけであるが、これらの記事からすると、恩に報いる報いないとは別に、「心の母」である比企尼と過ごす時間が、頼朝、そして政子にとっても楽しいものであったことがわかる。

建久二年（一一九一）三月四日、鎌倉で大火があり、幕府も炎上した。

焼け出された頼朝は小野田盛長の屋敷に移り、そのまま七月二十八日に再建された幕府に移るまで五ヶ月弱、盛長邸で暮らしていた。

流人時代からの主従である頼朝と盛長は、

「家《うち》、燃えちゃったから、泊めてくれよ」

「はい。どうぞ」

で、五ヶ月近く滞在する間柄であった。

頼朝にとって都市鎌倉は、家族をはじめ親しい人々、そして彼を慕う御家人たちと暮らす町であったのだ。この町を作るために、愛娘《まなむすめ》大姫の幸福をはじめ、払った代償も大きかったけれど。

頼朝は治承四年六月十九日、三善康信の知らせを聞いた時に守ろうとしたものを守り、流人時代には望んでも叶わぬ夢であったものを都市鎌倉で手に入れた。

それは権威でも権力でもない。

頼朝にとって、権威や権力は目的ではなく、手段であった。

建久元年（一一九〇）十月三日、頼朝は鎌倉を発《た》ち、十一月七日、入洛《じゅらく》（京都に入ること）した。実に三十年ぶりの帰郷であった。言うまでもなく御家人の大群が付き従った。

以後、十二月十四日までの一ヶ月余在京し、後白河法皇・後鳥羽天皇に謁《えっ》し、権大納言・右近衛大将に任官する。まさに、故郷に錦を飾ったのである。

だが、十二月十四日、京都を去る時、頼朝の胸に去来した思いは、如何《いか》なるものであったろうか。

鎌倉入り後、十年。

この時には、御家人たちと共に築き、今、親しい人々と暮らす都市鎌倉こそが、頼朝にとっての故郷となっていたのではなかったか。

「野郎ども。さあ、帰ろうぜ。オレたちの町に」

前後を進軍する御家人たちの行列に目をやりながら、頼朝はそうつぶやいて、何の未練も無く京都を後にしたのではないか。

# エピローグ——鎌倉幕府の青春時代——

「頼朝時代の鎌倉幕府の根幹にあったモノは、何か？　一言で答えよ」

と問われたならば、私は、

「情《じょう》である」

と答える。

まだまだまったく脆弱であった組織や制度を強力に支えていたのは、良くも悪くも、源頼朝を中心に形成された人間関係であった。

「感情の動物」である人間一人一人が結ぶ関係は、脆《もろ》い。それが、鎌倉幕府という巨大な人間集団を形成し維持する役割を果たし得たのは、その人間関係の中心に源頼朝があったからである。蜘蛛の巣状に縦横に結ばれた「情」の連鎖の中心には、常に頼朝があった。

この時代の鎌倉幕府をまとめ上げていたのは、頼朝という個性であった。

頼朝という個性を中核とした「情」の連鎖無くしては、そもそも鎌倉幕府は存在せず、よってその武力も財力も、そして勝利もあり得なかったであろう。

この時代の鎌倉幕府は、頼朝の「キャラ（キャラクター）」によって支えられていたのである。

鎌倉幕府の歴史における頼朝の時代の特異性は、草創期という時代や十年に及ぶ全国的な内乱という状況だけではなく、頼朝という「キャラ」の存在によって作られた部分が大きいのではないか。

「河内源氏」壊滅後の二十年、頼朝は無償の好意・思いやり、つまりは「情」によって生きて来た。その頼朝なればこそ、人間を生かし、動かすのは、人間の「情」であると知っていたのであろう。

長女大姫を後鳥羽天皇に入内《じゅだい》させようとしたことに象徴されるように、頼朝が貴族的価値観と京都への憧憬《しょうけい》を終生持ち続けていたことは事実である。また朝廷との妥協も朝廷権威の利用も、鎌倉幕府の維持・発展のために有効であると考えていたことも明らかであり、その判断は間違ってはいない。

しかし、にもかかわらず、頼朝は正二位の位階を得、権大納言・右近衛大将に任官した公卿でありながら、御家人たちと共に狩り場において笹の上に行縢《むかばき》（狩猟などの際に武士が足に装着した革製の覆い）を敷いて座した（建久四年五月十六日条）。それは、武士が狩猟の場でおこなう普通の作法であった。

正二位、前《さきの》権大納言兼右近衛大将、そして現任《げんにん》の征夷大将軍、仰ぎ見るような身分にある主人が、自分たちと同様に笹の上に行縢を敷いて座る姿を、御家人たちは目《ま》の当たりにしたのである。

頼朝は位階・官職で身を飾りはしたが、常に鎌倉殿・鎌倉主、鎌倉に住む御家人たちの「大親分」であり続けた。

行縢に座す頼朝の姿は、

「おめェらと一緒に、ずっと、ここ（関東）にいるぜ」

という「鎌倉殿」源頼朝の御家人たちへのメッセージであった。

頼朝は武士たちがおそらく無自覚に望んでいた願いを見抜き、自身のささやかな幸福を守るために、彼らが望む「鎌倉殿」となった。

演技であったとも解釈できよう。しかし、人は他者との関係の中で個性を形成する。最後まで破綻無く演じ続ければ、それがすなわちその人の人格である。

そして。

建久九年（一一九八）十二月二十七日、御家人の一人である稲毛重成が亡き愛妻（政子の妹）の供養のために独力で相模川に架けた橋が完成し、落成供養がおこなわれた。

頼朝は、この儀式に御家人たちと共に臨んだその帰途、おそらく脳出血で馬上に倒れ（建暦二年二月二十八日条・『尊卑分脈』）、帰り着いた鎌倉で翌正治元年正月十三日、没した（『百錬抄』、『猪隈関白記《いのくまかんぱくき》』・『明月記』正治元年正月二十日条、『愚管抄』、『尊卑分脈』）。

頼朝は最期の時まで、都市鎌倉で御家人たちと共にあった。

「個性」・「キャラ」を古代・中世の言葉で表現すれば、「器量」である。頼朝時代の鎌倉幕府は、まさしく頼朝という器量ある棟梁の下《もと》に結集した武士団であった。

鎌倉幕府が「頼朝の武士団」であった時代。――それは、鎌倉幕府の青春時代であり、多くの人々が明るい未来を素直に信じることができた、鎌倉幕府が最も幸せな時代であったのかもしれない。

## 洋泉社歴史新書y版あとがき

ダウンタウンの松本人志氏が著書『遺書』（朝日新聞社、一九九四年）の中で、

「チンピラが立ち話をしているので、聞いてみたらおもしろかった。最高やないか！　それこそオレの目指す漫才なのである」

と書いています。

本書を読んで、

「道端でガラの悪いオッさんがナンか話していたので、聞いてみたら、源頼朝という昔の人とその仲間たちの話で、おもしろかった」
→こんなふうに思って戴けたら、幸いです。

平成二十四年（二〇一二）六月四日

細川重男

# 付編　頼朝の後《のち》、後《のち》の頼朝

再刊にあたって加えるこの付編は、「一　頼朝の後《のち》」では頼朝薨去後、承久の乱を経て北条政子が薨去する嘉禄元年（一二二五）までの鎌倉幕府史を、「二　後の頼朝」では薨去後の頼朝についてのいくつかの事柄について記す。

# 一　頼朝の後

## 1　「御家人間抗争」の時代

正治元年（一一九九）正月十三日の源頼朝薨去後、鎌倉幕府の総師であり御家人たちの主人である「鎌倉殿」の地位は、正月二十六日、後継者と定められていた十八歳の長男頼家に引き継がれた（二月六日条）。よって、鎌倉幕府の体制には表面的に変化は無かった。だが、まもなく有力御家人たちは鎌倉殿をも巻き込んだ激烈な内部抗争を開始する。

頼朝薨去から、承久三年（一二二一）五・六月の承久の乱に至る二十三年間を一つの時代として捉えると、この期間に起こった御家人たちの抗争とそれに因する事件（推定を含む）は、次のようになる（★印は、流血をともなわなかったもの）。

**正治元年**（一一九九）

（1）七・八月　★安達景盛討伐未遂

（2）十月（〜正治二年正月）　梶原景時弾劾・滅亡

**建仁元年**（一二〇一）

（3）正月〜五月　城長茂《じょうのながもち》京都挙兵・越後城氏の乱

**建仁三年**（一二〇三）

（4）五・六月　阿野全成《あののぜんじょう》殺害

（5）九月　比企の乱

**元久元年**（一二〇四）

（6）七月　源頼家暗殺

**元久二年**（一二〇五）

（7）六月　二俣川合戦（畠山事件）

（8）閏七月　牧氏の変

（9）八月　★宇都宮頼綱討伐未遂

**建保元年**（一二一三）
（10）二月　★泉親平反乱未遂
（11）五月　和田合戦
（12）九月　重慶（畠山重忠子）殺害
**建保二年**（一二一四）
（13）十一月　栄実（源頼家子）殺害
**承久元年**（一二一九）
（14）正月　源実朝暗殺
（15）二月　阿野時元（阿野全成子）殺害
**承久二年**（一二二〇）
（16）四月　禅暁《ぜんぎょう》（源頼家子）殺害

流血を見なかった三件を含めて十六件である。

これに対し、承久の乱から元弘三年（一三三三）五月の鎌倉幕府滅亡までの百十二年間における幕府の内部抗争とそれを原因とする事件（推定を含む）は、十四件である。

二十三年間で十六件と百十二年間で十四件。なんと、前者の方が多い。しかも、流血沙汰だけなら十三件と八件で、さらに差が開く。

鎌倉幕府の歴史は「内部抗争の歴史」と言っても過言ではないが、頼朝薨去後の二十三年間は、鎌倉幕府史の中でも異常な時代であった。

しかも、この抗争の時代で殺し合ったのは、十年に及んだ日本歴史上最初の全国的長期内乱（源平合戦〜大河兼任の乱）を頼朝の下《もと》で共に戦い、いわば同じ戦場の釜の飯を喰った戦友、頼朝を先頭に都市鎌倉という「武士たちの町」を皆で築いた仲間たちであった。

私はこの二十三年間の戦いを「御家人間《かん》抗争」と呼んでいるが、確実に言えるのは、「御家人間抗争」の根本的要因は「源頼朝が死んでしまった」ことである。

この章では、承久の乱で鎌倉方の主役を演じることになる北条政子・義時を中心に御家人間抗争とこれに続く承久の乱のその後までを描く。

## 2　十三人合議制の成立と鎌倉殿頼家の反発

正治元年四月十二日、頼家の鎌倉殿就任から二ヶ月後、頼家の訴訟親裁を止め、十三人の有力御家人の談合によって裁決を執りおこなうことが決定された。この合議機関を現在、学界では「十三人合議制」という、当たり前過ぎる名称で呼んでいる。

『吾妻鏡』（吉川本）正治元年四月十二日条。

諸訴論の事、羽林直に聴断せしめたもうの条、これを停止《ちょうじ》せしむべし。向後《きょうこう》大小の事において、北条殿（時政）・同じき四郎（義時）主《ぬし》ならびに兵庫頭広元朝臣（大江）・大夫属入道善信（三善康信）・掃部頭親能（藤原）在京・三浦介義澄・八田右衛門尉知家・和田左衛門尉義盛・比企右衛門尉能員・藤九郎入道蓮西（小野田盛長）・足立左衛門尉遠元・梶原平三景時・民部大夫行政（藤原）等談合を加え、計《はから》い成敗せしむべし。その外の輩《ともがら》は左右《そう》無く訴訟の事を執り申すべからざるの旨、これを定めらるとうんぬん。

（諸々の訴訟について羽林〈左・右近衛府とその官職の唐名《とうみょう》。左近衛権中将である頼家〉が直接、聴断なさることは停止する。今後、すべての訴訟は、北条殿〈以下十二人略〉たちが合議によって取り計らい判決する。この十三人以外の者がみだりに羽林に訴訟を取り次いではならないと決定したということである）

「羽林直に聴断」の「聴断」は北条本など他の写本では「決断」だが、吉川本は『吾妻鏡』諸写本のなかで古態をよく残すとされ、意味的にもこれは「聴断」が正しい。

「聴断」には狭義で「訴訟を裁決する」、広義で「(訴訟裁決を含めた)政務を執行する」という意味がある。また、「成敗」にも狭義で「訴訟の判決を決める」、広義で「政治をおこなう」という意味がある。文字通りに読めば、頼家の親裁を止め、名を挙げられている有力御家人十三人の合議によって訴訟裁決をおこなうことが決定されたのである。

「諸訴論」・「訴訟」とあるから、この決定は直接的には訴訟裁決についてのみのことである。しかし、訴訟裁決権は鎌倉殿が有する権力の根幹の一つであるから、頼家の執政権は大きく削がれたと言って良い。

だが、頼家は、この後も自身で訴訟裁決などをおこなっており、この決定と矛盾がある。そもそも、「聴断せしめたもうの条、これを停止せしむべし」と「その外の輩は左右無く訴訟の事を執り申すべからざるの旨、これを定めらる」の間にも矛盾がある。

つまり、「大小の事」は十三人が「談合を加え、計い成敗」するが、特に重大と十三人が考えた案件については、十三人が頼家に「執り申」し(取り次いで)、頼家の意向を伺うということになろう。十三人が頼家の意向を伺うことが実際にあるか、また、示された頼家の意向に十三人が従うかとは無関係に、とにかくそう決めたのである。親裁権を削がれた頼家の権威を傷付けないための配慮と考えられる。

メンバーを『吾妻鏡』の記載順に記すと、次のようになる（以下、十三人合議制メンバーは適時、太字で示した）。

**北条時政**（武士〈伊豆〉。六十二歳）
頼朝・頼家外戚（頼朝の義父。頼家の外祖父）。伊豆・駿河守護。
**北条（江間）義時**（武士〈伊豆〉。三十七歳）
頼朝・頼家外戚（頼朝の義弟。頼家の外叔父）。頼朝の家子筆頭。
**大江広元**（文士《ぶんし》。五十二歳）
**藤原親能**の養子関係での弟。当時、中原。政所別当（初代）。
**三善康信**（文士。六十歳）
頼朝の乳母の妹の子。問注所執事（初代）。
**藤原親能**（文士。五十七歳）
頼朝の流人時代からの知友。**大江広元**の義兄。元、中原。京都守護（在京）。
**三浦義澄**（武士〈相模〉。七十三歳）
頼朝の父義朝に仕えた源家累代の家人。相模最大の豪族三浦氏惣領。相模守護。

**八田知家**（武士〈常陸〉。生没年未詳）
粟田関白藤原道兼（御堂関白道長の兄）流と称す。頼朝の乳母寒河尼の兄弟。
常陸の大豪族。常陸守護。
**和田義盛**（武士〈相模〉。五十三歳）
相模三浦一族。侍所所司（元初代侍所別当）。
**比企能員**（武士〈武蔵〉。生年未詳）
頼朝の乳母比企尼の甥で、頼家の乳母夫《めのと》（寿永元年十月十七日条）。頼家外戚（娘若狭局が頼家の妻）。信濃・上野守護。
**小野田盛長**（武士〈三河〉。六十五歳）
頼朝の乳母比企尼の女婿。三河守護。
**足立遠元**（武士〈武蔵〉。生没年未詳）
武蔵大豪族。頼朝の父義朝に仕えた源家累代の家人（『平治物語』）。公文所寄人《よりゅうど》（職員）。
**梶原景時**（武士〈相模〉。生年未詳）
相模鎌倉党。頼朝側近。頼家の乳母夫（『愚管抄』）。侍所別当（第二代。初代侍所所司）。
播磨・美作守護。

**藤原（二階堂）行政**（文士。生没年未詳）

頼朝の親戚（頼朝の母の叔母の子）。政所令（次官）。

メンバー構成でよく重視されるのは、**北条時政・義時**が父子である点である。確かに親子はこの二人だけである。しかし、時政は頼朝の外戚、義時は頼朝の親衛隊長たる「家子専一」であるから、それぞれに選ばれる理由があり、問題無いとも言える。

また、父子ではなくとも一族で二人を出しているのは、他に二組ある。**藤原親能**と**大江広元**が養子関係での兄弟、**三浦義澄**と**和田義盛**は叔父・甥である。だが、親能は朝廷と幕府との橋渡し役である京都守護、広元は政所別当である。三浦氏も、義澄は幕府所在地相模の最大の豪族にして守護、義盛は侍所所司（元別当）である。北条父子同様、各人に選ばれる理由があり問題は無く、そして北条氏だけを、ことさら特別視する必要も無い。

次によく注目されるのは、文士の多さである。武士九人に対し、文士は四人であるが、御家人の中では文士は武士とは比べものにならないほど少数なのだから、文士の比率は確かに高い。また、**足立遠元**は武士でありながら、頼朝時代に公文所寄人を務めており、武士と文士両方の性格を有していた。遠元を入れれば、文士は五人であり、三割を超えることになる。だが、実務能力の高い文士は頼朝時代から重用され、幕府運営に必須の存在であったから、当然の結果とも言えよう。

そして最も大きな特徴は、頼朝の乳母比企尼の縁者が、北条父子（義時の愛妻姫前は比企尼の孫娘）を含めて四人いることである。だが、幕府幹部に比企尼の縁者が多いのも頼朝時代からのことである。

結局、十三人合議制は頼朝時代の現状維持なのである。

むしろ注目しておくべきなのは、**北条義時**である。

義時はまず間違いなく最年少である。生年未詳が五人いるが、いずれも活動歴から五十歳前後以上のはずであり、三十代は注目に値しよう。

十三人合議制への加入は、はたして義時自身が望んだものであったのかどうか、私は疑問に思っている。そもそも頼朝の「家子専一」という義時独自の政治的立場も、頼朝から与えられたのであり、義時がそれをどう思っていたのかはわからない。十三人合議制への参加も、本人よりも父時政・姉政子をはじめとする周囲の都合と思惑に比重があったのではなかろうか。

十三人合議制メンバーを含め御家人たちは突然の頼朝の死に動揺し、大急ぎで朝廷のお墨付きまでもらって（二月六日条）、頼家を第二代鎌倉殿に就けたものの、頼家の十八歳という若さに大いに不安があったのだろう。十八歳は当時としては成人だが、頼朝の鎌倉入りは三十四歳であり、今も昔も十八歳（満十七歳。つまり、高二）は十八歳である。幕府の決定権を頼家から十三人合議制に移したのは、首脳部を含めた御家人たちの動揺と不安の具現化と言える。メンバーを含めた御家人たちにしてみれば、頼家は若いのだから、しばらくは自分たちに政務を任せてほしいということであったのだろう。

ところが、頼家は竹篦返《しっぺがえ》しのように、四月二十日、

「小笠原長経・比企三郎・比企時員・中野能成らの従類《じゅうるい》（家臣）が狼藉《ろうぜき》（暴力を含めた無法行為）を成しても甲乙人《こうおつにん》（武士ではない民衆）は敵対してはならない。（中略）また、この五人以外の者は頼家の許可がなければ、頼家の御前に参上してはならない」

〈小笠原弥太郎・比企三郎・同弥四郎・中野五郎らの従類は、鎌倉中に於いてたとい狼藉を致すといえども、甲乙人、あえて敵対せしむべからず。〈中略〉かつがつ彼の五人の外《ほか》、別

して仰せあらざれば、諸人たやすく御前に参昇すべからざるのよしとうんぬん）という法令を発した。原文では四人しか名が記されていないが、七月二十六日条で細野四郎が五人目、さらに和田朝盛（義盛の三男）も加えられていたことがわかる。

頼家の愚行の初めとされる法令であるが、頼家としては頼朝にとっての北条義時・結城朝光らのような自身の「家子《いえのこ》」を作ろうとしたのではなかろうか。「鎌倉殿が替わったのであるから、家子も交代するのだ」というのが頼家の理屈であったのだろう。しかし、本編に前述のごとく頼朝が自分の家子の地位を後継者に継承される家柄としようとしていたのも事実である。そして稚拙で拙速かつムチャな法令であることは否定のしようがない。


六月三十日、頼朝と政子（頼朝薨去にともない出家。法名如実）の次女三幡《さんまん》（乙姫。乙姫は次女の意）が父の後を追うように、わずか十四歳で病没した。三月以前から発病していて、五月には京都から医師が呼ばれて治療にあたっていたが、効果は無かった。七月六日、政子も出席して三幡の仏事が挙行された。

長女大姫（十九歳）は建久八年（一一九七）七月十四日に没しているから、政子はたった二年で夫と娘二人を失った。これで政子に残された子は、鎌倉殿を継いだばかりの頼家と末子千幡《せんまん》（後の実朝。八歳）だけである。

そして七月二十日、（1）**安達景盛討伐未遂事件**が突発する。

頼家は狼藉者の処断を理由に、**小野田盛長**が守護（原文では「奉行の国」）を務める三河に盛長の長子安達景盛を派遣し、その隙に景盛の愛人を奪ったのである。さらに八月十九日、頼家は「愛人のことで景盛が頼家を恨んでいる（妾女の事によって景盛、怨恨を貽《のこ》す）」との報告があったとして、前日帰参したばかりの景盛の討伐を小笠原以下五人に命じた。たちまち鎌倉は合戦直前の情勢となったのである。

ここで政子が登場する。政子は自ら小野田盛長邸に乗り込み、二階堂行光（**藤原行政**の子）を使者として頼家のもとに派遣。頼家に、

「もし、景盛を討つと言うなら、まず、あたしがその矢に中《あた》るわよ」

（もしなお追罰せらるべくば、我まずその箭《や》に中《あた》るべし）

と伝え、頼家はシブシブ矛を収めたのであった。

政子の活躍で大事に至らなかったというのが『吾妻鏡』の記すところであるが、この事件における頼家は、『吾妻鏡』の記述を読む限り、古今東西にあまた存在した「好色な暴

君」そのものである。

だが、頼家の真意は自身の鎌倉殿としての権威の確立にあったのかもしれない。自身から権力を奪おうとする十三人合議制のメンバーであり頼朝の流人時代からの家臣であった**小野田盛長**の子安達景盛を狙ったのも標的としては悪くはないはずである。

また、頼家にしても景盛を本当に殺すつもりはなかったのではないか。景盛が「畏《おそ》れ入りました」と詫びて恭順の意を示し、自分はそれを〝寛大に〟赦すというのが、頼家のシナリオだった可能性はあろう。愛人を奪われた側が謝るというのも変な話ではあるが。

「聴断」を停止されたはずの頼家はこの後も訴訟採決権を行使しており、これはこの事件での頼家の成果とも評価できる。しかし、頼家は失ったものの方が大きいと言えよう。

結果として、バカバカしいだけの事件としか見えず、流血も無かったが、この事件によって御家人間抗争は幕を開けたのであった。

## 3　梶原景時滅亡

三ヶ月後に始まるのが、(2)**梶原景時弾劾・滅亡事件**である。本編ですでに触れたが、少し詳しく書いてみよう。

十月二十五日、頼朝の家子結城朝光が頼朝を慕う余り、「忠臣は二君に事《つか》えず」と漏らし、また景盛事件が頭にあったのであろう、「今の世上を見るに、薄氷を踏むがごとし」と話した。二十七日、朝光の発言を「謀反の意思あり」と**梶原景時**が頼家に讒言《ざんげん》し、朝光は誅されることになったと、幕府の女房であった政子の妹、阿波局が朝光に知らせた。朝光は慌てて「断金の朋友」三浦義村（**三浦義澄**の子）に相談。御家人有志に声を掛け、景時の非道を頼家に訴えることにした。

二十八日、鶴岡廻廊《かいろう》に集結した御家人は六十六人。皆が連署した弾劾状は、**和田義盛**と三浦義村が政所別当**大江広元**に託した。広元は事態の重大性に頼家への弾劾状披露を躊躇していたが、十一月十日に和田義盛に怒鳴られ、十二日、仕方なく頼家に弾劾状を披露した。頼家は景時を呼んで弾劾状を渡し、申し開きをするよう命じた。景時は弁解できず、翌十三日、一族を率いて本拠相模国一宮《いちのみや》に下って行った。十二月九日、景時は鎌倉に戻って来たが、十八日、頼家の命で一宮に帰って行った。鎌倉では景時邸が破壊され、資材は頼朝建立の永福寺《ようふくじ》に寄付された。完全なる追放であった。

その後、景時は一宮の屋敷を城塞化し、防戦の構えを見せていたが、翌正治二年正月十九日、一族・家臣と共に一宮を出て京都を目指した。そして翌日、駿河国清見関《きよみのせき》で地元武士たちと遭遇戦になり、滅亡したのであった。頼朝の信頼を背景に権勢を振るった景時の呆気ない自滅であった。

この事件については、駿河守護が**北条時政**であったことから、時政が駿河武士たちに待ち伏せさせていたとする説がある。だが、『吾妻鏡』は二十日に景時出奔の報を受け、**北条時政**・**大江広元**・**三善康信**が合議して景時討伐を決定したと記しており、景時討伐は十三人合議制で決定されたと判断される。

なお、慈円は自著『愚管抄』で、朝廷側では景時を鎌倉幕府の「一ノ郎等《ろうどう》」と評価しており、頼家が景時を討たせたことを頼家の「フカク（不覚）」と朝廷側は思ったとしている。事件の切っ掛けからして景時は頼朝同様に頼家に仕えようとしていたのであり、頼家としては見捨てざるを得なかったのであろうが、景時を失ったことが頼家にとって痛手であったことは間違いない。

**梶原景時**の滅亡後、正月二十三日に**三浦義澄**（同日条）が、四月二十六日に**小野田盛長**が没した（『尊卑分脈』）。**藤原親能**は在京で合議に参加しようがないので、実質十二人で始まった十三人合議制はたった一年で事実上、九人合議制になってしまったのである。なお、メンバーの追加を示す史料は無い。

梶原景時滅亡の一年後、建仁元年（一二〇一）に起きるのが（3）**城長茂京都挙兵事件・越後城氏の乱**である。

正月二十三日、越後の大豪族城長茂が在京中の下野の大豪族小山朝政の宿所を突然襲撃した。朝政は不在で、留守番の郎従たちが防戦した。撃退された長茂は土御門《つちみかど》天皇がいた後鳥羽院（上皇）の御所に向かい、「関東を追討すべき」との宣旨《せんじ》を要求した。しかし、宣旨は当然ながら出されず、長茂は逃亡したものの、二月二十二日、大和国吉野で誅された。

**梶原景時と城氏**

事件の経過だけを見ると、わけがわからない。だが、これは梶原事件の余波であった。

城氏は桓武平氏の一流で、「余五将軍《よごしょうぐん》」平維茂《これもち》の子繁成《しげなり》を祖とし、繁成が秋田城介《あきたのじょうのすけ》（秋田城を管領する出羽介《でわのすけ》の通称）に任官したことから城を苗字とし、伊勢平氏全盛時代まで越後に強大な勢力を誇っていた。しかし、養和元年（一一八一）六月、平氏方となった城長茂は信濃へ侵攻し、木曽義仲と戦ったものの敗北した（横田河原合戦。『玉葉』養和元年七月一日条)。これを契機に急速に弱体化し、時期は不明だが長茂は鎌倉方の囚人となり、頼朝によって梶原景時に預けられた。

文治五年(一一八九)の奥州合戦に際し、七月十九日、陸奥に向け鎌倉を出陣した頼朝に、景時が長茂を「無双の勇士」として推薦し、長茂は頼朝軍に加えられた。二十八日、頼朝が下野・陸奥国境に近い下野国新渡戸駅《にとべのうまや》で、御家人たちの手勢を点呼させたところ、長茂の郎従《ろうじゅう》は二百余人に及び、頼朝を驚かせている。長茂は梶原景時のお陰で復活を遂げ御家人となったのである。

話を建仁元年に戻そう。長茂が討たれた直後、城氏の本拠地、越後で長茂の甥(兄資永の子)資盛が挙兵した。佐渡・越後の軍勢が交戦したが鎮圧できなかったとの報告が鎌倉に入ったのは四月二日なので、資盛の挙兵は三月末である。三日、**北条時政**・**大江広元**・**三善康信**らが合議し、上野在住の元越後守護佐々木盛綱を大将として派遣することを決定した。五日、越後への出陣を命じる頼家の関東御教書《みぎょうしょ》(将軍の命令を伝える文書)が盛綱に届き、盛綱は即座に出陣(四月六日・五月十四日条)。七日、越後に到着した盛綱は越後・佐渡・信濃の軍勢で資盛を攻撃した。資盛方は城に籠もり奮戦したが、激戦の末に敗北した(五月十四日条)。資盛は逃亡、行方不明となり、これをもって北国の名門、越後の城氏は歴史の表舞台から姿を消す。

この事件は、頼朝の独裁下で幕政に発言力のある有力者によって、御家人間の派閥形成が進行していたことを示している。景時は相模鎌倉党の構成員で、元々有していた武士団は小規模であった。それが頼朝の側近となることによって、地方大豪族城氏を復活させ、自身の庇護下に置いたのである。

景時滅亡直後の正治二年正月二十八日、甲斐源氏の武田有義が景時から自軍の「大将軍」とするとの書状を受け取っていたことが発覚し、二月二日には筑前の武士勝木則宗（本領筑前国勝木荘。寛喜二年二月六・八日条）が景時与党として逮捕され、景時から「自分が〝鎮西（九州）を管領すべき〟の宣旨を賜ったので、京都に来るよう九州の一族に知らせよ」との指示を受け取っていたことを自白している。

景時が京都を目指した時、権威は朝廷に、軍事力は城氏や鎮西などの派閥メンバーに期待していたことがわかる。ジリ貧ではあったが、景時は起死回生の余地はあると踏んでおり、最善策を取ったことになる。そして城長茂・資盛は景時が画策した計画を、景時無し、自軍のみで実行し、敗れたのである。景時との結び付きが周知の事実であった城氏は、いずれ鎌倉幕府は兵を向けて来ると覚悟し、イチかバチかの賭けに出たのであった。

梶原景時が最後にとった行動は、景時自身が陥れたとされる源義経の作戦と全く同じである。二人は朝廷の権威は幕府に対抗することができると考えていた。朝廷は当時の武士たちにとって絶対的な存在であったことがわかる。そして義経・景時共に失敗に終わった。

## 4　比企氏の乱

### 阿野全成殺害

城氏の乱から二年後に突然起きるのが、（4）**阿野全成殺害事件**である。

頼朝の異母弟、醍醐禅師《だいごのぜんじ》全成は、平治の乱後、捕らえられて京都の醍醐寺《だいごじ》に入れられ、僧侶として成長した。だが、治承四年（一一八〇）、醍醐寺を修行の態《てい》で抜け出し、十月一日、鎌倉入り直前の頼朝と下総鷺沼の陣で対面した。時期不明だが、政子の妹阿波局と結婚し、建久三年（一一九二）八月九日の千幡（実朝）誕生に際し、阿波局が乳母となったため、全成は実朝の乳母夫となった。この時点で阿野を称しているので、駿河国駿東《すんとう》郡阿野荘を領有していたことがわかる。政治・軍事活動についての史料は無い。全成は僧として生きたからこそ、義経や範頼のように、兄頼朝の命で殺されずに済んだとも言える。

その全成が建仁三年（一二〇三）五月十九日、謀反を企てたとして甥である鎌倉殿頼家の命を受けた甲斐源氏の武田信光に捕らえられた。全成は将軍御所に幽閉の後、宇都宮朝業に預けられた。

翌二十日、頼家は尋問するからと、阿波局の引き渡しを政子に要求した。だが、政子は、

「そんな事は、女の知ることではない。それに全成は二月に駿河（阿野荘がある）に行ってから、連絡を取っていない。阿波局に疑うべきところはない」

（しかるがごときの事は女性《にょしょう》に知らしむべからざるか。随《したが》いて全成、去《さん》ぬる二月の比《ころ》駿州《すんしゅう》に下向の後、音信を通ぜず。さらに疑うところなきのよし）

と返答し、妹の引き渡しを拒否した。

二十五日、全成は常陸に配流され、六月二十三日、下野で**八田知家**に討たれた。翌二十四日、全成の子頼全（母未詳。阿波局の子かも不明）の誅殺を在京中の佐々木定綱らに命じる使者が発せられ、七月十六日、頼全は京都郊外東山で誅された（七月二十五日条）。

## 頼家の真意とその結果

事件の流れは簡単である。謀反計画を理由に全成が頼家の命で討たれ、息子の一人も縁坐で討たれたのである。だが、全成の謀反計画は事実であったのか、大いに疑問が湧く。

全成は政治活動の様子がまったくない。かつ、全成の甥である頼家（二十二歳）には四人の男子がいる。一幡《いちまん》（六歳。母は比企能員の娘若狭局）・善哉《ぜんざい》（四歳。後の公暁。母は清和源氏満政流足助《あすけ》重長の娘）・栄実（三歳。母は頼朝右筆一品房昌寛の娘）・禅暁（童名・生年未詳。善哉の同母弟）である。全成が乳母夫として育てていた頼朝の次男千幡（後の実朝。十二歳）が鎌倉殿となる可能性は非常に低かったと言える。しかし、全成の謀反計画が事実であれば、将軍候補は千幡であったはずである。

この計画が事実であれば、時政率いる北条氏との連携無くしてはあり得ないことは言うまでもない。謀反計画自体が、全成より北条時政が主体ということになる。ただ、この時期、時政が頼家への謀反、言い換えれば頼家排除と千幡擁立を積極的に実行しようとするか、という疑問がある。あまりに危険が大きい。事実、全成は殺されてしまった。

全成にも、まして北条氏にも、具体的な謀反計画は無かったのではないか。つまり、この事件は頼家側の北条氏への攻撃と考えるべきであろう。では、頼家はどこまでやるつもりであったのか。実際、時政の娘である阿波局の引き渡しが要求されており、処刑までせずとも配流処分などを企図していたと考えられる。

頼家は外戚である北条氏、特に母政子を屈服させることを目的としていたと推定されるのである。安達景盛事件で政子は頼家に逆らい、頼家の権威を傷付けた。

大きく言えば、頼家は叔父であり頼朝の弟である全成を殺害することによって、鎌倉殿としての権威と権力を確立しようとしたのではないか。弟をはじめとする河内源氏一門殺害は、父頼朝も繰り返していたことである。

また、全成を捕らえたのは「河内源氏」一門では有力な甲斐源氏を代表する武田信光、預かったのは時政の女婿宇都宮頼綱の弟朝業、討ったのは**八田知家**である。知家は頼綱・朝業の祖父宇都宮朝綱の弟でもあった。頼家は効果的な人物を使っている。

しかし、政子はまたしても頼家の要求を拒絶し、さらにこの事件は頼家の思惑とは逆に、北条時政に重大な危機意識を与えたと考えられる。

## 頼家発病と時政の「叛逆」

かくて全成誅殺から三ヶ月足らずの後、建仁三年（一二〇三）九月に勃発するのが（5）**比企の乱**である。比企の乱は、北条氏と比企氏、より限定すれば**北条時政**と**比企能員**による鎌倉殿外戚位の争奪戦である。時政は頼朝の外戚（妻の父）たることをほとんど唯一の根拠として幕政に地位を築いて来た。しかし、頼朝の急逝によって、今や鎌倉殿外戚は頼家の正室若狭局の父比企能員に替わったのである。そして全成が殺害されたことにより、頼家（と比企能員）は、自分を含む北条氏の排除を考えていると時政は思ったに違い無い。しかも、時政にとって〝好機〟が訪れる。

七月二十日。頼家はにわかに発病し、辛苦は甚だしい状態となった。頼家の病は悪化の一途を辿り、八月二十七日、危篤状態となった。そこで頼家の長子で六歳の一幡の日本国総守護職《しき》継承が決定した。この日と九月二日条で『吾妻鏡』は一幡を「家督」と呼んでおり、一幡の第三代鎌倉殿就任が決まったのである。『保暦間記』は頼家の「遺跡《ゆいせき》」は一幡に譲られたと明記している。

だが、同時に日本六十六ヶ国総地頭職について、関東二十八ヶ国を一幡に、関西三十八ヶ国を頼家の弟で十二歳の千幡に分割譲与することが決定されたのである。

『吾妻鏡』は誰がこの決定をしたのか書いていないが、おそらくは最高幹部会議、すなわち十三人合議制であったろうと私は考えている。

『吾妻鏡』は千幡への関西三十八ヶ国地頭職譲与について、

ここに家督の御外祖比企判官《ほうがん》能員、潜《ひそか》に舎弟に譲補することを憤怨《ふんえん》し、外戚の権威を募《つの》り、独歩《どっぽ》の志《こころざし》を挿《さしはさ》むのあいだ、叛逆《はんぎゃく》を企《くわだ》て、千幡君《ぎみ》ならびにかの外家《がいけ》已下《いげ》を謀《はか》りたてまつらんと擬《ぎ》すとうんぬん。

（かくして頼家様の家督である一幡様の外祖父である比企能員は、ひそかに頼家様の御弟に関西三十八ヶ国の地頭職を譲与したことを怒り、外戚の権威を笠に着て思い上がり千幡様とその外戚である北条氏を滅ぼそうと企んだということである）

と記すが、この「潜に」を「こっそりと」と訳すのは適切ではない。四日後の九月一日には「国々の御家人等競い参」じて、都市鎌倉は「はなはだ物忩《ぶっそう》（物騒）」という事態になっており、総地頭職分割譲与が公表され、それによる比企・北条両鎌倉殿外戚家の対立激化が公然化していたとわかるからである。

分割譲与は十三人合議制の決定として公表されたと考えられる。よって、「潜に」は「こっそりと」ではなく、「私《わたくし》に」＝「自己の利益のために不法にも」と訳すべきである。つまり、比企能員は分割譲与について北条時政が自家の私的利益のために合議を誘導して決めさせた結果として、これに反発したのであろう。

そして事実、時政は十三人合議制をそのように利用したのである。

十三人合議制は**梶原景時**が滅亡、**三浦義澄**・**小野田盛長**はすでに亡く、**藤原親能**は在京なので、残るは**北条時政**・**北条**（江間）**義時**・**大江広元**・**三善康信**・**八田知家**・**和田義盛**・**比企能員**・**足立遠元**・**藤原行政**の九人。ただし、この九人のうち時政・能員を除く七人の誰がこの合議の場に参加していたのかは不明である。成立から四年、頼家との対立もあり、有効に機能していたとは言い難く、メンバーも減じていたが、鎌倉殿を除けば幕府の公的な意思決定機関は十三人合議制しかなかった。

一幡の弱点は六歳というあまりな幼さにあった。元服もしていない。五・六歳でも元服した事例は多いが、征夷大将軍任官に朝廷が難色を示す可能性はあった。後に四代鎌倉殿就任を前提に二歳で鎌倉に下向した藤原（九条）三寅（頼経）も、元服し征夷大将軍に任官するのは六年半後、八歳である。それまで三寅は「若君」と呼ばれ、鎌倉殿後継予定者に過ぎなかった。一幡も建仁三年正月二日の『吾妻鏡』初登場以来、若君と呼ばれていた。八月二十七日の十三人合議制の会議で一幡の幼さを問題にしたのは、北条時政であったのではないか。朝廷が一幡の将軍任官に難色を示した場合のワンポイントリリーフに千幡を立てようというのが案であったと推定するのである。一幡の外祖父である比企能員は当然、反対したであろう。実朝の外祖父時政の真意が実朝擁立にあることは明らかだからである。だが、何度か述べたように時政は交渉能力に秀でていた。他のメンバーは時政の弁舌に納得し、能員も大勢に抗しきれず、千幡の関西地頭職継承を呑まされたと判断される。比企氏に鎌倉殿外戚の地位を奪われまいとする時政は、千載一遇のチャンスを逃さなかったのである。

五日後の九月二日、比企能員は若狭局を通じて時政の〝陰謀〟を頼家に訴えた。頼家は驚き、病床に能員を招き、時政追討を許可した。ところが、この密談を障子の陰から聞いていた政子が侍女を時政に派遣して危機を知らせた。――『吾妻鏡』記すところの比企の乱の始まりである。

しかし、私は政子の通報は無かったろうと考えている。時政は八月二十七日の会議の段階で比企氏打倒を決意しており、予定の行動を実行したに過ぎない。会議で比企能員は実朝の関西地頭職継承に反対したであろうし、その言質を取ることこそ、時政の狙いだったのである。

### コラム⑤ 〔『吾妻鏡』の「曲筆」〕

北条政子が頼家と比企能員による北条氏追討の密談を障子の陰から聞いていたという有名な話は、比企の乱の始まりとして『吾妻鏡』建仁三年九月二日条に載っている。しかし、将軍はアパートや団地に住んでいるわけではないし、政子も家政婦ではない。それにドア（鎌倉時代にドアは無い）ではなくて障子の陰から盗み聞きしていたら、バレる。そもそも頼家と政子は同居していない。『吾妻鏡』自体が何度も書いているではないか。よって、この話はウソである。

頼家の御所には政子に通じた侍女がおり、報告を得た政子が時政に知らせたとでも言うなら、まだマシだが、政子盗み聞きはオモシロいが怪し過ぎで、勘ぐってくれと言わんばかりである。

だが、ここから進んで、

「『吾妻鏡』は、北条氏のためにする曲筆《きょくひつ》（事実を偽《いつわ》って書くこと。また、その文章）が多い。これは、その典型である。比企の乱の切っ掛けには北条氏に都合の悪い何かがあり、それを隠すために、このような記事が捏造されたのである」

と言う人がいるが、これはこれで妄想である。『吾妻鏡』における比企の乱関係の記事をそのまま読んでも、時政の悪辣ぶりは十分にわかる。

何も曲筆説を持ち出さなくても、ナゼにこんな変な記事が書かれたかは説明できる。比企の乱は暗殺と奇襲攻撃の合わせ技であり、突然に起こった。

時政は、なぜ急に比企能員暗殺・比企氏殲滅《せんめつ》という挙に出たのか？→きっと、能員の方が先に動き、時政が察知したにちがいない。→政子が情報をつかんで時政に知らせたのではないか？ というように世人が噂をしたのであろう。

そして話というのは、古今東西、語られ伝えられる過程で、より劇的に、オモシロく演出されて行く。「話を盛《も》る」・「逃した魚は大きい」というやつである。このエピソードも、伝えられて行くうちに、よりオモシロく変形され、最終的に、

「病床に伏す頼家とその枕辺に座す比企能員。二人の恐るべき陰謀を障子の陰で聞く

政子」

というある意味、劇的な名（迷？）場面となってしまったのではないか。

そして鎌倉後期に広まっていたこのシーンを、『吾妻鏡』の編者（誰だか知らんが）は、そのまま書いただけだろうと私は考えている。


『吾妻鏡』に曲筆ととられても仕方が無い変な記事が多いのは事実である。

たとえば、建仁元年（一二〇一）十月六日、台風で損害を受けた本領伊豆国北条に下向した北条泰時が、出挙《すいこ》米《まい》（米を貸して利息を取ること）の返済に窮した住人数十人を集めて、面前で証文を焼き捨て、さらに飯酒と各人一斗《と》の米を賜り、住人らは喜悦・涕泣したというエピソードは、『史記』「孟嘗君列伝《もうしょうくんれつでん》」の食客《しょっかく》馮驩《ふうかん》の逸話に似ている。私はこの話を馮驩の逸話を元にした捏造、つまりパクリと推定している。『牡丹《ぼたん》灯籠《どうろう》』が中国明代の怪談集『剪燈新話《せんとうしんわ》』所収『牡丹燈記』の翻案であるように、日本固有とされる作品が中国起源であることは多い。

だが、同時に、これは中国古典に詳しい文士あたりが創作し、流布した泰時偉人逸話の一つで、『吾妻鏡』の捏造ではあるまいとも考えている。『吾妻鏡』は鎌倉後期に広まっていた話を収録しただけなのではないか。

このように、『吾妻鏡』の曲筆とされる記事は、ほとんどが検討してみると別の理由で解釈可能なのである。

本編に記した亀前騒動のような『吾妻鏡』に見える数々の頼朝のダメ・エピソードすら「北条氏を持ち上げるために、頼朝を貶《おと》めた曲筆」と言う人がいるが、ここまで来ると、「世界の歴史はフリーメーソンに操られている」、「アメリカ政府は宇宙人の存在を知りながら、隠している」といった陰謀論と同じで、「論文や本なんか書いていないで、医者に行け」と言いたくなるのである。

和田合戦関係の記事に『明月記』からの引き写しがあるように、『吾妻鏡』は編纂された鎌倉時代後期に伝わっていた伝承を含めた史料をできる限り集め、それをそのまま書いただけなのだろう、と私は考えている。


とにかくこの日、時政は決行した。

まず大江広元邸を訪れ、比企氏討伐を談合している。自邸に帰る途中、荏柄《えがら》社の前で、供をして来た御家人であるが時政の派閥構成員である天野遠景・仁田忠常（共に伊豆）に、時政は言った。

「今日、藤四郎（比企能員）を殺《や》る。おめェら、討手せい」

（能員謀叛を企つるによって、今日追伐すべし。おのおの討手たるべし）

すると、遠景が言った。

「あんな年寄り殺るのに、軍勢なんぞ出すまでもねェ。あんたの家でバラしゃいい」

（軍兵を発するに能わず、御前に召し寄せてこれを誅せらるべし。かの老翁何事かあらんや）

時政はさらに相談しようと今度は広元を自邸に呼びつけた。呼ばれた広元は自分も危ないと考え、話し合いの間ずっとボディガードを側に置いていた。

午《うま》の刻（正午頃）、広元が帰ると、時政はこのところ制作していた薬師如来像が完成し、その供養の仏事をやると称して比企能員を招いた。

比企一族は時政を警戒して能員を引き留め、行くのなら武装した家子・郎従を同行させるように意見したが、能員はいずれも退け、「郎等（家臣の武士）二人・雑色《ぞうしき》（召し使いのような者。武士ではない）五人」を連れただけで、時政邸に向かった。

時政邸に入った能員は、待ち受けていた天野遠景・仁田忠常に両手を摑まれ引き据えられ瞬時に殺害された。時政は出居《でい》(居間)からこの殺人の様子を見ていたという。

能員が殺されたことを知らされた比企一族は、能員の娘婿三人を含む与党とともに、小御所と呼ばれていた一幡の館《やかた》に籠城した。

間を置かず、北条義時・泰時、牧方の生んだ時政の娘の夫で河内源氏の平賀朝雅を中心とした軍勢が小御所を襲い、比企一族は一幡以下滅亡した。

一幡について『吾妻鏡』は翌三日、大輔房源性という僧が小御所の焼け跡で遺骨を探したところ、ある死骸の着ていた衣装の右脇の下の部分が一寸ばかり焦げ残っており、その模様が一幡が最後に着ていた小袖のそれと一致したため、この死骸が一幡とわかったと記している。

だが、『愚管抄』は一幡は母若狭局に抱かれて小御所を逃れたものの、義時に捕らえられ、十一月三日、義時の命で刺殺され死体は埋められたと記しており、これは『武家年代記裏書』と一致する。『愚管抄』は伝聞であり、『武家年代記裏書』の原史料が『愚管抄』であった可能性もあるが、さりとて『吾妻鏡』も鎌倉後期の編纂物である。どちらが正しいとも言いかねる。

しかし、『愚管抄』・『武家年代記裏書』が史実であった場合、わからないのは義時が小御所合戦から約二ヶ月も一幡を生かしておいた理由である。

一幡は頼家の正統な後継者であり、生かしておけば危険な存在である。頼朝は鎌倉に連行されていた静御前の生んだ義経の男子を誕生したその日に由比ヶ浜に捨てて殺させている（文治二年閏七月二十九日条）。また、時政・義時の直系である最後の北条氏当主（得宗）高時の嫡子邦時（九歳）は元弘三年（一三三三）五月二十二日の鎌倉幕府滅亡に際し、母方の伯父五代院宗繁に託されて鎌倉を脱出したが、五月二十八日、宗繁に裏切られて新田義貞方に捕らわれ、翌日、斬首されている（『太平記』）。

後述するように、北条政子は比企の乱後、頼家の子供たちを庇護しており、『愚管抄』・『武家年代記裏書』の記事が史実であれば、義時は姉政子と相談して一幡の助命の道を模索したが、父時政の意向に抗しきれず、一幡を殺害したとしか思われない。

九月五日。少し回復した頼家は比企一族滅亡を知って、時政討伐を命ずる書状を和田義盛・仁田忠常に送った。だが、義盛は頼家の書状を時政に提出。使者となった堀親家（伊豆）は殺害された。

九月六日。時政は比企能員討伐を賞するため仁田忠常を自邸に呼んだ。ところが、忠常の帰りが遅くなり、忠常が頼家から時政討伐を命じられたことが知られ処罰された（殺された）に違いないと早とちりした弟たちが、義時邸を襲い、返り討ちとなって殺されたのである。時政邸から帰る途中で事態を聞いた忠常は、頼家の御所に向かおうとして殺された。疑心暗鬼が生んだバカげた事件であった。

九月七日。頼家は政子に命じられ、心ならずも出家した。政子は俗体のままでいれば、頼家は遠からず時政によって葬られると考え、出家を勧めたのであろう。

九月十日。朝廷に千幡の征夷大将軍任官を推薦することが決定し、千幡は今まで暮らしていた政子邸から時政邸に移った。そしてこの日、「諸御家人等、所領元のごとく領掌《りょうしょう》すべきのよし（御家人たちの所領は今までどおりとする）」という内容の時政の「御書《ごしょ》」が発給された。時政による事実上の幕政主導の開始である。

比企の乱の成功により、時政は鎌倉幕府の執政者の地位に就いた。

時政はかなり以前から比企能員打倒を計画しており、有力御家人の取り込みをおこなっていたようである。それがよくわかるのは、小御所攻撃のメンバー構成である。

『吾妻鏡』は義時・泰時・平賀朝雅を含め二十一人の名を挙げているが、このうち、尾藤知景（京武者）・工藤行光（甲斐）・金窪行親（武蔵カ）・仁田忠常は北条氏の派閥構成員であり、特に金窪は義時の股肱《ここう》である。だが、他の十四人は注目に値する。
○小山朝政・長沼宗政・結城朝光の小山三兄弟は北坂東（小山・長沼は下野南部、結城は下総北部が本拠地）を代表する大豪族。
○畠山重忠・榛谷重朝は重忠が時政の娘婿で、武蔵秩父党有力者の従兄弟同士。
○三浦義村と**和田義盛**、義盛の子常盛、和田一族の景長は相模最大の豪族三浦氏で、**和田義盛**が十三人合議制メンバー、義村は**三浦義澄**の子で三浦氏当主である従兄弟同士。
○土肥惟光《これみつ》（惟平。小早川とも）は相模中村党で、挙兵以来の頼朝側近であった土肥実平の孫（遠平の子。『中条文書』所収『桓武平氏諸流系図』）。
○加藤景廉・景朝父子のうち、父景廉はもともと伊勢の武士だったが伊勢平氏と対立して伊豆に移住し、頼朝挙兵に参加した古参御家人。
○後藤信康は、京武者で元伊勢平氏家人（家臣）であり、壇ノ浦合戦で生け捕られ（文治元年四月十一日条）、「伊勢平氏」当主平宗盛・清宗父子と共に鎌倉に到着し（同年五月十六日条）、その後、御家人となった人。頼朝の義兄（姉の夫）一条能保の侍から御家人となった後藤基清の一族である可能性が高い。

○所朝光も京武者で、外祖父が頼朝時代に大江広元と共に政所別当を務めた頼朝の同族「河内源氏」の源邦業であった（建保三年九月十四日条）。

下野・下総・武蔵・相模・伊豆の武士に京武者が加わっており、非常に広い地域と異なるタイプで構成されている。実力者も多い。

前述のごとく乱の前日には、都市鎌倉は物情騒然たる状況になっていた。しかし、いきなり比企氏討伐と言っても、これだけの支持者を集められるものではないだろう。何と言っても、比企氏は鎌倉殿頼家と鎌倉殿後継が決定していた一幡を擁しており、比企氏への攻撃は鎌倉殿への謀反だからである。

『吾妻鏡』は比企能員が「叛逆を企て」（八月二十七日条）と記すが、一体、誰に対しての「叛逆」なのか。北条時政が勝ったから、このような記述になるのであり、鎌倉殿に叛逆を企てたのは客観的には時政の方である。鎌倉殿への叛逆を突然持ち掛けても、これだけの人間を集めることは不可能であろう。

十年後の和田合戦に際し、戦闘二日目にやって来た御家人たちは戦う北条・和田両陣営のどちらに付くか日和《ひよ》り、彼らの動向を決定したのは鎌倉殿実朝の花押の記された「御教《みぎょう》書《しょ》」だったのである（建保元年五月三日条）。

北条時政は全成事件よりも以前から、御家人たちの支持取り付けに動いていたと推定される。いずれ比企との対決は避けられないと読み、頼家の鎌倉殿就任よりも以前から御家人たちの取り込みを密かに進めていたのではなかろうか。

対する比企氏は頼朝が「母」と慕った乳母比企尼の一族であり、頼朝時代にはすでに大きな勢力を誇っていた。

そして比企尼の実子比企朝宗は短期ではあるが頼朝時代に越前・加賀・能登・越中・越後・佐渡の北陸道六ヶ国の守護を務めていた可能性が佐藤進一氏によって指摘されている。梶原景時は鎮西の守護を務めてはいなかったが、梶原事件の時、景時が鎮西の武士を動員しようとしていたことは、すでに述べた。景時は城氏の本拠、越後の守護でもなかった。それでも景時はこれらの地域の武士を自派閥に取り込んでいた。北陸武士には比企氏の派閥メンバーが多数あったはずである。能員が守護であった信濃・上野も同様である。

あらゆる点で比企氏の勢力は強大であった。ゆえに、ありていに言えば比企能員は北条時政をナメており、時政が現時点で自分を狙うとは思ってもいなかったのではないか。比企の乱の結末は、比企能員が北条時政の策士としての実力を読み誤った結果と言うことができる。そして能員暗殺の直後に決行された小御所襲撃は奇襲攻撃であり、比企氏は有していた軍勢を集めることなく滅ぼされたのであり、本来の実力を発揮できないまま敗れたのである。

ところで、この事件における義時の存在感は意外なほどに軽い。小御所攻撃の大将格であっただけで、後は仁田一族の早とちりで自邸を攻められただけである。

時政の愛妻牧方が生んだ只一人の男子、政範は比企の乱時点で十五歳だが、翌元久元年（一二〇四）には叙爵し左馬権助に任官している（『三長記』元久元年四月十二日条）。義時の長男泰時が同年二十二歳でまだ無官であることと比べると、この時期の北条氏として政範の叙爵・任官年齢が異常と言い得るほど若いことが理解できよう。時政がこの政範を後継者に考えていたことは明らかである。つまり、時政は義時を自分の駒の一つ以上に考えてはいなかったのである。

義時にしても、愛妻姫前は比企朝宗の娘であり、小御所攻撃は本音で言えば、やりたくない仕事であったろう。北条一族が生き残るか滅びるか、運命の決まる事態であったのだから、戦わざるを得なかったではあろうが。

姫前はおそらくは比企の乱の直後に義時と離婚し、村上源氏の朝廷貴族源具親と再婚して、翌元久元年輔通を生み、承元元年（一二〇七）三月二十九日に没した（森二〇〇九）。義時との間に生まれた朝時（建仁三年十歳）・重時（六歳）の家系名越流・極楽寺流は共に北条氏の有力庶家となる。

義時も姫前も、比企氏滅亡後に夫婦であることはいたたまれなかったであろうが、義時が頼朝の命で書いた「絶対離婚しません」という起請文の誓いは守られなかった。

## 頼家の死と政子

九月十二日。頼家近臣の公家、藤原知康・紀行景らが帰洛。
九月十五日。千幡を征夷大将軍に任ずる七日付の宣旨が鎌倉に到着した。
九月十九日。頼家近臣の所領などが没収される。
九月二十一日。北条時政・大江広元、頼家の鎌倉追放を決定。
九月二十九日。頼家、伊豆国修禅寺に下向。
十月八日。千幡、元服。第三代鎌倉殿源実朝が誕生した。

比企の乱の終結後、瞬く間に頼家は「過去の人」とされたのであった。

そして修禅寺に流されてからほぼ一ヶ月を過ぎた十一月六日、頼家の手紙が政子並びに実朝に宛てて届けられた。

まず鎌倉で召し使っていた近習の配所への参入の許可を求めている。

「深山の幽棲《ゆうせい》、今さら徒然《とぜん》を忍びがたし」

（深山でのひっそりとした今の暮らしは、むなしく耐えがたい）

ということで、これは然《さ》もありなんと理解できる。

だが、次の願いは少しく異常である。

「安達右衛門尉景盛においては、これを申し請《う》け、勘発《かんぼつ》を加うべきのむね」

（景盛はこちらにもらい受け、厳しく叱りつけようと思う）

四年前の景盛誅殺未遂のことを言っているのか、その後も景盛との間で何かあったのか、それとも何もかもが思いどおりにならず、今、配所で憂愁の生活を送る身となったことを、すべて景盛のせいと思い込んでいるのか、わからない。

いずれにしろ、置かれている状況を理解していないその精神状態は常軌を逸している。

政子と実朝、実質的には政子の返事は当然のものであった。

「御所望の条々、かたがた然るべからず。その上、御書を通ぜらるるの事、向後停止せらるべきのおもむき」

（ご希望の事々は、すべていけません。また、お手紙を寄越されることも、今後はやめてください）

そして翌七日、頼家の近習であった中野能成らが遠流（流刑）と決まった。頼家の手紙のとばっちりであろう。

十日。六日に政子・実朝の返答を伝えに発《た》った三浦義村が帰還した。政子はうらぶれた頼家の暮らしの様子を聞いて、悲しんだという。

修禅寺配流から十ヶ月後、元久元年（一二〇四）七月十八日、頼家は配所で薨《こう》じた。二十三歳。『吾妻鏡』は「当国《伊豆》修禅寺において薨じたもう」（七月十九日条）と記すのみだが、『愚管抄』によれば、配所の風呂場で睾丸を摑み、首を紐で絞めるという惨殺であった（（6）**源頼家暗殺事件**）。

頼家の死から六日後の七月二十四日、頼家の「御家人等」が地方で謀反の陰謀を企てていることが発覚し、義時が側近である金窪行親らを派遣して殲滅した。

勢力がどの程度であったかはともかく、頼家支持のグループは修禅寺配流後も存在し、その復権を試みる者が現れる可能性はあり続けた。ゆえに頼家は殺されざるを得なかったのである。

『吾妻鏡』は、頼家が殺されたことを記していない。だが、人の口に戸は立てられない。陰惨な殺害の場面は『愚管抄』に明記されている。『吾妻鏡』は鎌倉殿のあまりな惨死の詳述を憚ったのであろう。似た事例は、四十二年後、寛元四年（一二四六）五月の鎌倉幕府の内紛「宮騒動」で、執権北条時頼（義時の曽孫）に敗れた名越（北条）時幸《ときゆき》（義時の孫。朝時の子）の死を『吾妻鏡』は「卒」と記す（同年六月一日条）のみである。だが、自害であったことは『葉黄記』同年六月五日条に記されているのである。

北条政子は、頼家の死を聞いて、どのように思ったのであろうか。それを直接語る史料は無い。

ただ、頼家の遺児たちのその後から、政子の頼家への思いを垣間見ることはできる。

次男善哉は元久二年（一二〇五）十二月二日、政子の計らいにより六歳で鶴岡別当尊暁の門弟となり、建永元年（一二〇六）六月十六日、政子邸において将軍となっていた叔父実朝（十五歳）立ち会いのもと七歳で着袴《ちゃっこ》の儀（男児が初めて袴を着る儀式）を挙行した。

義時の息子たちが陪膳《ばいぜん》（給仕役）を務めた。そして同年十月二十日、政子の命で実朝の猶子となった。建暦元年（一二一一）九月十五日、十二歳で落飾（貴人が僧となること）。法名を公暁《くぎょう》と名乗るのである。

三男栄実は建保元年（一二一三）十一月十日、やはり政子の計らいで、将軍御所で落飾した。

四男禅暁も仁和寺に入っており、これも政子の計らいであろう。

また、比企の乱の年に生まれた頼家の娘（後の竹御所）も十四歳の建保四年三月五日、政子の命で実朝室（坊門信清娘）の猶子となる。

頼家の鎌倉殿就任以来、政子と頼家は行き違いばかりであったように思う。この母子のボタンの掛け違いは、頼家が十二歳、今なら小学五年生の時ではなかったか。

建久四年（一一九三）五月、頼朝は駿河国に赴き、富士の裾野で大規模な巻狩《まきがり》をおこなった。曽我兄弟の仇討ちでも知られる「富士の巻狩」である。これは「唯一の武家の棟梁」たる「清和源氏の嫡流」、「鎌倉殿」源頼朝の権威を誇示する一大イベントであった。十六日、「将軍家家督の若君」頼家は初めて鹿を射た。頼朝はこの日の狩りを中止し、頼家のための「矢開《やびらき》」を挙行した。

矢開は「矢口《やぐち》の祭り」ともいい、武士の子が初めて狩りで獲物を射獲った時、それを山の神に報告し祝う儀式である。獲物となった鳥獣は、すなわち山の神が少年に遣わしたものであり、それを少年が獲たのは、彼が神から一人前の武士として認められたことを意味したのである。

頼家の場合は、さらに大きな意味を持っていた。彼が頼朝の後継者、次代の鎌倉殿として、神から承認されたことをも示すからである。頼朝が喜んだのも当然であるが、頼家もさぞや嬉しかったに違いない。

頼朝は早速、梶原景時の子景高を鎌倉に行かせた。政子に頼家のアッパレな慶事を伝えるためである。

ところが、景高から報告を受けた政子は、

「武士の跡継ぎともあろう者が、狩りで鹿や鳥を獲るなんて、当たり前のことよ。そんなことをわざわざ知らせて来るなんて、おっちょこちょい過ぎて、ロクなことにならないわよ」

（武将の嫡嗣として原野の鹿鳥を獲たること、あながちに希有とするに足らず。楚忽《そこつ》の専使《せんし》すこぶるその煩《わずらい》あるか）

と言い、使者の景高まで面目を失ったというのである。

政子が、なぜこんなことを言ったのか、わからない。

政子の言葉を伝えられた頼家がどう思ったのかも、わからない。

いや、そもそも、人には真実はわからない。自分のことだってわからない。まして他人のことはわからない。だから、ある人のある気持ちを自分の経験に照らして「きっと、こうだったろう」と想像するしかない。

年をとってからも（頼家は年をとれなかったけれど）、思い返すたびに心躍るはずだった晴れがましい出来事を、母に喜んでもらえなかった今なら小学五年生。

「頼家、かわいそうだったな」

と私が勝手に思うだけである。

## 5　時政から義時へ

九月二日に比企氏を倒した北条時政が九月十日に政務を開始したことは、先に述べた。

そして十月九日、実朝の将軍家政所始では時政は大江広元と共に「別当」と記されており、時政の政所別当就任が確認される。

この後、時政は「遠江守」・「遠江守平」の名乗りで、実朝の意思を伝える（鎌倉殿の仰せにより下知件のごとし）関東下知状などを単独で発給する。文書の発給状況からも、比企の乱の勝利によって、時政は一挙に鎌倉幕府の事実上の執政者に駆け上がったことがわかるのである。

けれども、時政の専権は長くは続かなかった。

## 二俣川合戦

元久二年（一二〇五）六月二十一日、時政は武蔵国秩父党実力者畠山重忠の謀反が発覚したとして、義時・時房らに重忠討伐を命じた。重忠は時政の娘婿であり、よって義時たちにとっては義理の兄弟である。重忠謀反を信じかねた義時・時房は、

「実否を確認してから行動しても遅くはない」

（犯否《ぼんぷ》の真偽を糺《ただ》すの後にその沙汰あるも、停滞すべからざらんか）

と主張し、帰宅した。ところが、時政に重忠謀反を伝え、その討伐を勧めた時政の愛妻牧方が義時邸に使者を送り、

「義理の母である私を重忠を陥れようとする者の仲間だとして、私を讒言《ざんげん》者にしようとす

るつもりなのね」

（これ継母に阿党《あとう》を存じ、われを讒者に処せられんがためか）

と抗議を伝えた。義時は、

「よく考えます」

（この上は賢慮あるべきのよし）

と答えて、お茶を濁した。

翌二十二日寅の刻（午前四時頃。夜明け頃）、「謀叛の輩《ともがら》を誅せらるべし」として、御家人の軍兵が由比ヶ浜に競い集まり、これを聞いて駆け付けようとした重忠の子息重保が郎従三人と共に殺害された。

そして重忠が鎌倉に向かっているとの情報を受け、義時を大将とする討伐軍が出陣した。義時としても重忠の謀反が事実であれば、戦わざるを得ない。

郎従百三十四騎を率いた重忠と討伐軍は午の刻（正午頃）武蔵国二俣川で戦闘となり、重忠は討たれた。四十二歳であった。これが（7）**二俣川合戦**（**畠山事件**）である。時政は娘婿（母は牧方ではない）の討伐に成功したのである。

だが、二十三日、鎌倉に帰参した義時は、時政を糾弾した。

「重忠の弟や親戚はほとんど他所《よそ》にいた。重忠に従って戦場に来た者は、たった百人ばかり。だから、重忠が謀反を企てていたなんて、ウソだ。讒言によって殺されたなら、かわいそうでならない。斬られて陣に持ち込まれた首を見て、仲良くして来た長い間のことを思い出し、オレは涙が止められなかった」

（重忠が弟・親類は大略《たいりゃく》もって他所《たしょ》にあり。戦場に相従《あいしたご》うの者、わずかに百余輩《ひゃくよはい》なり。しかれば謀反を企つる事、すでに虚誕《きょたん》たり。もしは讒訴によって誅戮《ちゅうりく》に逢《あ》えるか。はなはだもって不便《ふびん》。首を斬りて陣頭《じんとう》に持ち来《きた》る。これを見るに、年来合眼《ねんらいごうがん》の昵《むつみ》を忘れず、悲涙《ひるい》禁じがたし）

ようするに、

「クソ親父！　オレたちを騙して、ダチを殺させたな！」

ということである。

事実、秩父党実力者重忠が謀反を計画したのであれば、率いていた軍勢は少な過ぎる。重忠の無実を知って怒ったのは義時だけではなかった。同日、時政と結んで重忠を陥れた重忠の従兄弟《いとこ》稲毛重成・榛谷重朝兄弟は子息たちと共に虐殺された。比企能員に続いて、相模と共に鎌倉幕府の本拠地と言うべき武蔵の実力者畠山重忠を葬った時政であったが、この事件は彼の失脚の始まりであった。

牧氏の変

閏七月十九日、牧方が娘婿平賀朝雅を将軍に立てるため、実朝を殺害しようとしているとの風聞を受け、政子は御家人らに命じて時政邸にあった実朝を義時邸に迎え入れた。これによって、時政邸に集められていた御家人たちは皆、義時邸に参向してしまった。

もともと、建仁三年九月十日、時政が政務を開始した日、当時、まだ千幡の童名を名乗っていた十二歳の実朝はそれまで暮らしていた政子邸から時政邸に移った。ところが五日後の十五日、実朝と一緒に時政邸に入った乳母阿波局が姉政子の邸に参上し、牧方の挙動には実朝への「害心《がいしん》（殺意）」が感じられると訴えた。政子は、

「あたしも前から思っていたことよ。早くこちらにお迎えしましょう」

（この事、兼ねて思慮の内の事なり。早く迎え取り奉《たてまつ》るべきのよし）

と返答し、すぐさま義時・三浦義村・結城朝光らを派遣して、実朝を時政邸から自邸に戻した。時政はうろたえ、侍女を政子邸に行かせて謝罪を伝えたので、政子は、

「（実朝が）成人されたら、そちらでお世話してください」

（成人の程は同所において扶持《ふち》すべきのよし）

と返事をしている。

このように元来、時政の先妻の娘である政子・阿波局と時政・牧方夫妻、特に牧方は実朝を巡ってギクシャクした関係にあり、これがついに破局を迎えたのである。

丑の刻（午前二時頃）、時政は出家を遂げた。法名、明盛。

翌二十日辰の刻（午前八時頃）、時政は牧方と共に故郷、伊豆北条に下向した。殺されはしなかったが、政治生命は完全に絶たれた。

この日、義時・大江広元・三善康信・安達景盛が義時邸で評議し、京都守護として在京している平賀朝雅の誅伐を決め、在京御家人らにこれを命じる使者が発せられた。二十六日、朝雅滅亡。

比企の乱から三年足らずにして、時政はこの（8）**牧氏の変**により、自滅する形で失脚したのであった。

翌月勃発するのが（9）**宇都宮頼綱討伐未遂事件**である。

八月七日、時政・牧方のもう一人の女婿、義時の義弟である下野の大豪族宇都宮頼綱の謀反計画が発覚したとして、義時・大江広元・安達景盛が政子の御所で合議をおこなった。

頼綱はすでに一族・郎従を率いて鎌倉に赴こうとしているという。

合議が終わってから、政子の御所に宇都宮と同じく下野を本拠とする小山朝政が呼ばれた。朝政が参上し義時の前に蹲踞《そんきょ》すると、広元が政子の命として、朝政に宇都宮頼綱討伐を命じた。

だが、朝政は「叔家《しゅくけ》の好《よしみ》あり（親戚で仲が良いから）」（叔は母の弟・妹の意味。頼綱は朝政の母寒河尼の兄弟朝綱の孫）という、およそ理由にならない理由で、これを拒否。

「誰か他のヤツに命じてくれ。ただし、オレは叛逆には乗らねェし、ケンカになったら宇都宮相手に暴れるぜ」

（早く他人に仰せらるべきか。ただし朝政叛逆に与同せず、防戦においては筋力をつくすべきのよし）

と答えて、席を立った。

十一日。宇都宮頼綱は書状を義時に提出した。「反乱なんて考えてない（謀計を存ぜざるのよし）」という弁明書であった。これには小山朝政の手紙も添えられていた。

十六日。宇都宮頼綱は下野で出家した（法名、蓮生《れんしょう》）。同時に出家した郎従は六十余人に上《のぼ》り、宇都宮武士団の軍事力と結束を示すものである。

翌十七日、頼綱は鎌倉に向かって出発した。謝罪のためである。十九日、頼綱は鎌倉に到着し、ただちに義時邸に参上したが、義時は対面を拒否した。そこで頼綱は切り落とした髻《もとどり》（マゲ）を小山朝政の弟結城朝光に託して、義時に献上した。義時への恭順の意をあらわしたのである。これに対し義時は結城朝光の持参した髻を一見した後、朝光に預けた。義時は頼綱の謝罪を受け入れたのである。

事件はこれで終わった。小山朝政の尽力により、宇都宮頼綱は討伐を免れたのであった。だが、そもそも頼綱は無実だと言っていたのであり、謝罪するのはおかしい。謀反を計画したと疑われたことを、己の不明として謝罪したという理屈なのであろうが、頼綱が出家し髻を義時に献じたことは、宇都宮氏が義時の軍門に降《くだ》ったことを意味する。

牧氏の変の余燼であるが、義時は時政・牧方を倒した勢いを駆って大豪族宇都宮氏を一撃し、まだ幼い（十四歳）実朝の権力確立、実朝に代表される幕府中枢への権力集中を考えていたのではないか。

四年後の承元三年（一二〇九）十一月二十日、義時は守護の交代制を導入しようとしたが、十二月十五日、千葉成胤・三浦義村・小山朝政の御家人トップ3から反対されて断念している。大豪族は幕府からの自立志向が強く、義時はその力を削ぐ方針であったと考えられる。宇都宮事件はその路線の端緒であったが、フライング気味で小山氏の抵抗により断念せざるをえなかったのである。

義時は幼い実朝が成長した時、鎌倉殿として安定した政権運営ができるように地均《じなら》しをしておこうと考えていたのであろう。かつて亀前事件で時政が伊豆に引き上げてしまった時、義時が鎌倉に残っていたことを知って安心した頼朝が義時に言った、

「おめェは将来、きっとオレの子孫を守ってくれるだろう」

という言葉に応えようとするかのように。

義時が大豪族の勢力削減を一貫して政治目標としていたことは、宇都宮事件と守護交代制挫折で明らかであろう。

この点で時政・義時の政策には共通点がある。時政が娘婿畠山重忠を滅ぼし、稲毛重成・榛谷重朝も討たれたことで、武蔵に不動の地位を築いていた秩父党は大きな打撃を受け、その結果、北条氏は武蔵に支配を伸張することになった。

だが、時政がまっしぐらに自己への権力集中を目指したのと比べると、義時の政治行動には一貫性が無い。

『吾妻鏡』は牧氏の変によって父時政が伊豆北条に下向した元久二年（一二〇五）閏七月二十日、「相州（義時）執権の事を奉《うけたまわ》らしめたもう」と義時の執権（政所別当）就任を明記しており、一般にはこれが定説になっている。

ところが、岡田清一氏の研究（岡田二〇〇六）によると、義時は承元三年（一二〇九）後半まで将軍家政所下文にも関東下知状にも署判をしておらず、岡田氏はこの文書発給状況から義時の政所別当就任を承元三年七月以降、同年十二月以前としている。

『吾妻鏡』編纂時点では執権職は北条氏の家職になっていたから、これは『吾妻鏡』の誤《ご》謬《びゅう》の典型例であり、義時の執権就任は文書の発給状況を根拠とする岡田説が正しいと判断される。

義時の行動は時政が比企の乱の直後に政所別当となったのとは、まったく異なる。一方で大豪族の勢力削減を目指しながら、幕府中枢に明確な地位を得ないという義時の行動は不可解と言えよう。

義時が目指していたのは、鎌倉殿（将軍）への権力集中のみであったのではなかろうか。鎌倉殿就任時点で十二歳と、頼家と比べても若いというより、幼かった実朝に替わって政務を執った義時であったが、時政のような独走は無く、常に大江広元・安達景盛らと合議をおこなっている。鎌倉殿の独裁を補佐する幹部集団のメンバーの一人というのが、義時が自己に課した役割であったのではないか。つまりは、頼朝時代の体制への回帰である。だが、周囲の状況は義時の希望を叶えず、義時は結局、政所別当に就任せざるをえなかったのであった。

## 6　和田合戦

八年の表面的な平和の後に突然起きるのが、建保元年（一二一三）二月の（10）**泉親平反乱未遂事件**である。

同月十五日、信濃国青栗氏の一族である僧阿静房安念を千葉成胤が義時に突き出した。反乱計画に成胤を誘いに来て捕らえられたのである。

義時は実朝（二十二歳）に報告し、大江広元と合議のうえ、安念を二階堂行村（**藤原行政の子**）に預け、取り調べを命じた。

翌十六日、安念の自白によって明らかになった反乱計画は、極めて大規模なものであった。参加者は記録されているだけで信濃・相模・越後・上総・下総・伊勢国の住人、張本百三十余人、与同二百人に及んだ。首謀者は信濃国住人泉親平で、一昨年から計画し、頼家の遺児栄実（十三歳）を担ぎ、義時を倒そうとしていたというのである。

数年続いた平和の裏で、執権義時の進めてきた政策に不満が鬱積していた結果であった。しかも、逮捕された首謀者の中に義直（和田義盛の子）・義重（義盛の子）・胤長（義盛の甥）の和田一族三名が含まれていた。

三月八日、上総にあった侍所別当**和田義盛**は鎌倉に駆け付け、実朝に直談判《じかだんぱん》して、頼朝時代以来の自分の功績を述べ、実朝から子息義直・義重の赦免を得た。

さらに翌九日、義盛は和田一族九十八人を率いて将軍御所に参上し、残る甥胤長の赦免を願った。しかし、義時は胤長を縛り上げて居並ぶ一門の面前を連行するという義盛以下和田一門の神経を逆なでするマネを敢えておこなった。

さらに、十七日に陸奥に配流された胤長の鎌倉屋敷はいったん二十五日に義盛に与えられたのであるが、四月二日にあらためて義時に与えられ、義時は即座に配下を派遣して、すでに入居していた義盛の代官を叩き出させた。

義時は謀反計画の規模の大きさに驚き、和田義盛との対決は避けられないと腹を括り、挑発行為を繰り返したと考えられる。昔の功績を振りかざして鎌倉殿の決定を覆すという行為が、義時には義盛の横紙破りと思えたのではないか。ましてや、九十八人もの一門を動員してのデモは、赦されざる行為と映ったであろう。鎌倉幕府は和田義盛一人で作ったものではないのである。

こうして泉事件によって発生した事態は、政所別当北条義時と侍所別当和田義盛の全面対決に向かうこととなる。

和田氏は相模最大の豪族三浦氏の分家であるが、義盛は頼朝挙兵直後の治承四年（一一八〇）十一月十七日に初代侍所別当に任命された。建保元年当時は六十七歳であり、幕府では宿老というべき地位にあった。義時は十六歳下で、同年五十一歳である。当時、三浦の当主は、義盛の従兄弟である三浦義村であった。義村の年齢は不明であるが、母方の従兄である義時より五歳くらい年下であったと考えられる（『吾妻鏡』への登場年齢から推定）。この推定年齢が正しければ、従兄弟とはいえ、和田義盛と三浦義村は父子ほども年齢がへだたっていたことになる。しかも、義盛は頼朝以来の宿老であり、義盛の勢威は当主義村を凌いでいたらしい。『愚管抄』は義盛について「義盛左衛門ト云《いう》三浦ノ長者」と記している。

義盛は五月三日に挙兵を決め、準備を進めた。ところが、共に戦うことを約束し、起請文まで書いていた三浦義村・胤義兄弟が裏切り、挙兵予定日前日の五月二日、義盛の謀反を義時に密告した。前述したように和田義盛と三浦嫡流義村との関係はギクシャクしており、義村にしてみれば、父方の従兄である義盛より、母方の従兄である義時の方が親近感もあったのかもしれない。義時はこのような三浦氏内部の溝につけ込んだとも言える。

二日申の刻（午後四時頃）、義盛は追い詰められ、軍勢が整わぬまま兵を挙げ、将軍御所を襲う。(11)**和田合戦**の勃発である。

これより翌三日酉の刻（午後六時頃）まで、都市鎌倉は幕府草創以来最初の壮烈な市街戦の戦場と化した。和田方は将軍御所に攻め入って炎上させるなど、奮戦したものの、次第にその勢いは衰えを見せていった。

三日になって和田義盛の外戚横山時兼（叔母が義盛の妻で、妹が義盛の長子常盛の妻）が率いる武蔵横山党が鎌倉に到着した。時兼はかねて義盛の挙兵への参戦を誓っており、約束どおり挙兵予定日にやって来たのであったが、合戦は前日に始まっていた。だが、横山党は敗色濃厚な和田方に加わり、和田方は勢いを取り戻した。

けれども、和田方の奮闘もここまでであった。作戦の狂いが最後まで響き、三日夕刻、敗退。和田一族、武蔵横山党、相模の土屋・山内・渋谷・毛利・鎌倉など幕府の本拠地である南坂東を中心に多くの有力武士団が和田方として滅亡、あるいは没落した。

からくも勝利した義時は政所別当に加えて、義盛の就いていた侍所別当をも兼ねる。政所別当と侍所別当を兼ねる役職、これが執権職である。また、鎌倉党や横山党から多数の犠牲者を出したことは、相模・武蔵における北条氏の勢力を大きく伸張させたのであった。

しかしながら、和田合戦や二俣川合戦の余波はさらなる悲劇を生んだ。

まず、和田合戦の四ヶ月後である九月十九日。下野の日光山別当弁覚の使者が鎌倉に到着。畠山重忠の末子である大夫阿闍梨《あじゃり》重慶という僧が日光山の麓に牢人（浪人）を集めて籠城し、祈禱をおこなっていることを報告した。

これを聞いた実朝は、たまたま幕府に来ていた長沼宗政に重慶を生け捕りにして連れて来るように命じた。宗政は大ハリキリで帰宅もせず、扈従《こじゅう》していた家子一人・雑色男八人だけを連れ、その場から下野に向かった。これを聞いた宗政の郎従は慌てて主人の後を追い、このため鎌倉は一時、騒然となった。

そして二十六日、宗政は下野より帰参。なんと、重慶を殺害し、首だけ持って来たのである。実朝はこれを聞いて嘆くことしきりであった（**(12) 重慶殺害事件**）。

さらに、翌建保二年十一月二十五日、鎌倉に京都からの飛脚が到着した。その報告によると、和田義盛と土屋義清（相模中村党。和田合戦で義盛と共に滅亡）の残党が頼家の遺児、僧栄実（十四歳。『愚管抄』）を「大将軍」に擁して叛逆を企てていることが発覚。十三日、討手の襲撃を受けた栄実は自殺し、与党は逃亡した（**(13) 栄実殺害事件**）。御家人間抗争の中で、また一人、頼朝と政子の血筋が消えたのである。

このような悲惨な事件の連続の結果、第三代鎌倉殿源実朝を執権（政所別当兼侍所別当）北条義時が首班を務める幹部の合議制が支える体制が成立し、都市鎌倉にはしばしの平和が訪れた。

## 7　実朝暗殺と承久の乱への道程

和田合戦の五年前、承元二年（一二〇八）十月十日から十二月二十日まで、五十二歳の政子は熊野参詣の旅をしている。「御宿願を果《はた》さんがため」ということであったが、その願いの具体的な内容は『吾妻鏡』をはじめ諸史料には記されていない。

そして十年後、和田合戦から五年の後、建保六年（一二一八）二月四日、政子は再び熊野参詣のため上洛の途に就いた。入洛したのは二十一日である。この後、熊野参詣に紀伊国まで行き、また京都に戻った。

四月十四日、従三位に叙す。位階を与えられる人には位記《いき》という辞令のような文書が与えられ、そこには位階を授けられる者の名前が書かれるので、政子が「政子」という名前になったのは、この時のはずである。政子は頼朝薨去で出家して以降、『吾妻鏡』ではずっと「尼御台所《あまみだいどころ》」と呼ばれていたが、これよりしばらく「禅定三品《ぜんじょうさんぼん》」（出家の身で三位の位階を持つ人）と呼ばれることになる。そして半年後の十月十三日、さらに政子は従二位に叙された。公卿の妻であったとはいえ、田舎土豪の娘が従二位となるのは、空前の事態である。後鳥羽院が実朝の位階・官職をどんどん昇進させたのは有名な話であるが、政子にも異例の高位を与えたのである。鎌倉殿母子への後鳥羽院の厚遇ぶりは凄まじい。政子は、これより『吾妻鏡』では「禅定二位家」・「二品禅尼《にほんのぜんに》」・「二位家《にいけ》」、そして頼朝と同じく「二品」と呼ばれることとなるのである（頼朝は正二位、政子は従二位なので、政子が一ランク下）。

翌四月十五日に後鳥羽院から、

「会ってやろう（ご対面あるべきのよし）」

という大変ありがたいお言葉が伝えられると、政子は、

「田舎の婆さんがお側に参っても、上皇様はつまんないだけですよ」

（辺鄙《へんぴ》の老尼《ろうに》、龍顔《りゅうがん》に咫尺《しせき》〈貴人に近付くこと〉すること、その益《やく》無し）

と答え、なお他の神社仏閣に参拝する予定であったのを全部キャンセルして、とっとと京都を出、二十九日に鎌倉に帰って来たのであった。

しかし、政子は後鳥羽院の側近として京都政界において権勢無双であった卿二位《きょうのにい》（藤原兼子《けんし》。姉範子《はんし》が後鳥羽院の乳母）には会っている。『愚管抄』によると、卿二位の方が政子のところに何度も行って、いろいろ話したらしい（卿二位タビ〳〵《タビ》ユ〈行〉キテ、ヤウ〳〵《ヤウ》ニ云《い》ツヽ）。

この時、卿二位から、

「男子が無いまま実朝様にもしもの事があった時は、後鳥羽院の皇子の一人を将軍として鎌倉に下向させてもらっては、どうですか？」

（子モマウケヌニ、サヤアルベキナド）

という提案があったという（『愚管抄』）。卿二位の頭にあったのは、自分が養育していた冷泉宮頼仁親王（母は後鳥羽院の近臣である坊門信清の娘で、実朝妻の姉妹）であったというが、『愚管抄』によれば、あくまでも京雀たちの噂（カク推量ドモヲスルニコソ）ということである。しかし、後の状況から、卿二位が皇子下向を政子に向かって発言したのは事実のようである。政子は「縁起でもない」と思ったに違い無い。この時は。

政子の肝煎りで実朝の猶子にもなっていた頼家の次男公暁は、醍醐寺で修行して阿闍梨（修行僧を指導し教義を伝授する高僧）の資格を得、この時十九歳で鶴岡別当の地位にあった。さらに公暁には禅暁という弟もあった。万一、実朝に男子ができなくとも、頼朝と政子の子孫が鎌倉殿を継承する可能性はあったのである。

そもそも、五十二歳と六十二歳という当時としては高齢で、政子が二度も熊野を参詣したのは、これ以上の悲劇の起こらないこと、そして何よりも病気がちで比企の乱の翌元久元年（一二〇四）十二月に婚姻した御台所（坊門信清の娘）との間にもなかなか子供のできない実朝の健康を祈るためであったはずである。

そして承久元年（一二一九）正月二十七日、和田合戦から六年の後、突如、草創以来最大の危機が鎌倉幕府を襲った。

酉の刻（午後六時頃）、右大臣任官の拝賀《はいが》（本来は叙位・任官者が天皇などに謝意を示すため、出向く儀式。実朝は鎌倉在住のため、鶴岡八幡宮におこなった）のために参詣した雪の鶴岡社頭で、実朝（二十八歳）が兄頼家の遺児、鶴岡別当公暁（二十歳）によって暗殺され、公暁もまた殺害されたのである（**(14) 源実朝暗殺事件**）。卿二位の不吉な予言は、当たってしまった。

この事件の背後には、公暁を指嗾《しそう》した黒幕がいたと古来言われている。だが、その黒幕が誰であったかは諸説あって今に至るも判然としない。

黒幕候補は、まず北条義時。次に公暁の乳母夫であった三浦義村（建永元年十月二十日条）。義時と義村の共謀という説もある。そして後鳥羽院である。

だが、政子・義時ら北条氏にとって実朝は最大と言うより唯一の権力基盤、その実朝を義時ら北条氏が殺害する必要性がそもそも存在しない。同じ政子の子であっても、比企氏に取り込まれていた頼家とは違う。それに比企の乱の時の実朝のような次の駒をこの時点では北条氏は持っていなかった。あらゆる意味でリスクばかりで、何一つ得が無いのである。

三浦義村説は、小説家永井路子氏が連作小説『炎環《えんかん》』（永井路子一九七八年）中の「覇《は》

樹《き》」（一九六四年）で公表し、歴史研究者石井進氏が『鎌倉幕府』（石井一九六五）で賛同して、昔からあった義時説に匹敵する有力説となった。だが、義村にしても、公暁が自ら実朝を殺害しては、公暁が鎌倉殿となる可能性は極めて低く、事の成就には、やはりリスクが大き過ぎる。それなりの支持勢力を形成しておこなった乙巳《いっし》の変（大化の改新）とは違うのである。

北条義時・三浦義村共謀説は、五味文彦氏によるもの（五味一九九〇）で、将軍独裁を目指す実朝を義時・義村らが阻止するためであったとするが、義時・義村らが右に述べたリスクを冒してまで実朝殺害を実行せざるを得ないほど、実朝と対立していたことを示す史料は存在しない。

後鳥羽院にしても、実朝をいわば籠絡《ろうらく》して幕府の遠隔操作を目指していたと推定され、その実朝を殺害してしまっては何の意味も無い。

私は公暁の暴走で起こった突発事件であった可能性が最も高いと考える。

これが頼朝薨去以来の抗争の一つの結末であったことは明らかであろう。

確実に言えるのは、この事件が鎌倉幕府を苦況に陥らせ、それが承久の乱の遠因となったことである。

鎌倉幕府は、政子が前年、熊野参詣の折りに都で会見した卿二位の発言に縋《すが》り、二月十三日、参詣にも同行した文士二階堂行光を上洛させ、行光は二十六日に入洛した（『光台院御室伝』）。後鳥羽院皇子のうち六条宮雅成親王・冷泉宮頼仁親王いずれかの鎌倉下向を願うためである。行光は幹部クラス（宿老《しゅくろう》）の御家人たちが連署した嘆願書（奏状《そうじょう》）まで持《じ》していた。幕府首脳部の混乱とそれを何とか乗り切ろうとする必死さがわかる。

二月十四日。伊賀光季が京都警護のため上洛の途についた。京都における鎌倉幕府の出先機関である京都守護に就任したのである。

光季は承久の乱関係の研究書・一般書では「執権北条義時の後妻伊賀方《いがのかた》の兄」と紹介されるだけであることが多い。だが、父で伊賀守に任官した所朝光は秀郷流藤原氏である佐伯氏出身の京武者で、朝光の母は頼朝時代に大江広元と共に政所別当を務めた源邦業の娘である。邦業は頼朝の先祖源頼義の弟で、兄と違い普通の貴族になった源頼清の子孫である。つまり朝光は河内源氏の血を引いており、これこそ朝光が御家人（侍）では北条時政・義時・時房に次ぎ、三浦義村より先に国守に任官した根拠と推定される。つまり、伊賀光季は京武者の家の出で、かつ清和源氏の血を引いていた。しかも、光季の母は、頼朝の母の叔母の子、文士**藤原行政**（二階堂氏祖）の娘であった。光季は血統、そして教養などの点でも、京都守護には適任の存在であった。

二月十九日。政子の命により、義時は御家人の軍勢を駿河に発した。頼朝の弟全成の遺児阿野時元を討つためである。討伐軍は二十二日、駿河国安野郡に至り、時元の軍勢を倒し、時元は逃亡した。そして二十三日酉の刻（午後六時頃）、時元自殺の報が鎌倉に入った。事実上、討伐されたのである（**(15) 阿野時元殺害事件**）。実朝の従兄弟である時元自身に鎌倉殿を希《のぞ》む意思があったかどうかは不明だが、その血統を幕府首脳部が危険視して討伐に至ったことは間違いない。

二月二十九日、大江広元の嫡子、源親広が伊賀光季に続いて京都守護に就任して、京都に向かった。親広が源氏を名乗る理由は、九条兼実のライバルだった京都政界の巨頭、源通親の猶子《ゆうし》（相続権の無い養子。子供待遇）説（『江氏家譜《ごうしかふ》』）、外祖父が京武者多田行綱（摂津源氏）であった説（『安中坊系譜』）がある。いずれにしろ母系で京都に親しく、もともと父広元も下級官人出身の文士であることが、京都守護就任の理由であろう。

一方、閏二月五日、京都では二階堂行光が仁和寺《にんなじ》にあった禅暁阿闍梨を連れて、どこかに「下向」した（『光台院御室伝』）。禅暁は頼家の息子、実朝には甥であった。素直に解釈すれば、この下向は「鎌倉へ下向した」と取れるが、この後も行光は在京している。日付に間違いがあるのか、「行光が禅暁を洛外のどこかに連れ出した」と解釈せざるを得ない。

閏二月十二日、二階堂行光の使者が鎌倉に到着。報告内容は、

「鎌倉幕府の願いは閏二月一日に天聴《てんちょう》（「天皇が知る」の意で、順徳天皇ということになるが、実質的には後鳥羽院）に達し、後鳥羽院の御所（仙洞《せんとう》）で審議がなされた。両親王のうち、どちらかを必ず鎌倉に下向させる。ただし、今すぐ（当時《とうじ》）ではない（両所のうち一所必ず下向せしむべし。ただし当時の事にあらざるのよし）との返答が四日に下された」

という幕府側の希望に添うものであった。この返答を得た行光は鎌倉帰還の可否をも尋ねていた。

閏二月十四日。京都に戻る行光の使者に、

「早々に親王を下向させてほしい」

（かの御下向の事、なおもって近々たるべきのよし、伺い奏聞すべきの趣《おもむき》）

と朝廷側に伝えるよう行光への指令が与えられた。

このメッセージの伝達を『吾妻鏡』は「仰せ遣《つか》わさる」と表現しており、政子の命という形であったと考えられる。幕府首脳部が鎌倉殿の不在を一日も早く解消しようと焦っていたことがわかる。

三月八日、後鳥羽院の御使《おつかい》(使者)藤原忠綱が鎌倉に下向。翌九日、忠綱は政子邸(旧実朝邸。つまり、建造物としての幕府)に参上し、政子に後鳥羽院のメッセージを伝えた。

「右府《うふ》薨《こう》じ御《たま》うの事、叡慮殊《えいりょこと》に御嘆息《ごたんそく》のよし」

(後鳥羽院は実朝の薨去を大変お嘆きです)

「叡慮」は「天皇のお考え・お気持ち」であるが、ここでは当然、後鳥羽院である。まァ、当たり障《さわ》りの無い慰藉《いしゃ》の言葉であった。

ところが、この後、義時と対面した忠綱は、後鳥羽院の寵姫《ちょうき》である白拍子《しらびょうし》(アイドル歌手)亀菊《かめぎく》(伊賀局《いがのつぼね》)の所領、摂津《つ》国長江荘《のくにながえのしょう》・倉《くら》(椋)橋《はし》荘の地頭改易を命ずる院宣を突きつけたのであった。長江荘の地頭は義時自身であった(慈光寺本『承久記』)が、これに従えば済《な》し崩しに御家人の持つ地頭職が朝廷の要求で改易されるようになることは明らかである。

後鳥羽院は戦略家であった。皇子下向は「すぐにではないが」という条件付きで確約する一方で、義時の有する地頭職《じとうしき》の改易を命じた。頼朝薨去後ここ二十年の混乱とその末の将軍家断絶を鎌倉幕府の弱体化と分析した後鳥羽院は、義時が地頭職改易を拒否したなら、竹篦返《しっぺがえ》しに皇子下向を翻《ひるがえ》し、全てを義時個人の責任とした上で、義時に院宣に逆らう逆賊の烙印を押すことができるわけである。

そして藤原忠綱は幕府側の返答を聞くこと無く、十一日の暁、帰洛して行った。返事を聞く必要は無い。後鳥羽院にすれば地頭職改易は要求ではなく、命令なのである。

対応に苦慮した幕府首脳部、具体的には義時・弟時房・長子泰時・大江広元の四人が、十二日に政子邸に集合して会議をおこなった。結論は、地頭職改易について「近く御返答致します（追って上啓《じょうけい》すべきのよし）」とだけ伝えるという引き延ばし作戦であった。その理由は、「すぐさま拒否を伝えたら、きっと後鳥羽院は自分の命に逆らったと憤慨なさるに違い無いから（急速に左右《そう》なくば、定めて天気《てんき》〈天皇の意思の意だが、ここでは後鳥羽院の意思〉に背《そむ》かんか）」であった。

そして十五日、北条時房が政子の使者（二位家の御使《おんつかい》）として京都に向かった。地頭職改易への返答と皇子下向の〝願い〟を伝えるためである。従軍千騎。武力の示威《じい》という最終カードを切らざるを得ないほどに、幕府は追い詰められていた。

時房に託した義時の返答は、

「右大将家（頼朝）が恩賞として任命なされた地頭は、たいした罪も無いのに解任することはできませぬ」

（幕下《ばっか》将軍の時、勲功《くんこう》の賞に募《つの》り定補《じょうほ》せらるるの輩《ともがら》、指《さ》したる雑怠《ぞうたい》無くして改めがたし）

（承久三年五月十九日条）

院宣の拒否であった。

これに対し、後鳥羽院は、

「将来、日本国を二つにわけてしまうようなマネはできない」

（イカニ将来ニコノ日本国二《ふたつ》ニ分《わけ》ル事ヲバシヲカンゾ）（『愚管抄』）

と言って、皇子下向を拒絶した。鎌倉幕府にしてみれば前言を翻されたわけだが、後鳥羽は卿二位が政子に皇子下向を持ち掛けていたのを知らなかったのかもしれない。

しかし、千騎の軍勢を目の当たりにしたためであろうか。強気の後鳥羽も幕府に多少の譲歩をした。

「皇族ではないただの人（人臣《じんしん》）なら、関白・摂政の子であっても願いどおりにしてやろう」

（次〳〵ノタダノ人ハ、関白・摂政ノ子ナリトモ申サムニシタガフベシ）（『愚管抄』）

かくて、六月二十五日、左大臣藤原（九条）道家の息子、三寅が鎌倉に向かい出京した。

頼朝の姉は京都貴族一条能保に嫁ぎ、二人の娘を産んだ。一人は頼朝と親しかった摂関家九条家の兼実の子良経に嫁いで道家を生み、いま一人は京都貴族西園寺公経に嫁いで娘綸子《りんし》を産んだ。そして藤原（九条）道家と西園寺綸子が結婚して生まれたのが三寅、すなわち後の四代将軍藤原（九条）頼経である。簡単に言えば、三寅は頼朝の姉の曽孫である。承久元年時点で数え年では二歳だが、満年齢なら前年の建保六年正月十六日生まれの赤ん坊である。

七月十九日、三寅は鎌倉に到着。これより、「若君《わかぎみ》」と尊称されて四代鎌倉殿候補者として大切に養育されることとなる。『吾妻鏡』はこの日の記事の最後に、次のように記している。

若君幼稚の間、二品禅尼理非を簾中に聴断すべしとうんぬん。

（若君が幼いので、二位尼《にいのあま》政子様が簾《すだれ》の内より政務を執られることになったという）

前漢の呂太后《りょたいこう》、後の清《しん》の西太后《せいたいごう》のごとき「垂簾《すいれん》の政《せい》」である。政子は征夷大将軍に任官しているわけでもなく、そして女性であるにもかかわらず鎌倉幕府の政務を執ることになったというのである。すなわち世に言う「尼将軍」である。

強気の後鳥羽に千騎の軍勢をもって対抗した末に、義時たちが担ぐことのできたのは、「頼朝様と血縁がある」と言っても抗弁にしか聞こえないような三寅であった。ここに、当時の幕府の苦境を見ることができよう。そして鎌倉下向までのいきさつからすれば、三寅はしょせん「代打の将軍」であった。

一方、情勢を幕府打倒、「倒幕」の好機と見た後鳥羽は、武力による幕府との対決に向けて着々と歩み出したのである。なお、後鳥羽院の「倒幕」の具体的な内容は後述する。

承久二年（一二二〇）四月十四日夜。頼家の遺児禅暁は京都東郊、東山の辺で誅された（**16**）**禅暁殺害事件**）（『仁和寺御日次記《にんなじおんひなみき》』。『尊卑分脈』・『承久兵乱記』などは十一日とす）。前年閏二月五日、二階堂行光に連れられ、どこかに「下向」してから一年二ヶ月後であった。

こうして頼朝と政子の血を引く男子は根絶やしとなった。二人の子孫で残ったのは、後に三寅あらため藤原（九条）頼経の御台所（正室）となる頼家の女子、竹御所（十八歳）一人である（寛喜二年十二月九日・文暦元年七月二十七日条）。

## 8　承久の乱

### ○承久三年五月十四日

後鳥羽院（四十二歳）は、たった四歳、しかも四月二十日に父順徳より皇位を譲られたばかりの仲恭天皇（後鳥羽院の皇孫）の勅命《ちょくめい》（天皇の命令）という形で、かねてより京都南郊鳥羽にある城南寺《じょうなんじ》での仏事警護を理由に集めていた軍勢をはじめとする兵を招集した。この軍勢は朝廷軍ということで「官軍」を呼号していた。

官軍には、大内惟信（「河内源氏」義光流大内惟義の子）・佐々木経高（佐々木四兄弟の次兄）・佐々木広綱（佐々木四兄弟の長兄定綱の子）・後藤基清（秀郷流藤原氏の京武者で、頼朝の義兄一条能保の侍から御家人に移籍した古参御家人）・河野通信（伊予河野氏）といった有力者をはじめ御家人も多数含まれていた。義時を中心とする現幕府首脳部に不満を抱く者も少なくはなかったが、大多数はたまたま在京中に勅命が下ったため、深く考えずに集まった連中であった。

官軍の総大将的地位にあったのは、秀郷流藤原氏の家系で京武者の藤原秀康（生年未詳）。武士としては後鳥羽院の側近中の側近である。

そして秀康は在京中だった三浦胤義（義村の弟。生年未詳）を説得し、官軍に引き入れていた。胤義の妻は頼朝の右筆一品房昌寛の娘で頼家に仕えて栄実を生んでおり（『尊卑分脈』・慈光寺本『承久記』）、慈光寺本『承久記』は妻の子を討たれた恨みから、官軍に加わったとしている。それも参入した理由の一つかもしれないが、それだけとも思えず、やはり義時を首班とする現幕府首脳部への不満があったのだろう。

後鳥羽院は二人の京都守護、源親広（大江広元の子。生年未詳）・伊賀光季（四十八歳。慈光寺本『承久記』）にも参加を命じた。親広は応じたが、光季は幕府派の貴族西園寺公経（五十一歳）から後鳥羽院の真意を知らされていたので、三度も誘いを受けながら仮病を使って拒否した。天皇の命を拒絶した以上、勅勘《ちょっかん》（天皇による勘当）を受ける、すなわち攻撃されることを光季は覚悟した。

## 開戦

### ○五月十五日

西園寺公経・実氏父子が後鳥羽院の命で内裏に召し籠められた。公経は朝幕交渉における朝廷側窓口を務めていた。公経はこの職にあることによって幕府を背景に権勢を振るっていたが、ゆえに後鳥羽院からは幕府方と認識され、捕縛されることとなったのである。そして午の刻（正午頃）、後鳥羽院は伊賀光季討伐のため官軍を出陣させた。

承久の乱は、ここに開戦する。

京都守護は、都において幕府を代表する役職であり、いま一人の同職、源親広が院の誘いのままに京方に参じたのに対し、光季は院の招致を決然と拒否し、多勢に無勢を百も承知で官軍を相手に奮戦の末、自害した。

光季の子光綱（童名寿王）は数え年十四歳（満十三歳。中一）。元服したばかりであったが父と共に戦い、最期の時、自害しようと三度まで燃え盛る屋敷の炎に駆け込もうとしたが、幼くて恐怖のためかなわなかった。そこで光季は愛息を殺してやり、その死体を炎の中に投げ入れた後、光綱の死体に飛び重なって死ぬ（慈光寺本『承久記』）。

京都守護という重職を担っていた伊賀光季は、承久の乱最初の幕府方犠牲者であると同時に、幕府最高幹部と言い得る人々の中で唯一の犠牲者であった。

伊賀光季討伐の直後、仲恭天皇の命を奉じる形で、北条義時追討の宣旨《せんじ》（天皇の命令を伝達する文書の一種。案文《あんもん》、つまりコピーが『小松美一郎氏所蔵文書』に現存）が発給された。後鳥羽院は「倒幕」とは記さず、義時（五十九歳）の追討のみを命じている。追討宣旨は義時が幼少の主三寅を傀儡として、

「思うままに天下の政務を執り、権勢を振るい、まるで天皇の権威を忘れたごとくであって、これは最早謀反《むほん》というべきだ」

（恣《ほしいまま》に裁断を都鄙《とひ》に致し、剰《あまつさ》え己《おのれ》の威を耀《かがや》かし、皇憲を忘るるがごとし、これを政道に論ずるに謀反と謂《い》いつべし）

と、義時の非を鳴らして、「五畿七道諸国」の「諸国庄園守護人地頭等」、つまり御家人を含めた全国の武士に義時打倒を命じている。

この宣旨によって幕府が義時派と反義時派に分裂して内戦を起こし自壊することを狙ったわけであるが、後鳥羽院の真意は、おそらくは幕府の温存であったと私は考えている。

実朝存命中、後鳥羽院は実朝の位階・官職を異例の早さで上昇させ、正二位・右大臣にまで昇進させた。また実朝の妻に、叔父（母七条院殖子《しちじょういんしょくし》の弟）坊門信清の娘、つまり自身

の従妹《いとこ》を与えている。後鳥羽院はこのように実朝を優遇することによって籠絡し、幕府を遠隔操作しようとしていたと考えられる。

実朝没後には、義時に対し義時が地頭を務める寵姫亀菊の所領、摂津国長江荘・倉橋荘の地頭職改易を命じた。義時に踏み絵を迫ったのである。義時は地頭職改易を拒否し、後鳥羽院は幕府攻撃の口実を得たのである。

義時派と反義時派が内戦で共倒れとなり、幕府自体が瓦解したなら、それはそれで仕方が無い。だが、後鳥羽院は反義時派が勝利すると考えていたはずである。

当時の人々にとって、皇威は絶対的な権威である。だからこそ、幕府を逐われた義経も梶原景時も最後に縋ったのは朝廷であった。頼朝ですら、朝廷への最初の接触で後白河院に対して「全く謀叛の心無し」と述べている(『玉葉』養和元年〈一一八一〉八月一日条)。後鳥羽院は反義時派によって義時派は呆気なく滅ぼされると考えていたであろう。

そして後鳥羽院は反義時派が勝利した幕府を、そのまま自身の支配下に置く目算であったのだろう。幕府を丸ごと自身の軍事力とすれば、空前と言って良い圧倒的な武力を持つ治天の君(天皇家の家長として朝廷政務の実権を握る上皇・天皇)が誕生する。これこそ、後鳥羽院の目指すところであったのではないか。

だが、院の軍事力となった幕府は、かつて頼朝の下に結集した御家人たちが望み、頼朝が作り上げた幕府ではない。これを「倒幕」と言わずして、何と言おうか。

## 幕府の対応と政子の演説

### ○五月十九日

午の刻（正午頃）、伊賀光季が討たれる直前に発した飛脚が鎌倉に到着した。続いて未《ひつじ》の刻（午後二時頃）、やはり十五日に西園寺公経の家司《けいし》（家臣）三善長衡（五十四歳）が発した飛脚が到着し、光季が誅されたこと、義時追討の宣旨が全国に下されたこと、関東在住の有力御家人宛の宣旨は十九日に鎌倉に到着予定であることが知らされた。ここに幕府は京方の挙兵を知った。

幕府では、ただちに鎌倉府内を捜索し、藤原秀康の所従《しょじゅう》（下級の家臣）押松丸を捕らえた。所持していた宣旨・その副状《そえじょう》・御家人たちの交名《きょうみょう》（名簿）は没収されて、政子（六十五歳）邸である御堂御所《みどうのごしょ》で調査（披閲《ひえつ》）がなされた。

その以前、伊賀光季の使者が到着した直後、政子は陰陽師《おんみょうじ》たちに、幕府の運命を占わせ、結果は「関東安泰（関東、太平に属すべきのよし）」と出ていた。

一方、三浦義村（五十四歳くらい）邸には官軍に属した弟胤義の書状が届いていた。いわく、

「主上《しゅじょう》（天皇）の仰《おお》せに従い、義時をバラしてくだせェ。恩賞は兄貴の希望どおりとのお言葉でござんす」

（勅定に応じて右京兆《うきょうちょう》〈義時〉を誅すべし。勲功の賞においては請《こ》いによるべきのよし）

しかし、義村は書状を持参した使者を叩き返すと、書状を持って、ただちに義時邸に向かい、義時に向かって言った。

「オラァ、平九郎（胤義）のバカにゃ乗らねェ〜よ。関東御家人として、どいつよりも大暴れしたらァ」

（弟の叛逆に同心せず。御方において無二の忠を抽《ぬき》んずべきのよし）

官軍挙兵の報は鎌倉を駆け巡ったようで、政子邸には北条時房（四十七歳）・北条泰時（三十九歳）・大江広元（七十四歳）・源姓足利義氏（三十三歳）をはじめとする御家人たちが群集していた。

政子は自室に御家人たちを招いた（と言っても、この日、鎌倉にいた御家人だけでも全員は政子の部屋に入れるわけはないので、幹部クラスだけであろう）。

政子が声涙倶《せいるいとも》に下《くだ》る熱烈な大演説をしたというのは、この場である。まずは、『吾妻鏡』原文。

皆、心を一《いつ》にして、奉《うけたまわ》るべし。これ、最期《さいご》の詞《ことば》なり。故右大将軍《こうだいしょうぐん》、朝敵《ちょうてき》を征罰《せいばつ》し、関東を草創《そうそう》してより以降《このかた》、官位と云《い》い、俸禄《ほうろく》と云い、その恩、既《すで》に山岳《さんがく》よりも高く、溟渤《めいぼつ》よりも深し。報謝《ほうしゃ》の志《こころざし》、浅からんや。しかるに今、逆臣《ぎゃくしん》の讒《ざん》によりて、非義《ひぎ》の綸旨《りんじ》を下《くだ》さる。名を惜むの族《やから》は、早く秀康《ひでやす》、胤義《たねよし》等を討《う》ち取り、三代将軍の遺跡《ゆいせき》を全《まっと》うすべし。ただし、院中《いんちゅう》に参《さん》ぜんと欲《ほっ》するの者は、只今《ただいま》、申《もう》し切るべし。

わざわざ海を「溟渤」と書いたり、『吾妻鏡』特有のムダな難解さとムダな格調高さがあり、名文と言えば名文なのかもしれないが、元が田舎娘に過ぎない政子がこんな難しい言葉を知っているわけがない。

また、戦前の歴史教科書などには、尼姿で御家人たちの前に立って語る政子の勇姿の絵が載っていたりしたが、ウソである。

政子はこの時、従二位《じゅにい》という途方《とほう》もない位階を帯びた高貴な貴婦人なのである。このような身分の高い人は、おいそれと人前に出ないし、誰にでも直接語り掛けてはならないのである。本質が田舎のじゃじゃ馬な政子にしてみれば、窮屈この上無かったかもしれないが、仕方が無い。

事実は、小野田盛長の長男でこの頃は大江広元と並んで義時政権の最高幹部になっていた安達景盛（生年未詳）が、政子の言葉を御家人たちに伝え、政子は御簾《みす》（スダレ）の中にいたのである。御家人たちにはシルエットしか見えない。

では、意訳を記そう。

「みんな。心を一つにして、聞いて。あたしの最後の言葉よ。あたしの佐殿《すけどの》（頼朝）が、悪いヤツらを全部やっつけて、この関東（鎌倉幕府）を作ってくれてから、官位（官職と位階）でも、シノギ（収入）でも、佐殿が、みんなにしてくれたことの恩は、山よりも高くて海よりも深いでしょ？　みんな、佐殿に、すッ！　ごく！『ありがとう！』って思ってくれてるよね？　それなのに、京都の卑怯者どものウソに騙されて、お内裏様《だいりさま》（天皇）がトンデモないご命令をお出しになっちゃったのよ。自分の名に恥ずかしくなく生きてるって思ってる勇士の人は、能登守《のとのかみ》ナントカとかいうヤツ（藤原秀康）や三浦平九郎《みうらのへいくろう》（胤義）

たちをソッコーで（ただちに）ブチ殺して、佐殿と太郎（頼家）と次郎（実朝）が残してくれたものを、守るのよ！　もし、コン中に、『関東より京都が良《い》い』って思ってる人がいるンなら、ここでハッキリそう言って、トットと、こっから出て行きなさい！」

ようするに、政子はカンカンだったのである。ダンナが作った鎌倉幕府を守るため、ナンとしてでも御家人たちをまとめ上げる決意であったに違いない。

「あたしの佐殿が作った関東に、何してくれるのよ⁉　誰であろうと、ぜッ！　たいッ！にッ！　許さないンだから！」

ということである。

御家人たちは皆、感動のあまり涙に噎《むせ》んで、まともに返事もできなかったが、心中、官軍との戦いを決意したという（群参の士、ことごとく命《めい》に応じ、かつうは涙に溺《しず》みて返報《へんぽう》を申すに委《くわ》しからず。ただ命《いのち》を軽《かろ》んじ、恩を報ぜんことを思う）。

「そうだ。右大将家、いや、佐殿が作ってくれた関東を、今、オレたちが守るのだ」

京都で官軍に加わった連中と同じで、みんな、単純なのである。

日暮れて後、義時邸には弟時房・長男泰時・大江広元・三浦義村・安達景盛ら最高幹部が集合し、作戦会議が催された。評議は足柄・箱根両関を封鎖して官軍の襲来を待つ迎撃論に傾いた。その中にあって、文士の長老、政所別当大江広元は、

「みんなの言うことは一見、正しいように思える。じゃが、御家人たちがまとまらにゃァ、関を守ってただ日を過ごしてりゃ、こっちの負けじゃ。運を天に任せて、すぐに御家人どもを都《みやこ》に行かせるべきじゃわい」

（群議の趣《おもむき》、一旦然るべし。ただし東士一揆せずんば、関を守りて日を渉《わた》るの条、かえりて敗北の因たるべきか。運を天道に任せて早く軍兵を京都に発遣せらるべし）

と京都侵攻を主張した。

そこで、義時は政子邸に行き、政子に両論の可否を尋ねた。

政子は、

「こっちから都に乗り込まなきゃ、勝てないよ。武蔵のヤツらが集まったら、すぐに出陣させせな」

（上洛せずんば、さらに官軍を敗《やぶ》りがたからんか。安保刑部丞実光以下《あぼのぎょうぶのじょうさねみついげ》の武蔵国の勢を相《あい》待ちて、速《すみやか》に参洛《さんらく》すべし）

と答えた。

政子の言葉が最高幹部会議の決定となり、義時はこの日のうちに、遠江・駿河・伊豆の東海三ヶ国、甲斐・信濃の甲信二ヶ国、相模・武蔵・安房・上総・下総・常陸・下野・上野の坂東八ヶ国、陸奥・出羽の奥羽二ヶ国、北陸の越後、計十六ヶ国、つまりは鎌倉幕府の直接支配地域全土の御家人たちに向けて、出陣を命ずる関東御教書《みぎょうしょ》を発した。

この関東御教書は、越後以外の十五ヶ国に宛てたものが『吾妻鏡』に一部、引用されるのみで、原物《げんぶつ》はおろか、案文《あんもん》（写《うつし》。手書きコピー）すら、未発見である。

また関東御教書は、鎌倉殿の意思を執権が伝える形式の文書である。だが、当時、鎌倉殿はおらず、鎌倉殿予定者である若君《わかぎみ》三寅は四歳で、元服も挙げていない。原物も写も未発見なので、この時、義時が誰の意思を奉じたのかわからないのであるが、頼朝の後家《ごけ》（寡婦）であり、従二位の位階にある「尼将軍」政子の意思だったにちがいない。

### 泰時の出陣

**○五月二十一日**
二日の間に、またも迎撃策が持ち上がった。

「住んでいる地を出て、すぐさま主上の軍と戦い、都を目指すのは、よく考えるべきだ」

（住所を離れて官軍に向かい、左右《そう》なく上洛すること、いかに思惟《しゆい》あるべきか）

というわけである。そこで再び最高幹部会議が開催された。

ところが、この場で大江広元が言い放った。

「出陣を決めてから日が経って、また異論が出て来た。武蔵の軍勢を待つというのも間違いじゃ。日が過ぎれば、武蔵の連中だって迷いが出て、心変わりするかもしれん。ただ今夜中に武州（武蔵守＝泰時）お一人でも出陣すれば、東国武士たちは雲が龍について行くように従うじゃろう」

（上洛定まる後、日を隔つるによって、すでにまた異議出来《しゆつたい》す。武蔵国の軍勢を待たしむるの条、なお僻案《へきあん》なり。日時を累《かさ》ぬるにおいては、武蔵国の衆といえども、ようやくに案を廻《めぐ》らし、定めて変心あるべきなり。ただ今夜中に武州一身といえども鞭《むち》を揚《あ》げられれば、東士ことごとく雲の龍に従うがごとくなるべし）

「武蔵勢が鎌倉に来たら即、出陣」という十九日の政子の意見すら批判する過激な積極論である。義時は感心したが、政子はもう一人の下級官人出身の長老、問注所執事三善康信（八十二歳）の意見も聞くべきだと主張した。

老《お》いと病《やまい》のため危篤《きとく》状態で家で寝ていた（老病危急の間、籠居《ろうきょ》す）康信だったが、政子に呼ばれて軍議の場に現れると、死にそうなわりには、かなり長々と主張を述べた。そして康信は次の言葉で意見を締め括った。

「大将軍（ここでは、大将のこと。泰時を指す）お一人でも、まず出陣すべし」

（大将軍一人は、まず進発せらるべきか）

ようするに、老人二人も怒っていたのである。康信は「京方挙兵」と聞いて飛び起き、死に神を気力でねじ伏せてやって来たとしか思えない。広元など、京方となった息子親広に対しては「この大バカ野郎！」としか思っていなかったのではないか。

「ワシが佐殿と一緒に作った関東に何してくれる⁉ 誰であろうと、ゼッ！ たいッ！ にッ！ 許さん！」（鈴木二〇二一）

ということである。

お互いの意見を聞いていない広元・康信二人の大長老の意見が一致したことを、義時は「冥助《めいじょ》（神仏のアドバイス）」と言い切り、その場で泰時に出陣を命じた。

泰時はこの夜のうちに鎌倉を「門出《かどで》」し、稲瀬川を渡った所にある御家人藤沢清近邸に泊まった。門出とは出発のことであり、鎌倉のすぐ近所で夜を明かしたとはいえ、この日、泰時は京都を目指し鎌倉を発《た》ったのである。よって、承久の乱での鎌倉幕府軍の出陣は、承久三年五月二十一日である。

## 頼朝の剣を持す泰時

### ○五月二十二日

卯の刻（午前六時頃）、小雨降る中、泰時は藤沢邸を出た。軍勢は泰時自身を含め、たったの二十騎であった。

泰時は二十九年前、十歳の時に御家人多賀重行を庇《かば》ったご褒美に頼朝からもらった剣を持参していた。そして承久の乱最大の激戦となる六月十四日の宇治川渡河作戦では、この剣を佩《は》いて（原文「帯したもう」。腰にブラ下げて）戦場に臨んだ（建久三年五月二十六日条）。

たった二十騎で出陣した鎌倉幕府軍であったが、後を追った軍勢は東海・東山・北陸の三道に分かれて次々に鎌倉を発ち、さらに途中で続々と武士たちが加わり、進撃に従って雪ダルマ式に膨れ上がった。

十九万騎を号する大軍となった鎌倉方は、各地で京方を撃破しながら京に突き進んだ。

○六月八日
京方の敗報が続々と届く中、後鳥羽院は比叡山に向かった。西園寺公経・実氏父子は「囚人のごとくに」同行させられ、翌九日には一時、斬罪処分が浮上したものの中止となった。
○六月十日
後鳥羽院らは帰京し、西園寺父子には許しが出た。不利を知った後鳥羽院は幕府との交渉役として西園寺父子に期待したものと思われる。
○六月十四日
前日の大雨で増水した宇治川を挟んで鎌倉方と京方（官軍）の軍勢が対峙した。宇治橋付近を主戦場に鎌倉方の宇治川渡河作戦（宇治橋合戦）が開始され、鎌倉方軍勢は激流に飛び込み、多くの犠牲者を出しながら宇治川を押し渡った。

泰時は頼朝の剣を佩く自分は不死身だとでも思っていたのか、甲冑《かっちゅう》を着たまま騎馬で宇治川に入ろうとした。

泰時の乗馬の手綱を持っていた信濃国御家人春日貞幸は止めようとしたが、泰時がどん

どん川に向かって行くので、

「甲冑を着たまま川に入ったヤツらは、ほとんど死んじゃいましたよ！　早く脱いでくだせェ！」

（甲冑を著《つ》けて渡すの者、大略没死《たいりゃくもっし》せずということなし。早く御甲《おんよろい》を解《と》かしめたもうべし）

と言った。それで少し正気を取り戻した泰時が馬を下りて田んぼで甲冑を脱いでいる隙《すき》に貞幸が馬を隠してしまったので、泰時は仕方なく筏《いかだ》で宇治川を渡ったのであった。


泰時にとって頼朝から与えられた剣は、単なる殺人兵器ではなく、自分を守護し勝利に導いてくれる宝器《ほうき》（神器《じんぎ》と言っても良いだろう）だったのである。

名門の武家には「河内源氏」（頼朝の家系）の「髭切」（太刀）、源姓足利氏の「小袖《こそで》」（鎧）のような「重代《じゅうだい》の太刀」とか「重代の鎧」と呼ばれる家宝、宝器がしばしば伝来している。泰時が佩いていた剣のその後は不明だが、泰時にとって頼朝から与えられたこの剣は「重代の太刀」に匹敵する、いや、それ以上の霊力を宿した宝器であった。頼朝の剣は、泰時を加護してくれるのみならず、剣を持する総大将泰時が率いる軍勢をも守護し、鎌倉方に勝利をもたらしてくれるであろう。

神道の護符《ごふ》（お守り）やキリスト教・イスラム教の聖遺物《せいいぶつ》、あるいは『ドラゴンクエスト』の「ロトの剣」のようなロールプレイングゲームにおける「伝説の剣」に通じる。だが、護符は病や交通事故といった災厄から個人を守るのであり、聖遺物は現世利益としては、もっぱら病《やまい》や怪我《けが》の平癒、災厄の回避などに効験《こうけん》を発揮するのみで、もっとも大きな期待は最後の審判での神への執《と》り成《な》しであり、「伝説の剣」は剣そのものが無双の強さを持つのみである。一番近いのは、加護と勝利の力を宿し、それを手放したために倭建命《やまとたけるのみこと》が敗北することとなった日本神話の草薙剣《くさなぎのつるぎ》だと思う。

そして泰時に従う御家人たちは、総大将が頼朝の剣を持しているのを知っていたはずである。なぜなら、泰時が宇治川渡河作戦で頼朝の剣を佩いていたと『吾妻鏡』が記しているからである。それに軍勢を鼓舞するのにこれ以上の演出は無く、宣伝しないわけがない。鎌倉幕府軍は頼朝と共に進軍したのであった。

大将以下溺死をものともしない鎌倉軍によって、官軍は蹴散らされ、逃亡した。

鎌倉方の勝利を確信した西園寺公経は家司三善長衡を泰時の陣に派遣している。これに対し泰時は家臣に公経邸の警護を命じ、帰る長衡に同行させた。

西園寺公経は承久の乱において終始一貫、鎌倉幕府の側に立って行動した。

いわば、カジノのルーレットで、

「鎌倉幕府に全部！」

と言って、有り金すべてを賭けたようなものである。いや、それどころではない。公経は己《おのれ》の生命と西園寺の家運を賭けたのである（河合真帆氏のご教示による）。そして公経は、この大バクチに勝った。

公経の権勢の源泉であった朝幕交渉における朝廷側窓口の職は、跡を継いだ子息実氏の時に「関東申次《かんとうもうしつぎ》」と呼ばれるようになり、公経の子孫西園寺氏の世襲職となって、西園寺氏は鎌倉時代には朝廷随一の権臣としてときめき続けるのである。

## 洛中合戦

○六月十五日
藤原秀康・三浦胤義らは後鳥羽院のもとに参上し、

「門をお開けください。この御所で敵を待ち受け、見事に戦って、その戦いぶりをお見せしてから、討ち死にします」
（門ヲ開カセマシマセ。御所ニ祗候《しこう》シテ敵待請《まちうけ》、手際《てぎわ》軍《いくさ》仕《つかまつり》テ、親《まのあた》リ君ノ御見参《ごげんざん》ニ入《いれ》テ、
討死ヲ仕ラン）
と言上した。これに対し伝えられた後鳥羽院の返答は、
「お前たちがここに立て籠もれば、鎌倉武士どもが御所を取り囲んで、朕を攻めるだろう。
それが癪《しゃく》に障《さわ》るから、今すぐどこにでも行け」
（男共御所ニ籠《こも》ラバ、鎌倉ノ武者共打囲《うちかこみ》テ、我ヲ攻《せめ》ン事ノ口惜《くちおし》ケレバ、只今ハトクトク何《いづ》ク
ヘモ引退《ひきの》ケ）
であった（慈光寺本『承久記』）。この「只今ハトクトク何クヘモ引退ケ」は、
「お前たちなど知らん。どこなと好きなところへ行け」
という意味に解釈されることが多いが、意訳するなら、
「朕は敗れた。お前たちにしてやれることは無い。逃げよ」
とすべきだろうと私は思う。
鎌倉方は京に雪崩《なだれ》込み、洛中は戦場となった。

三浦胤義は東寺（教王護国寺）に籠城した。兄義村が率いる三浦・佐原の軍勢がこれを攻める。同族相撃つ激戦、数度。双方の郎従が多数討ち死にを遂げた。ついに胤義は敗れ、逃亡したものの、申《さる》の刻（午後四時頃）自刃した。

三浦義村は五月十九日に義時に予告したように「大暴れ」してみせ、弟を事実上、討ち取ったのであった。

この日、後鳥羽院は泰時に院宣を送り、

「事件は謀臣（陰謀をたくらむ家臣）が勝手に引き起こしたのだ」

（今度《このたび》の合戦は叡慮《えいりょ》に起こらず。謀臣等が申し行《おこな》う所なり）

として、義時追討の宣旨を撤回した。

**○六月十六日**

泰時は鎌倉方の勝利を伝える書状を持たせ、飛脚を鎌倉に発した。

**○六月十九日**

逃亡した藤原秀康とその徒党に対する追討宣旨が発給された（『百練抄』・『承久三年四年日次《ひなみ》記』）。形式上、仲恭天皇の命であるが、例によって後鳥羽院の意思によるものである。後鳥羽院は股肱の臣と言うべき秀康の追討を命じることになった。

秀康は逃亡を続け、九月二十五日には奈良に潜んでいるとの情報が入ったため、時房が捜索隊を派遣したが、すでに逃亡していた（十月十二日条）。そして十月六日、秀康は弟秀澄と共に河内で捕らえられ、八日に京都郊外六波羅の鎌倉方占領軍司令部に連行された（十月十六日条）。『承久三年四年日次記』によれば、十四日に秀康・秀澄は与党と共に斬首された。ただし、『皇代暦』は、秀康は捕縛時に自害したと記している。

○**六月二十三日**

十六日付の泰時の書状が鎌倉に届き、政子・義時以下は鎌倉方の勝利を知った。

**戦後処置**

○**七月二日**

御家人でありながら後鳥羽院から西面の武士に登用され、京方となった後藤基清・佐々木広綱・五条有範・大江能範が鎌倉方に引き渡され、梟首された。基清を斬ったのは鎌倉方に属した子息基綱であった。

○**七月五日**

後鳥羽院の側近、参議一条信能は、連れ出された美濃国遠山荘で首を刎ねられた。幕府からは「乱の張本である公卿はすべて洛中で斬罪にせよ（およそ今度《このたび》の張本、卿相《けいしょう》以上に至りては、皆洛中において斬罪に処すべきの趣《おもむき》）」との命があったが、泰時の判断で洛外での処刑が決められたためであった。

この後、前中納言葉室光親・前中納言葉室宗行・参議高倉範茂ら後鳥羽院側近の公卿が、いずれも七月中に洛外で処刑された。

**○七月八日**

後鳥羽院の同母兄で、持明院入道親王《じみょういんのにゅうどうしんのう》と称されていた行助入道親王の「御治世《ごちせい》」が決定した。

行助入道親王は俗名を守貞親王といい、五歳だった寿永二年（一一八三）七月の平家都落ちで異母兄安徳天皇（六歳）と共に瀬戸内海に連れ去られ、帰京した時には後鳥羽院が天皇となっていたため、皇位を望みようも無く、建暦二年（一二一二）に出家していたのである。だが、ここに四十三歳で「治天の君」として院政をおこなうこととなり、皇位を経ずして太上天皇（上皇）の尊号「後高倉院」を受けたのである。皇位を経ずに尊号を受けた例は、室町時代の文安四年（一四四七）に七十六歳で尊号「後崇光院」を受けた貞成《さだふさ》親王（第一〇二代後花園天皇の父）の例があるが、治天の君として院政までおこなった例は、空前絶後である。

異例のテンコ盛りであるが、当時は院政が朝廷政治の「あるべき姿」であり、幕府を含めて、それが当時の人々の「常識」であった。そして、人は「あるべき姿」と考えるものを守ろうとするのである。

この日、後鳥羽院は出家し、法皇となった。法名「金剛理」。

**○七月九日**

仲恭天皇はわずか在位七十八日で退位した。これ以降、長く邸宅の地名から「九条廃帝」と呼称され、仲恭天皇が「仲恭天皇」の諡号を贈られるのは、六四九年後の明治三年(一八七〇)である。

同日、替わって皇位に就いたのは守貞親王の王子茂仁《ゆたひと》王(十歳。八十六代後堀河天皇)であった。

**○七月十三日**

八日に出家した後鳥羽院は、隠岐国に遷御《せんぎょ》(天皇・上皇・皇太后などが居所を変えること)するため、都を出御《しゅつぎょ》(天皇・上皇・将軍などが外出すること)した。事実上の配流である。

**○七月二十日**

父後鳥羽院と共に倒幕積極派であった順徳院が、佐渡国に遷御するため、都を出御した。やはり、事実上の配流。

**○七月二十四日**

父後鳥羽院と共に倒幕積極派であった六条宮《ろくじょうのみや》雅成《まさなり》親王が但馬国に遷座するため、都をお出になった。これも、事実上の配流。

**○七月二十五日**

同じく父と共に倒幕積極派であった冷泉宮《れいぜいのみや》頼仁《よりひと》親王が備前国児島《こじま》に遷座するため、都をお出になった。やっぱり、事実上の配流。

ちなみに、閏十月十日。土御門院が四国の土佐国に遷御するため、都を出御した。父や弟たちと異なり倒幕消極派であったが、自分だけ都にはいられないと、自《みずか》ら出御したのである。幕府も「行く」というものは仕方が無いので認めたが、後に土佐よりは本当にチョットだけ都に近い阿波国にお移り戴いている。

**○八月六日**

大江広元と共に過激なまでの京都侵攻策を主張した三善康信は「老病危急」で今度こそ、いつ死んでもおかしくない状態（露命旦暮《ろめいたんぼ》を知らず）となり、問注所執事の職を息子町野康俊（五十五歳）に譲った。

○八月七日

泰時作成の調査記録によれば、いわゆる「承久没収地」（「叛逆卿相雲客幷勇士所領《はんぎゃくのけいしょううんかくならびにゆうしのしょりょう》等事《などのこと》」）は、三千余カ所。源平合戦時に伊勢平氏一門から没収され頼朝に与えられた所領、いわゆる「平家没官領《へいけもっかんりょう》」（文治元年七月十二日条）が五百余カ所（『愚管抄』）であったのと比較すれば、承久の乱で幕府が得た所領の大なることが理解できよう。

この所領群は政子の命を承った執権義時の差配（執行）で、乱での功績に従い御家人たちに与えられた。これにより、多数の東国御家人が西国に所領を得た。これを「新補地頭《しんぽじとう》」という。

この事例も典型例であるが、およそ実朝暗殺後の政子は、まったく将軍として振る舞っており、彼女が事実上の将軍であったことは間違い無い。

○八月九日

丑の刻（午前二時頃）、乱の勝利が鎌倉に伝えられてから四十四日後、「露命旦暮《ろめいたんぼ》を知らず」となってから三日後、三善康信は没した。問注所執事も在職三十七年。いろいろ、しぶとい人であった。

承久の乱は、鎌倉幕府の勝利に終わった。

**コラム⑥〔後家尼〕**

北条政子が実朝没後、事実上の将軍（鎌倉殿）として振る舞い得た根拠は、政子が源頼朝の「後家尼《ごけのあま》」であったことで説明されることが多い。

後家尼とは、夫が没した後に出家した女性のことで、中世武家社会では武士団の当主（主人、惣領）が没した後、その後継者、または後継者候補が幼少などの理由で当主としての権限を行使できない場合、以前の当主の妻であった後家尼が新当主・当主候補者の母・祖母またはそれに相当する立場であることをも拠り所として当主の権限を行使することがあったとされている。

鎌倉幕府は武家政権という巨大な権力体であるが、頼朝が鎌倉殿であった時期は「前右大将家」・「将軍家」と呼称され、右近衛大将あるいは征夷大将軍という官職に任官している公卿源頼朝個人の家、持ち物であった。だからこそ頼朝の私的従者である鎌倉幕府構成員は、「御家人」と呼ばれたのである。幕府は頼朝の後継者にとって相続の対象であり、頼朝から頼家、実朝、藤原（九条）頼経（三寅）へと引き継がれていったのである。

ゆえに、実朝没後から頼経の幼少期における政子の実質的な鎌倉殿としての権限行使は、一般の武士団における後家尼の権限行使で説明できるわけである。

ところが、史料的には政子を除くと、具体的な後家尼の権限行使の事例は案外に少ない。後家尼が主人として家の所領処分をおこなっている具体例だとされる史料をよく読むと、自分の所領を誰かに譲っているだけであったりして、かなりガッカリさせられる。

考えてみると、このような史料状況になるのも当然のことなのである。平均寿命が短いとはいえ、前当主が没した時、新当主・当主候補者が権限を行使できないほど幼少というのは、そもそもあまりあるものではないし、幼少であっても祖父や伯父・叔父など適切な男性がいれば、彼らが後見を務めれば済むことである。わざわざ、後家尼が出て来なければならない状況というのは、滅多にあるものではないのである。むしろ、逆に政子の活動から後家尼の役割を説明した方が良いのでないかと思うくらいであるが、政子は特殊事例と言えば、あまりにも特殊事例である。困ったことである。

だが、後家尼による当主としての権限行使と言い得る確実な事例が、承久の乱から数えると百年以上後であるが、建武政権期の小山氏にあるので、これを紹介したいと思う。

下野小山氏の鎌倉時代末期から建武政権期の当主は貞朝・秀朝（元・高朝）であった。貞朝は鎌倉幕府滅亡の三年前、元徳二年（一三三〇）十月一日四十九歳で没し、当時、高朝を名乗っていた秀朝が小山氏の当主となる。

ところが、建武二年（一三三五）に起こった、最後の得宗《とくそう》（北条氏当主）北条高時の遺児時行を擁した反乱「中先代の乱」で、秀朝は同年七月、破竹の勢いで鎌倉を目指す時行軍に敗れ、武蔵国府中で一族・家人多数と共に自害してしまう。

当時、秀朝の嫡子（後継者候補）であった長子朝郷はまだ元服以前で、童名《わらわな》「常犬《とこいぬ》丸《まる》」を称していた。翌建武三年もまだ常犬丸のままなので、元服していない。建武三年に数え年十五歳で、この年のうちに元服したと仮定し、さらに朝郷を秀朝二十歳の子とすれば、秀朝の享年は三十三となる。だが、実際は秀朝も朝郷も、もっと若かった可能性が高い。

と言うのは、後期得宗三代、時宗・貞時・高時は十四歳で判始（初めて花押を書く儀式）をおこなっており（『北条時政以来後見次第』、金沢文庫文書一三三五「金沢貞顕書状」）、南北朝時代の貞治年間（一三六二〜六八）には将軍・管領など室町幕府有力者は十五歳で判始をおこなっている。そして十五歳以前の者の花押は証拠能力が無いとされていた（百瀬一九八六）。判始は元服以後におこなうので、建武三年には朝郷（常犬丸）は十五歳に達していなかった可能性が高いのである。

建武三年（一三三六）十月十九日付「足利尊氏執事高師直施行状《しぎょうじょう》」（上杉家文書）は下野国皆河荘内の闕所《けっしょ》（無主の所領）を上杉憲顕に預け置く足利尊氏の命令を伝達する内容であるが、宛先が「小山常犬殿」であり、これは朝郷が当時、下野守護の職にあったこと、つまり小山氏当主となっていたことを示している。

だが、朝郷は当時、元服以前でその花押には証拠能力が無い。朝郷は小山氏当主でありながら、当主の権力を行使することができなかった。

　小山氏がこのような状況にあった建武三・四年に、以下のA・B二通の古文書が存在する。

A：建武三年十月二十八日付「斯波家長奉書」（松平基則氏所蔵文書）

　常陸国（新治《にいばり》郡）にある中郡荘《ちゅうぐんのしょう》を軍忠への恩賞として「預け置」く（事実上、与える）という足利尊氏の意思を斯波家長が伝達したもの。

　斯波家長は当時、尊氏の嫡子義詮（七歳）を擁して鎌倉にあり、後の室町幕府の関東支配機関である鎌倉府における関東執事にあたる重責にあった。

　この文書の宛先が「小山大後家殿」なのである。

B：建武四年八月日付「野本鶴寿丸軍忠状」（熊谷家文書）

　故人となった父野本朝行の軍事的功績を息子鶴寿丸が書き並べた軍忠状である。軍忠状には恩賞請求の根拠とするため、上位者の確認を取り、その証拠として花押を書いてもらう（証判《しょうはん》）。

　この軍忠状の中に「大将幷小山常犬丸祖母証判状在之（大将幷《ならび》に小山常犬丸《おやまのとこいぬまる》の祖母

の証判、状にこれ在《あ》り」との文言があり、「小山常犬丸祖母」は、大将と共に野本朝行が提出した着到状《ちゃくとうじょう》（参陣を報告する文書）に証判を据えているのである。この野本の軍事活動は下野国内のものなので、「小山常犬丸祖母」の証判は下野守護の役割に相当する。

Aの「小山大後家」とBの「小山常犬丸祖母」は同一人物と判断される。当時の小山氏には、朝郷（常犬丸）の祖母である貞朝の妻と朝郷の母である秀朝の妻、二人の後家尼がおり、秀朝妻と区別するため「大後家」と称された貞朝の妻が以前の当主の妻、現当主の祖母として幼少の現当主に代わって当主の権限を行使し、室町幕府からも事実上の小山氏当主と認められていたのであった。

忘れてならないことは、小山大後家が事実上の小山氏当主として活動することになった契機は、大後家の子である前当主小山秀朝が当主を継承してから五年足らずにして、合戦の敗北により若くして自害してしまったという突発事態にあったことである。しかも、この大敗により、『梅松論』によれば「数百人」という多数の「一族・家人」が秀朝と共に自害しており、小山氏の受けた人的損害も甚大であった。このような希有な事態が発生した時に、後家尼の当主権限行使という、いわば最後の手段が用いられるのである。

「小山大後家」をさらにランクアップした存在、鎌倉幕府の後家尼が、偉大なる源頼朝の妻、「尼将軍」北条政子であった。

## 9　義時・政子と御家人間抗争の終焉

### 義時

かくて、承久の乱は鎌倉幕府の圧勝で終わった。

この事実を世の人々は「北条義時が後鳥羽院に勝利した」と理解した。義時は執権という幕府政治のトップの職にあり、名指しで追討宣旨を出されたのだから、表面的には確かに、そうである。

足利尊氏による室町幕府樹立宣言『建武式目』で、義時は次のような評価を受けることになる。

なかんずく鎌倉郡《かまくらのこおり》は、文治右幕下《うばっか》（右近衛大将。すなわち頼朝）初めて武館《ぶかん》を構え、承久義時朝臣天下を併呑《へいどん》す。武家に於《お》いては、尤《もっと》も吉士《きちど》と謂《い》うべきか。

（なかでも鎌倉郡は、文治年間に源頼朝公が初めて武士の政府を作り、承久年間に北条義時殿が日本の支配者となった、武士にとっては尤も良いと言うべき場所である）

『建武式目』第一条抜粋

義時は、頼朝と共に武家政権の創始者と位置付けられたのである。

だが、義時はマジメというか、変に律儀《りちぎ》なところがあって、自分の意思とは無関係に与えられてしまった役目でも、なってしまったらキチンとやろうとする性格であった。そもそも「家子専一」がそうであったし、政所別当もそうである。承久の乱でも、後鳥羽院の地頭改易要求に、

「御所が決めたことは、大した理由もなく改めることはできません」

と、執権職にある者としては当たり前の返事をしただけである。そうしたら追討宣旨を出されてしまった。

後鳥羽院は単に自分の要求を拒否されたから怒ったのではない。後鳥羽院の狙いが、幕府を自分の思いどおりになる組織にすることであるのは、義時に限らず幕府幹部連みんなが気付いていた。それは政子や広元・康信のセリフに明らかである。

そして後鳥羽院が望んだ幕府は、もはや頼朝が作った幕府ではないのである。

承久の乱での最高幹部による作戦会議では、義時はみんなに意見を言わせ、ハッキリ言ってしまえばワーワー勝手にしゃべらせ、それを集約して京都侵攻策を「冥助」と言い切り、その場で泰時に出陣を命じた。最終決定は自分でおこない、結果がどう転んでも責任は自分が取ることを明らかにしたのであった。

これだけ見ると、義時は「権威を恐れない鉄の意志の人」に思える。

だが、乱の真っ最中に次のエピソードがある。

承久三年六月八日戌の刻（午後八時頃）、義時邸の台所に落雷があり、下働きの男一人が犠牲になった。義時は恐れおののき、慌てて大江広元を呼んで訴えた。

「泰時たちが上洛しようとしているのは、朝廷を倒し申し上げるためっす。今、この怪異がありました。関東の運命もこれまでつー前兆じゃないでしょか？」

（武州等の上洛は、朝廷を傾け奉らんが為なり。しかるに今この怪有り。もしはこれ運命の

縮むべき端《ずい》か）

うろたえまくる義時を宥めようと、広元は言った。

「人の運命は、全部、天地が決めるものです。よくよく今回のことを考えてみても、勝つか負けるかは、天の判断に任せるべきでしょう。ぜんぜん怖がることじゃありません。それに、落雷というのは関東にとって吉兆ですよ。文治五年に右大将家（頼朝）が藤原泰衡を攻めて大勝利だった奥州合戦の時、こっちの陣に落雷があったでしょ？　このように先例は明らかですけど、どうしても心配なら、占いでもしましょうか？」

（君臣の運命、皆天地の掌《たなごころ》とするところなり。つらつら今度《このたび》の次第を案ずるに、その是非よろしく天道の決断を仰《あお》ぐべし。全く怖畏《ふい》の限りに非《あら》ず。なかんずくこの事は、関東において佳例《かれい》たるか。文治五年故幕下将軍藤泰衡《とうのやすひら》を征するの時、奥州の軍陣において雷落おわんぬ。先規《せんき》明らかといえども、ことさらに卜筮《ぼくぜい》有るべし）

そこで陰陽師を呼んで占わせたところ、結果は最吉と出たのであった。

義時だって天皇や上皇と戦うのは怖かったのである。それでも立場上、仕方がないので戦って、勝ってしまったのである。

義時は乱の翌貞応元年（一二二二）、任官していた陸奥守と右京権大夫の官職を相次いで辞し、無官となった。望めば、公卿にすらなれたであろうに。そして二年後、元仁元年（一二二四）六月十二日辰の刻（午前八時頃）病を発し、翌十三日寅の刻（午前四時頃）に出家（法名観海）、時刻が辰から巳に変わる頃（午前九時頃）に没した。六十二歳だった。

妙に責任感があった義時は承久の乱に限らず、いつも内心、「メンドくさいなァ〜」と思っていたのではなかろうか。

「姉《ねえ》ちゃんと義兄貴《あにき》のおかげで、メンドくさいことばっかだなァ」

と。

結局、義兄によって「家子専一」に選ばれてしまった十六歳下のこの義弟は、しょーがないから、生涯、律儀に義兄の親衛隊長の任を果たし続けたのであった。義兄の浮気が原因で起こった家庭内紛争で怒った父に付いて伊豆に帰らず、鎌倉に残っていただけの自分に義兄が言った、

「おめェは将来、きっとオレの子孫を守ってくれるだろう」

という言葉には応えられず、ラブレターをいくら出してもふり向いてもくれなかった想《おも》い人《びと》と、義兄の仲介で結婚が決まった時、義兄の命で書かされた「絶対離婚しません」と

いう起請文の誓約も守れなかったけれど。

義時を「家子専一」に選んだことは、義時には迷惑この上なかったが、頼朝の慧眼《けいがん》であった。

そして頼朝たちと伊豆を発った治承四年（一一八〇）八月二十日以来、義時はずっと思い続けていたのではないか？

「帰りたいなァ〜」

と。

どこへ？

幼かった五郎（時房）や大姫と一緒に歩いたであろう狩野川のほとりへ。

## 政子

義時卒去の翌嘉禄元年（一二二五）五月二十九日、政子は発病した。

二日後（嘉禄元年五月は小の月）の六月二日、泰時の沙汰で政子平癒のための陰陽道の祭祀が開始された。すると翌日、政子は少し良くなったが、五日にはまたも祭祀がおこなわれ、八日には逆修《ぎゃくしゅ》の仏事が挙行された。

政子の病《やまい》が進むなかの六月十日、このところ痢病《りびょう》（強い腹痛と下痢を症状とする病気）を患っていた大江広元が没した。七十八歳。

義兄のオマケで鎌倉にやって来て兄より出世してしまった元下級官人は、チョッと先に逝《い》った相方と一緒に過激な積極論を主張して幕府を勝利に導いてから四年後に世を去ったのであった。

そして北条政子は七月十一日丑の刻（午前二時頃）、広元より一月遅れで薨去した。六十九歳。

夫の薨去後、特に次男の薨去後のこの元伊豆のじゃじゃ馬娘は、まさに獅子奮迅の活躍であった。

『吾妻鏡』のこの日の記事は政子について、

「この方は前征夷大将軍源頼朝様の寡婦《かふ》であり、頼家様・実朝様お二人の征夷大将軍の母上である。前漢の高祖劉邦《こうそりゅうほう》の皇后であった呂后《りょこう》と同じようにこの国の政務をお執りになった。もしかしたら、神功皇后《じんぐう》がこの方に転生して、天皇が我が国をお治《おさ》めになるのをお守りになられたのではなかろうか」

（これ前大将軍の後室、二代将軍の母儀なり。前漢の呂后に同じく、天下を執り行わしめたもう。もしはまた神功皇后再生せしめ、我が国の皇基を擁護せしめたもうかとうんぬん）

異国の呂后はともかく、神功皇后は第十四代仲哀天皇の后《きさき》で、現在第十五代とされている応神天皇の母である。『日本書紀』は神功皇后を応神天皇の幼少期に摂政（天皇代理）であったとするが、平安時代後期からの前近代は神宮皇后が第十五代天皇、応神は第十六代とされていた。『本朝皇胤紹運録』・『公卿補任』・『神皇正統記』など、著名な史料はみな、神功皇后を天皇歴代に加えており、これが中世以降の常識であった。

『吾妻鏡』は、政子をその神功皇后の「再生」（転生。生まれ変わり）と記すのであり、すなわち政子を鎌倉殿（征夷大将軍）歴代に加えている。

これは何も『吾妻鏡』だけの贔屓《ひいき》の引き倒しではなく、政子を鎌倉将軍歴代に入れる史料は多い。主なものを史料名のみ記すと、『鎌倉年代記』・『武家年代記』・『将軍次第』（以上、鎌倉時代末期成立）・『鎌倉大日記』（南北朝時代末期）・『御当家系図』（密蔵院甲本。戦国時代成立）・『相顕抄《しょうけんしょう》』（織豊期には存在）などなど。

前近代には、神功皇后が第十五代天皇とされていたように、政子は事実上の第四代鎌倉殿とされていた。そしてこれまで見て来たように、実朝暗殺後の政子は、実際に事実上の鎌倉殿として活動していた。「尼将軍」は実質をともなっていたのである。

八月二十七日、頼朝と政子の子孫で只一人残った頼家の女子、竹御所（二十三歳）が祖母政子の仏事をおこなった。この孫娘《まごむすめ》の無事な成長が晩年の政子にとっての唯一の希望であったことだろう。

位人臣を極めた政子であったが、頼朝薨去後の彼女は悲しみと苦労の連続であった。政子を支え続けたのは、頼朝や大姫たちと暮らした伊豆での短い日々の思い出だったはずである。

## 伊賀氏の変

元仁元年六月十三日の義時の卒去は、同日中に鎌倉を発った飛脚によって十六日、京都に伝えられた。承久の乱以来、京都に駐屯していた嫡長子泰時は翌十七日丑の刻（午前二時頃）に出京、二十六日未の刻（午後二時頃）、叔父時房・従弟《いとこ》の源姓足利義氏らと共に鎌倉に到着した。

二十八日、泰時は伯母政子と対面した。この場で政子は泰時・時房に「軍営御後見（鎌倉殿の後見人）」として「武家の事を執り行うべきのむね（幕府の政務を執るように）」を命じた。泰時・時房は政子によって執権に任命されたのである。副執権とも言うべき時房の地位は鎌倉幕府の役職として定着し、「連署」と呼ばれるようになる。

ところが、ここに勃発するのが義時の後妻伊賀方《いがのかた》（伊賀光季の妹）・政所執事伊賀光宗（光季の弟）ら伊賀一族による政変「伊賀氏の変」である。

伊賀一族は、伊賀方の生んだ義時の五男、二十歳の政村を執権に就けんと、政村の異母兄たる泰時の排除を企てたのである。

だが、泰時は政子の後援を受け、陰謀を粉砕した。光宗は政所執事を罷免され、所領五十二カ所を没収されて配流（信濃）。伊賀方（伊豆北条）と兄弟の朝行（鎮西）・光重（鎮西）も配流。光宗らが将軍に予定していた伊賀方の娘婿である貴族、一条実雅（従三位参議。頼朝の姉の夫一条能保の子だが、母は頼朝の姉ではない）は鎌倉から京都へ送還された後、やはり配流（越前）された。この事件で伊賀氏の勢力は幕府政治の中枢から一掃されたと言ってよい。

しかし、事件当時、すでに二十歳であった政村については、泰時は二十二歳下のこの異母弟の罪を不問に付した。政村は泰時政権において順調に政治的地位を固めてゆき、ずっと先のことではあるが連署、さらに執権に就任する。

さらに、翌嘉禄元年（一二二五）十二月二十二日、光宗は赦免されて配所より鎌倉に帰り、所領八カ所を返却された。弟朝行・光重も光宗に先立ち同年八月二十七日、恩赦により鎌倉に帰参している。わずか一年にして伊賀一族は罪を許されたのである。赦免の理由は同年七月十一日に薨去した政子の「御追福（冥福を祈る）」のためと公表された。

けれども、これは表面的な公式見解にすぎないだろう。過去二十余年の苛烈な抗争を知る御家人たちの中には、政変の首謀者たちがたった一年で赦されることに納得のゆかない人々も多かったにちがいない。

だから、泰時は言ったのだろう。

「父子で幕府の盾となり、奮戦の果てに京都に散った伊賀光季の一族を、このまま没落させてしまって、それでいいのか？」

と。これこそが泰時による伊賀氏赦免の根拠であったはずである。こう言われてしまっては、反論できる者はいない。

「御家人間抗争」は終わった。

殺し合いの時代、鎌倉幕府が最も不幸であった時代は、頼朝によって「家子専一」の二代目に選ばれていた男によって、過去のものとなったのである。

# 二　後の頼朝

## 1　御家人

鎌倉時代後期に出された二つの鎌倉幕府法を紹介しよう。北条泰時が貞永元年（一二三二）八月十日に制定・発布した『関東御成敗式目』（いわゆる『貞永式目』）への追加ということで、鎌倉幕府の法令は「追加法」と呼ばれる（室町幕府法は「建武以来追加」という）。

○弘安十年（一二八七）五月二十五日付鎌倉幕府追加法第六〇九条（原和様漢文）

一つ、御家人たるべき輩《ともがら》の事、　弘安十　五　廿五御沙汰

祖父母、御下文《おんくだしぶみ》を帯するの後、子孫、所領を知行せざると雖《いえど》も、御家人として安堵《あんど》

せしむるの条、先々《さきざき》の成敗に相違すべからず。但《ただ》し其《そ》の身の振る舞いに依り、許否の沙汰あるべきか。

（祖父母が御下文を頂戴した後、子孫が所領を支配していなくても、その子孫は御家人として認めることは、以前の決定のとおりである。ただし、本人の振る舞いによって事案毎に許否が定められる）

○正応六年（一二九三）五月二十五日付鎌倉幕府追加法第六三九条（原和様漢文）

一つ、御家人たるべき輩《ともがら》の事、

曽祖父の時、御下文を成さるるの後、子孫、所領を知行せざると雖《いえど》も、御家人として安堵《あんど》せしむべきか。

正応六年五月廿五日　評定

（曽祖父が御下文を与えられた後、たとえ子孫が所領を支配していなくても、その子孫は御家人として認める）

六年を隔てて制定された六〇九条と六三九条であるが、ようするに六〇九条は「祖父母」が、六三九条は「曽祖父」が下文をもらっていた者は、所領が無くても御家人と認めるという内容である。

この頃、特に西国では鎌倉幕府の構成員である御家人はいろいろな面で有利であったので、御家人ではないクセに御家人を名乗る者、つまりニセ御家人が多かったのである。そして鎌倉幕府は細かいところは妙に細かいクセに、ザルな面はまったくザルで、御家人の把握はザルであった。つまり、誰が御家人で誰が御家人でないか、幕府にはわからなかったのである。だから、

「自分が御家人だと言うなら、その証拠にジィさんやバァさん、またはヒィジィさんがもらった下文を持って来い」

と言っているのである。現代にたとえれば、ジィさんやバァさん、またはヒィジィさんがもらった給料の明細書や社員証を持って来いというわけである。ね？　呆れるほどザルでしょ？

ところで、当時の御家人で、この本と関係のある人として、安達宗景を紹介しよう。

宗景は生きていれば、弘安十年二十九歳、正応六年三十五歳である。実際には、弘安八年十一月十七日の鎌倉幕府の内戦「霜月騒動」（十一月事件。十一月戦争）で殺されてしま

ったが。それはともかく、彼の父は安達泰盛、祖父は安達義景。そして曽祖父が安達景盛、高祖父（祖父の祖父）が小野田盛長である。

つまり、六〇九条と六三九条は、御家人を頼朝時代に御家人になった者の子孫に限定することを目的として作成されたのである。

新規御家人の創出は、弘安七年五月二十日付と同年九月十日付の追加法第五一四条・五六二条、いわゆる「鎮西名主職安堵令」によって試みられたが、六〇九条・六三九条によって反故《ほご》にされ、御家人は鎌倉幕府滅亡まで頼朝時代に御家人となった者の子孫に限定されたのである。客観的には似て非なるものとなってしまったが、鎌倉幕府は最後まで源頼朝の作った武士団、そう、「頼朝の武士団」であり続けようとしたのである。

## 2　物語の中の頼朝

延慶本『平家物語』は、鎌倉時代末期の延慶二・三年（一三〇九・一〇）に書写されたた写本が、室町時代前期の応永二十六・七年（一四一九・二〇）に再書写されたもので、写本・異本の極めて多い『平家物語』の中でも古態を良く残しているとされている。その延

慶本『平家物語』は、

① 頼朝の流人時代、東国武士の多くが「河内源氏」の恩顧を忘れず、頼朝立たば命を懸けると決めており、頼朝も捲土重来《けんどちょうらい》の時を待っていた。

② 伊東祐親に八重との仲を裂かれ命を狙われた伊東事件で逃亡する途中、頼朝は八幡大菩薩に「征夷ノ将軍」となることを祈願した。

③ 北条時政に政子との仲を裂かれた北条事件で、頼朝・政子が伊豆山神社にあった時、祗候《しこう》していた小野田盛長は「頼朝が陸奥外ヶ浜と西海鬼海ヶ島を両足で踏む」夢を見た。この夢を、同じく頼朝に祗候していた大庭景義が、頼朝の「征夷将軍」任官を予言する吉夢と解いた。

と記している。

坂東で成立した『平家物語』の異本、『源平闘諍録』は鎌倉幕府滅亡の四年後、建武四年（一三三七）書写、南北朝時代の文和四年（一三五五）再書写であるが、②では「征夷ノ将軍」の語はないものの、「日本国を頼朝に打ち随わしめ給《たま》え」と祈願しており、③では「武士の大将軍」「征夷将軍」とある。南北朝時代成立とされる『平家物語』の異本、『源平盛衰記』には①②③とも同様の記述がある。

だが、平成十六年（二〇〇四）、『山槐荒涼抜書要《さんかいこうりょうぬきがきよう》』所収『山槐記』建久三年（一一九二）七月条の発見・紹介により、頼朝の征夷大将軍任官についての史実が明らかとなった。頼朝が朝廷に申請したのは「大将軍」任官であり、朝廷は候補として惣官《そうかん》・征東《せいとう》大将軍・征夷大将軍、中国に例のある上《じょう》将軍をあげ、惣官は平宗盛、征東は木曽義仲の先例を不快として退け、さらに上将軍は中国の事例であることを理由に退けて、坂上田村麻呂を吉例として征夷大将軍を選び、頼朝に授けたのである。

つまり、頼朝は単に「大将軍」を希望したのであり、「征夷」は朝廷によって選択されたのであって、すなわち頼朝の「征夷大将軍」任官は結果に過ぎなかったのである。

流人時代から征夷大将軍となる志を持ち続けていた頼朝。その流人の決断を待ち続け、挙兵に結集し、頼朝と共に関東（鎌倉幕府）を築いた武士たち。——これは征夷大将軍任官の事情に照らせば虚構である。だが、鎌倉時代後期以降の武士たちにとっては、これこそが真実であった。挙兵以来薨去にいたるまでの十八年、「武家の棟梁清和源氏の嫡流」を演じ続けた源頼朝は、薨去の後も偉大なる武家の棟梁として記憶され続けたのである。

けれども、頼朝は単に神のごとくに尊崇されたのではない。『吾妻鏡』は鎌倉後期の御家人たちのご先祖自慢合戦の側面を持つが、亀前事件に代表される頼朝のダメぶり、欠点・失敗も多々記している。また、小代行平の「おめェを心安く思ってるぜ」の話のような『吾妻鏡』が拾わなかった逸話、今は忘れ去られてしまった頼朝のエピソードも御家人たちの家には伝えられていたことだろう。

「いろいろ困った人だけど、こんな棟梁に仕えられて、いいなァ〜」

と鎌倉後期の御家人たちは、頼朝と共に鎌倉幕府を作ったご先祖を誇りに思うと同時に、うらやましく思っていたのではなかろうか。

そして、鎌倉末の戦乱から事実上始まる混迷の時代、南北朝動乱を生きた武士たちは、自分たちの頼朝を足利尊氏に見いだすのである。

## 3　この口ヒゲのイケメンは誰か?

京都市右京区の神護寺に所蔵される、こちらから見て右を向いた口ヒゲのイケメン（美男子）武人像は古来、源頼朝の肖像画であるとされていた。

だから、私の若い頃は教科書や受験参考書には「源頼朝像」として載っていた。試みに自分の蔵書で確認してみたところ、「山川の日本史」で知られていた山川出版社の高校用日本史教科書『詳説　日本史（改訂版）』、受験参考書の『詳説 日本史研究』にも「源頼朝像」として掲載されている。『詳説　日本史（改訂版）』は昭和五十五年（一九八〇）発行。『詳説 日本史研究』は一九六五年初版一刷発行、一九七一年改訂版一刷発行、私が確認したのは大学浪人中に買った一九八一年発行の九刷である。

この肖像が頼朝像であることは、長い間、誰も疑っていなかったのである。ところが、平成七年（一九九五）、美術史研究者米倉迪夫氏が自著『源頼朝像』（平凡社）で、この〝常識〟に異を唱える新説を発表した。「常識を疑う」こと自体は、歴史研究にとって大切な視点である。

米倉氏はこの肖像の像主を頼朝ではなく、室町幕府初代将軍足利尊氏の二歳下の同母弟で、開創期室町幕府の執政者であった足利直義であるとしたのである。

米倉説は学界・一般読書界の大いに注目するところとなった。現在、歴史学界では米倉説支持が大勢を占めた観がある。特に歴史研究者黒田日出男氏は米倉説を強力に支持して米倉説に基づく頼朝像研究を続け、一般向け書籍も多数出版している。

このような状況を反映し教科書などでも、かつての「源頼朝像」（頼朝の肖像画）は「伝源頼朝像」（頼朝の絵と伝えられる肖像画）となってしまって現在に至る。

だが、私はこの神護寺所蔵の武人肖像画を「源頼朝像」（以下、「頼朝説」）とするか「足利直義像」（以下、「直義説」）とするかの論争は、昭和五十三年（一九七八）に、いわば始まる前に片が付いていると考えている。

以下、本書の締め括りとして、この問題について検討する。

私の結論は「件の神護寺所蔵肖像画の像主は、源頼朝である」である。と断言してしまうのは歴史研究としては正しくない。歴史研究はすべての可能性を否定しない学問であるので、学問的に「足利直義より源頼朝である可能性が高い」と言っておこう。

私が頼朝説を支持する根拠は、昭和五十三年に有職故実研究者鈴木敬三氏が発表した「似絵の装束について」（『新修 日本絵巻物全集』二六、角川書店）での考証である。「頼朝説」の根拠となる史実を示す鈴木氏説は、米倉氏「直義説」登場以降、ほとんど忘れ去られた観があるものの、有職故実研究者近藤好和氏「『次将装束抄』と源頼朝像」（一九九七年）、歴史研究者藤本孝一氏「神護寺蔵『源頼朝像』と『足利尊氏像』『足利直義像』について」（二〇一六年）など継承する研究は絶滅してしまったわけではない。

頼朝説・直義説、おのおのの主張は多岐にわたるが、問題を明確化するために、私が頼朝説を支持する最大の根拠のみを記す。これを私は頼朝説の決定打と考えている。

まず、この像主は佩《は》いている（腰にブラ下げている）毛抜型太刀《けぬきがたたち》など衣装・装身具から朝廷の相当地位の高い武官（軍人）である。

頼朝の武官としての極官《ごくかん》（その人が任官した最高官職）は右近衛大将、直義は左兵衛督。二人とも高級武官である。

朝廷では公式行事においては「天子（皇帝、日本なら天皇）は南面す」と言って、天皇は南を向いて北に位置する。そして朝廷には文官・武官の別なく左方・右方があることが多いが、左方の文武官（左兵衛府・左近衛府など）は天皇の東（左手）に位置し、右方の文武官（右兵衛府・右近衛府など）は天皇の西（右手）に位置する。

つまり、正式な位置を占めた左右の武官が天皇を拝す時、左方の武官は左を向き（本人的には右向き）、右方の武官は右を向く（本人的には左向き）。

左兵衛督足利直義は左（本人的には右）を向き、右近衛大将源頼朝は右（本人的には左）を向くのである。

神護寺所蔵肖像画は、右（本人的には左）を向いている。

おわかりいただけただろうか？

だから、この向かって右を向いた口ヒゲのイケメンは、行き遅れ気味だった伊豆の小土豪のじゃじゃ馬娘が父の反対を押し切って結ばれたのにもかかわらず、ずっと心配させられ悩まされ怒らされ悲しまされの連続であったのに、それでも生涯大好きだった夫なのである。

## 朝日新書版のためのあとがき

本書は、平成二十四年（二〇一二）八月に今は無き洋泉社から歴史新書yの一冊として刊行され、増刷されることも無く絶版となった『頼朝の武士団　将軍・御家人たちと本拠地・鎌倉』の再刊である。九年たって、朝日新書に加えてもらうにあたり、頼朝薨去から承久の乱を経て伊賀氏の変の結末に至る鎌倉幕府史と薨去後の頼朝に関わるいくつかの事柄を記す付編を加え、本編もかなり改訂・増補をおこなった。著者としては、完全版のつもりである。「源頼朝という昔の人とその仲間たちの話」を、お楽しみ戴ければ、幸いである。

中大兄皇子《なかのおおえのおうじ》にとっての中臣鎌足《なかとみのかまたり》みたいな、のび太の相棒であるところの耳無しネコ型ロボットが作られる頃も、

「二十世紀の末から二十一世紀にかけて、日本中世史学界に、すごく！　オモシロい本を書く怪人がいた」

と言われていたい、と願う今日この頃。

令和三年（二〇二一）十月六日

細川重男

［洋泉社歴史新書y版参考文献］　＊一般読者が比較的、購入・閲覧し易い単行本を中心に作成。


秋山　哲雄　『北条氏権力と都市鎌倉』（吉川弘文館　二〇〇六年）
秋山　哲雄　『都市鎌倉の中世史』（吉川弘文館　二〇一〇年）
阿部　猛　『鎌倉武士の世界』（東京堂出版　一九九四年）
飯田悠紀子　『保元・平治の乱』（教育社　一九七九年）
石井　進　『鎌倉幕府』（中央公論社　一九六五年）
石井　進　『中世武士団』（小学館　一九七四年）
石井　進　『鎌倉武士の実像』（平凡社　一九八七年）
石丸　熙　『海のもののふ三浦一族』（新人物往来社　一九九九年）
石母田　正　『平家物語』（岩波書店　一九五七年）
市村　高男　「下総山河氏の成立とその背景」（千葉歴史学会・編『中世東国の地域権力と社会』岩田書院　一九九六年）
伊藤　一美　「源頼朝子息貞暁をめぐる人間関係と吾妻鏡情報」（白川部達夫・編『近世関東の地域社会』岩田書院　二〇〇四年）
岩田　慎平　『平清盛』（新人物往来社　二〇一一年）
上杉　和彦　『源頼朝と鎌倉幕府』（新日本出版社　二〇〇三年）
上横手雅敬　『鎌倉幕府政治史研究』（吉川弘文館　一九九一年）
上横手雅敬　『源平の盛衰』（講談社　一九九七年）

大山　喬平『鎌倉幕府』（小学館　一九七四年）
岡田　清一『鎌倉幕府と東国』（続群書類従完成会　二〇〇六年）
奥富　敬之『鎌倉北条氏の基礎的研究』（吉川弘文館　一九八〇年）
奥富　敬之『鎌倉北条一族』（新人物往来社　一九八三年）
奥富　敬之『鎌倉北条氏の興亡』（吉川弘文館　二〇〇三年）
川合　康『源平合戦の虚像を剝ぐ』（講談社　一九九六年）
河野眞知郎『中世都市鎌倉』（講談社　一九九五年）
北村　拓「鎌倉幕府征夷大将軍の補任について」（今江廣道・編『中世の史料と制度』続群書類従完成会　二〇〇五年）
黒川　高明『源頼朝文書の研究』（吉川弘文館　一九八八年）
河内　祥輔『頼朝の時代』（平凡社　一九九〇年）
河内　祥輔『保元の乱・平治の乱』（吉川弘文館　二〇〇二年）
五味　文彦『武士と文士の中世史』（東京大学出版会　一九九二年）
今野　慶信「鎌倉幕府と御家人―東国御家人を中心に―」（葛飾区郷土と天文の博物館・編『鎌倉幕府と葛西氏』名著出版　二〇〇四年）
櫻井　陽子「頼朝の征夷大将軍任官をめぐって―『三槐荒涼抜書要』の翻刻と紹介―」（『明月記研究』九　二〇〇四年）
佐々木紀一「源義忠の暗殺と源義光」（『山形県立米沢女子短期大学紀要』四五　二〇〇九年）
佐藤　進一『日本の中世国家』（岩波書店　一九八三年）

佐藤　進一　『日本中世史論集』（岩波書店　一九九〇年）
鈴木かほる　『相模三浦一族とその周辺史』（新人物往来社　二〇〇七年）
関口　欣也　『鎌倉の古建築』（有隣堂　一九九七年）
関　　幸彦　『武士の誕生』（日本放送出版協会　一九九九年）
関　　幸彦　『「鎌倉」とはなにか』（山川出版社　二〇〇三年）
関　　幸彦　『北条時政と北条政子』（山川出版社　二〇〇九年）
関　　幸彦　『鎌倉殿誕生』（山川出版社　二〇一〇年）
関　　幸彦　『その後の東国武士団』（吉川弘文館　二〇一一年）
高橋修・編　『実像の中世武士団』（高志書院　二〇一〇年）
高橋慎一朗　『武家の古都、鎌倉』（山川出版社　二〇〇五年）
高橋慎一朗・編　『鎌倉の世界』（吉川弘文館　二〇〇九年）
高橋　富雄　『平泉』（教育社　一九七八年）
高橋　富雄　『征夷大将軍』（中央公論社　一九八七年）
高橋　典幸　『鎌倉幕府軍制と御家人制』（吉川弘文館　二〇〇八年）
高橋　典幸　『源頼朝』（山川出版社　二〇一〇年）
髙橋　昌明　『清盛以前』（平凡社　一九八四年）
髙橋　昌明　『武士の成立　武士像の創出』（東京大学出版会　一九九九年）
髙橋　昌明　『平清盛　福原の夢』（講談社　二〇〇七年）
髙橋　昌明　『平家の群像』（岩波書店　二〇〇九年）

竹内　理三『武士の登場』（中央公論社　一九六五年）
永井　晋『鎌倉源氏三代記』（吉川弘文館　二〇一〇年）
永井　路子『相模のもののふたち』（有隣堂　一九七八年）
永原　慶三『源頼朝』（岩波書店　一九五八年）
中村　吾郎「頼朝の悲恋」（『歴史読本』昭和五十六年十月号「特集　血の抗争史　源氏の系譜」新人物往来社　一九八一年）
貫　達人『畠山重忠』（吉川弘文館　一九六二年）
貫　達人『鶴岡八幡宮寺』（有隣堂　一九九六年）
野口　実『坂東武士団の成立と発展』（弘生書林　一九八二年）
野口　実『鎌倉の豪族』（かまくら春秋社　一九八三年）
野口　実『中世東国武士団の研究』（高科書店　一九九四年）
野口　実『武家の棟梁の条件』（中央公論社　一九九四年）
野口　実『武家の棟梁源氏はなぜ滅んだのか』（新人物往来社　一九九八年）
野口　実・編『千葉氏の研究』（名著出版　二〇〇〇年）
野口　実「『京武者』の東国進出とその本拠地について―大井・品川氏と北条氏を中心に―」（京都女子大学宗教・文化研究所『研究紀要』一九　二〇〇六年）
野口　実『源氏と坂東武士』（吉川弘文館　二〇〇七年）
野口　実「『玉葉』（九条兼実）―東国武士への視線」（元木泰雄・松薗斉・編著『日記で読む日本中世史』

ミネルヴァ書房　二〇一一年）
野口　実『武門源氏の血脈』（中央公論新社　二〇一二年）
野口　実「北条時政の上洛」（京都女子大学宗教・文化研究所『研究紀要』二五　二〇一二年）
野村育世『北条政子』（吉川弘文館　二〇〇〇年）
林　　譲「源頼朝の花押について」（『東京大学史料編纂所研究紀要』六　一九九六年）
林　陸朗『古代末期の反乱』（教育社　一九七七年）
ピーター・マーズ著・常盤新平訳『マフィア』（日本リーダーズダイジェスト社　一九七一年）
福島金治『安達泰盛と鎌倉幕府』（有隣堂　二〇〇六年）
福田豊彦『千葉常胤』（吉川弘文館　一九七三年）
細川重男『鎌倉政権得宗専制論』（吉川弘文館　二〇〇〇年）
細川重男『鎌倉幕府の滅亡』（吉川弘文館　二〇一一年）
細川重男『北条氏と鎌倉幕府』（講談社　二〇一一年）
松本一夫『東国守護の歴史的特質』（岩田書院　二〇〇一年）
峰岸純夫・入間田宣夫・白根靖大・編『中世武家系図の史料論』上・下（高志書院　二〇〇七年）
三好　徹『チェ・ゲバラ伝』（文藝春秋　一九七一年初版、一九七四年文春文庫版、二〇一四年文庫増補版）
元木泰雄『武士の成立』（吉川弘文館　一九九四年）
元木泰雄『源満仲・頼光』（ミネルヴァ書房　二〇〇四年）
元木泰雄『保元・平治の乱を読みなおす』（日本放送出版協会　二〇〇四年）
元木泰雄『源義経』（吉川弘文館　二〇〇七年）

元木泰雄『河内源氏』（中央公論新社　二〇一一年）
元木泰雄『平清盛と後白河院』（角川学芸出版　二〇一二年）
森　幸夫『北条重時』（吉川弘文館　二〇〇九年）
安田元久『北条義時』（吉川弘文館　一九六一年）
安田元久『武士団』（塙書房　一九六四年）
安田元久『源義家』（吉川弘文館　一九六六年）
安田元久『武士世界の序幕』（吉川弘文館　一九七三年）
安田元久『院政と平氏』（小学館　一九七四年）
安田元久・編『鎌倉将軍執権列伝』（秋田書店　一九七四年）
安田元久『鎌倉開府と源頼朝』（教育社　一九七七年）
安田元久『鎌倉御家人』（教育社　一九八一年）
安田元久『武蔵の武士団』（有隣堂　一九八四年）
大和典子「鎌倉法印貞暁考」（『政治経済史学』四四四　二〇〇三年）
山本幸司『頼朝の精神史』（講談社　一九九八年）
山本幸司『頼朝の天下草創』（講談社　二〇〇一年）
湯山　学「仁和寺子院勝宝院と武蔵国六浦庄」（『六浦文化研究』七　一九九七年）
湯山　学『相模武士　一　鎌倉党』（戎光祥出版　二〇一〇年）
湯山　学『相模武士　二　三浦党』（戎光祥出版　二〇一一年）
湯山　学『相模武士　三　中村党・波多野党』（戎光祥出版　二〇一一年）

湯山　学『相模武士　四　海老名党・横山党・曽我党・山内首藤党・毛利氏』（戎光祥出版　二〇一一年）
湯山　学『相模武士　五　糟屋党・渋谷党・その他の諸氏・和田、宝治合戦と相模武士』（戎光祥出版　二〇一二年）
和久井紀明「中世東国の在地領主制の展開」（『地方史研究』二二―四　一九七二年）
渡辺　保『北条政子』（吉川弘文館　一九六一年）

細川重男ホーム・ページ「日本中世史を楽しむ♪」
http://nihonshi.sakura.ne.jp/shigeo/index.html

［朝日新書版参考文献］＊洋泉社歴史新書y版に記したものは省略した。
秋山　聰『聖遺物崇敬の心性史』（講談社　二〇〇九年）
井上光貞・笠原一男・児玉幸多『詳説　日本史（改訂版）』（山川出版社　一九八〇年）
上杉和彦『大江広元』（吉川弘文館　二〇〇五年）
大稔哲也「ムスリム社会の聖遺物」（『死生学研究』一二　二〇〇九年）
大山喬平「没官領・謀叛人所帯跡地頭の成立」（『史林』五八―六　一九七五年）
朧谷　寿『清和源氏』（教育社　一九八四年）
笠原一男『詳説　日本史研究』（山川出版社　一九六五年初版、一九七一年改訂版、一九七七年第一版）
笠松宏至『徳政令』（岩波書店　一九八三年）

北爪真佐夫『文士と御家人』（青史出版　二〇〇二年）
五味　文彦『吾妻鏡の方法』（吉川弘文館　一九九〇年第一版、二〇〇〇年増補版、二〇一八年新装版）
近藤　好和「『次将装束抄』と源頼朝像」（『明月記研究』二　一九九七年）
坂井　孝一『源氏将軍断絶』（ＰＨＰ研究所　二〇二一年）
下村周太郎「そもそも、源頼朝は征夷大将軍を望んでいなかった？」（日本史史料研究会監修・関口崇史編『征夷大将軍研究の最前線』洋泉社　二〇一八年）
鈴木　敬三「似繪の装束について」（『新修　日本絵巻物全集26　天子摂関御影・公家列影図・中殿御会図・随身庭騎絵巻』角川書店　一九七八年）
鈴木　由美「大江広元と三善康信」（日本史史料研究会監修・細川重男編『承久の乱研究の最前線』星海社　二〇二一年刊行予定）
永井　路子『炎環』（文藝春秋社、文春文庫、一九七八年）
日本史史料研究会監修・神田裕理・編著『伝奏と呼ばれた人々』（ミネルヴァ書房　二〇一七年）
日本史史料研究会監修・細川重男・編『鎌倉将軍・執権・連署列伝』（吉川弘文館、二〇一五年）
藤本　孝一「神護寺蔵『源頼朝像』と『足利尊氏像』『足利直義像』について」（『書物・出版と社会変容』二〇　二〇一六年）
藤本　頼人「源頼家像の再検討」（『鎌倉遺文研究』三三　二〇一四年）
細川　重男「下総の子犬の話」（『古文書研究』五二　二〇〇〇年）
細川　重男『執権』（講談社　二〇一九年）
細川　重男「伊賀光季の系譜と家」（日本史史料研究会監修・細川重男編『承久の乱研究の最前線』星海社　二

〇二一年刊行予定）
松本一夫・編著『下野小山氏』（戎光祥出版　二〇一二年）
松本一夫『小山氏の盛衰』（戎光祥出版　二〇一五年）
百瀬今朝雄「『歳十五已前之輩』と花押」（同氏『弘安書札礼の研究』東京大学出版会　二〇〇〇年、初出一九八六年）
米倉迪夫『源頼朝像』（平凡社「絵は語る」シリーズ版　一九九五年、平凡社ライブラリー版　二〇〇六年）

## 系図① 清和源氏系図

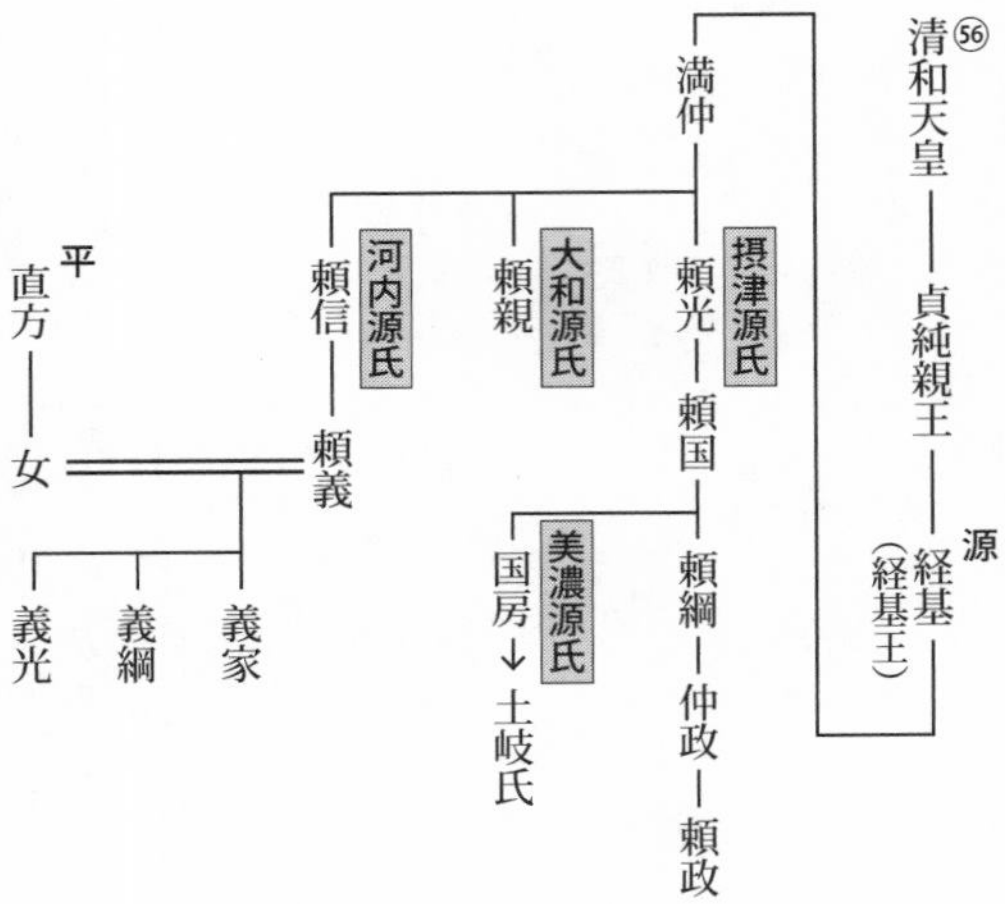


## 系図② 河内源氏系図

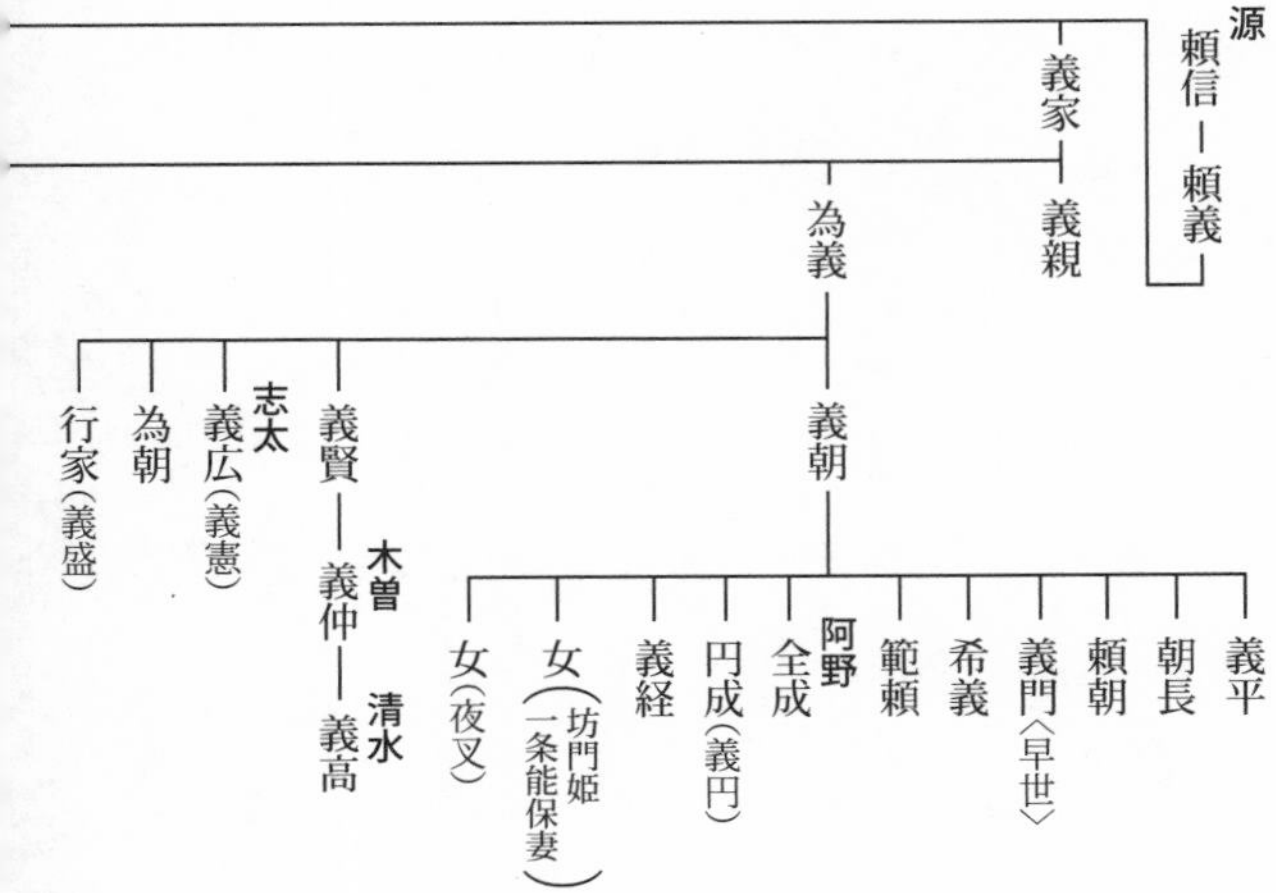

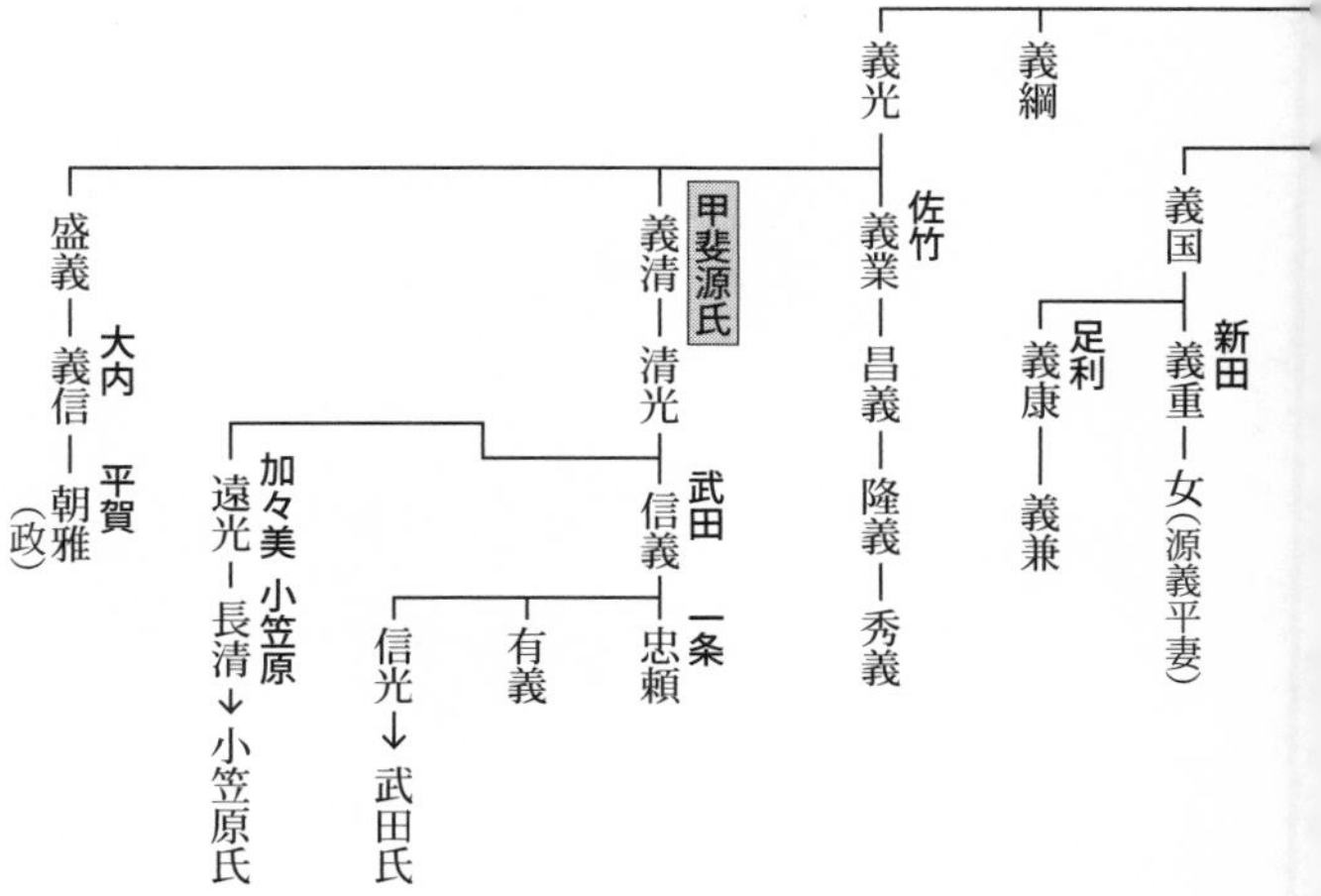
義光
義綱
佐竹
義業
昌義
隆義
秀義
甲斐源氏
義清
清光
武田
信義
一条
忠頼
有義
信光
武田氏
加々美
遠光
小笠原
長清
小笠原氏
盛義
大内
義信
平賀
朝雅(政)
義国
新田
義重
女(源義平妻)
足利
義康
義兼

## 系図③　源氏三代姻戚関係図

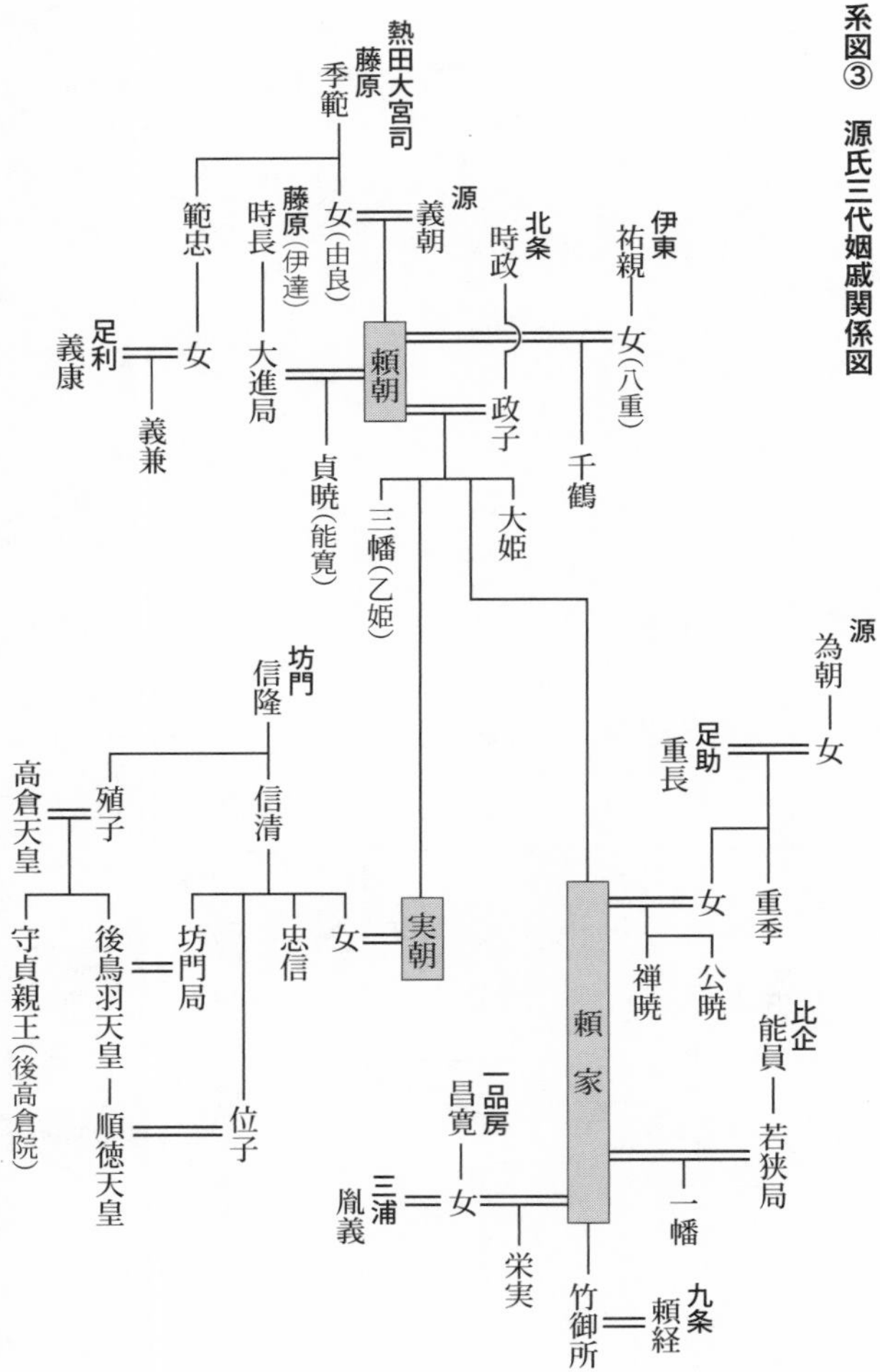

## 系図④　源氏将軍・摂家将軍系図

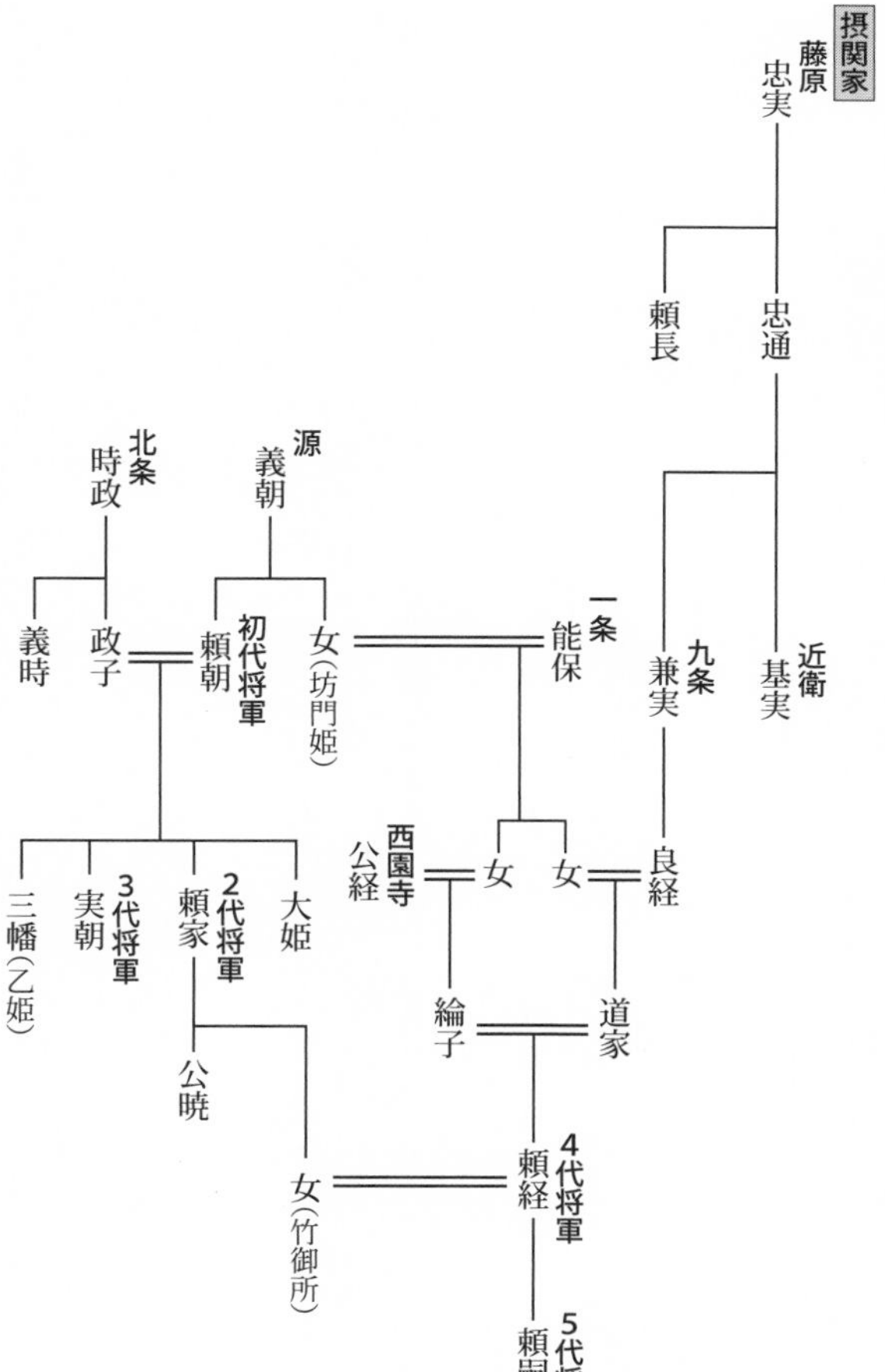

# 系図⑤　天皇家・親王将軍系図

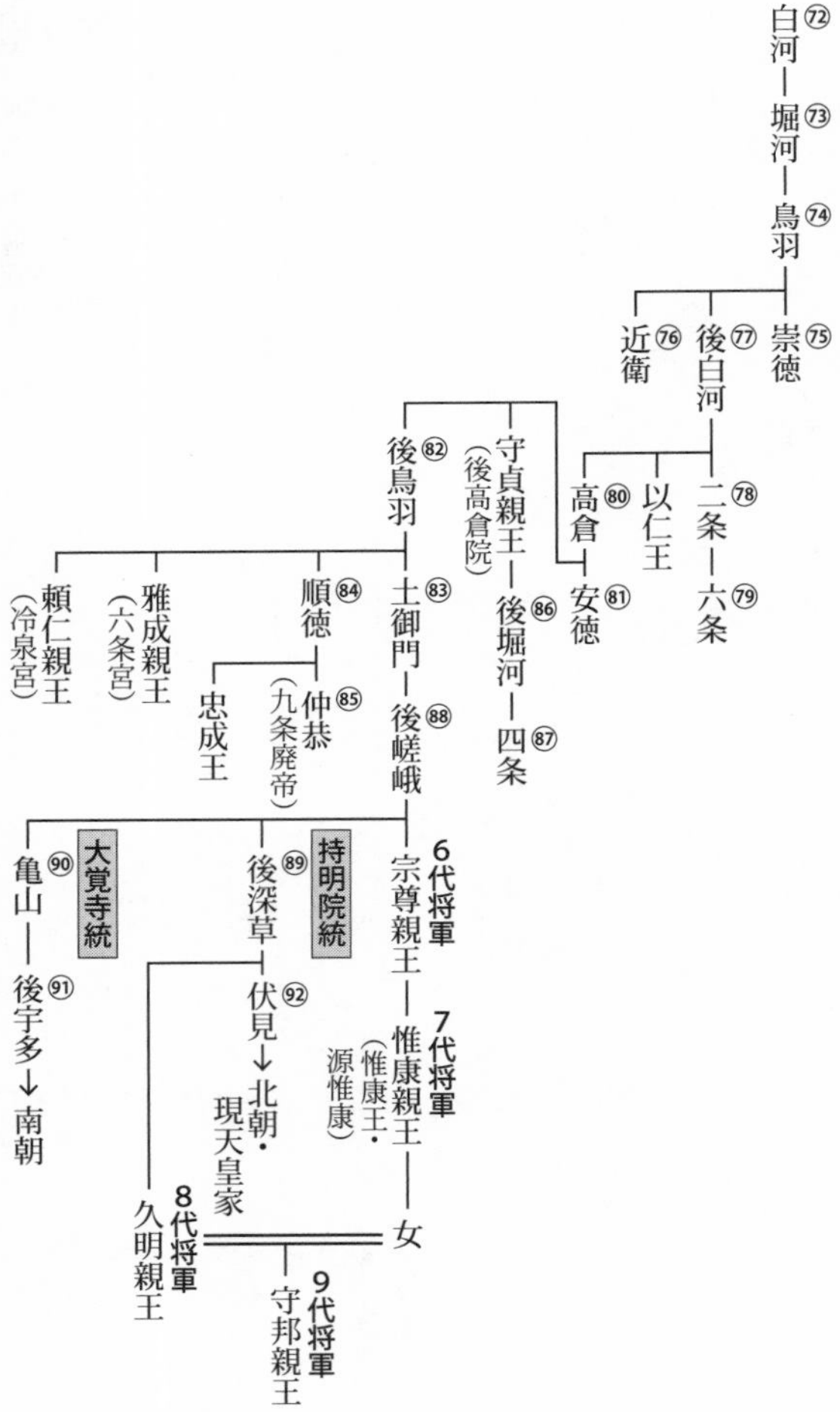

系図⑥　桓武平氏系図

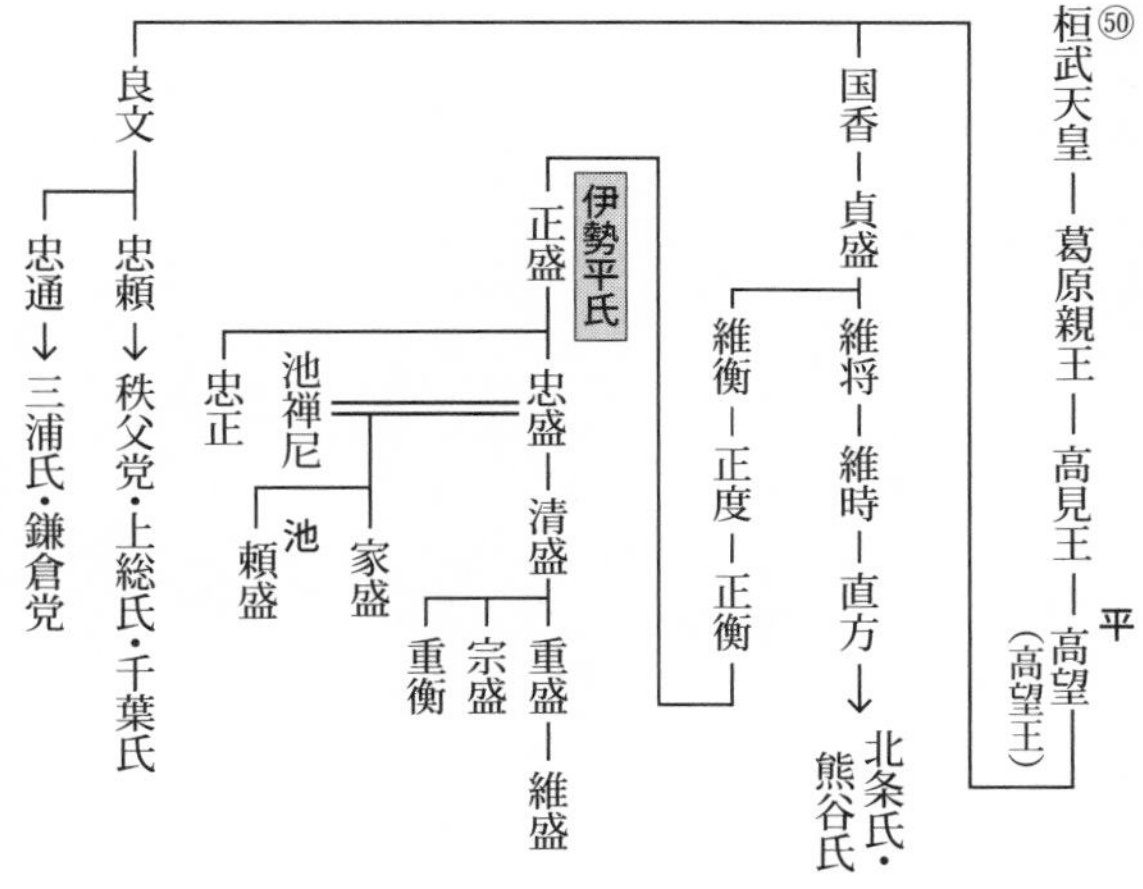


系図⑦　北条・牧系図

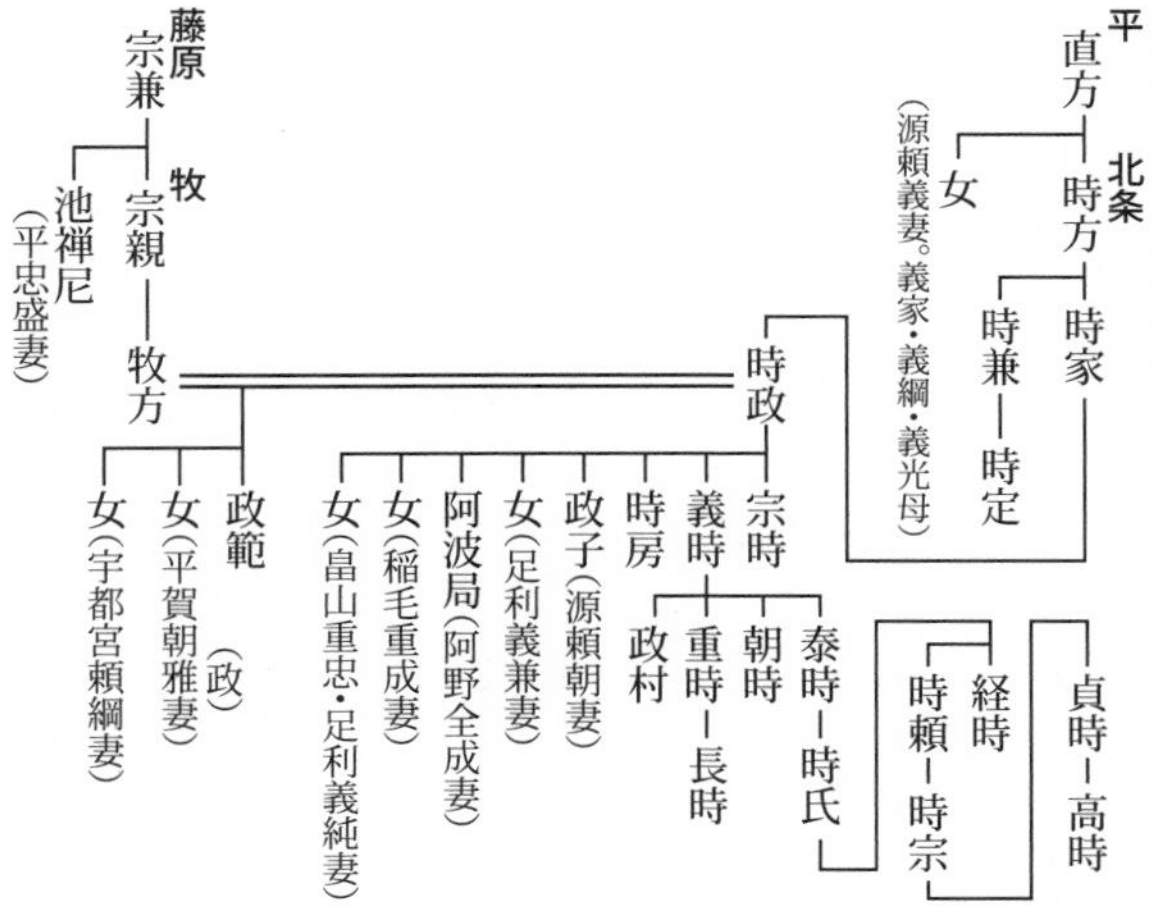


＊直方～時政間は史料によって大きく異なるため、便宜上、『前田本平氏系図』に拠った。

## 系図⑧　秩父党系図

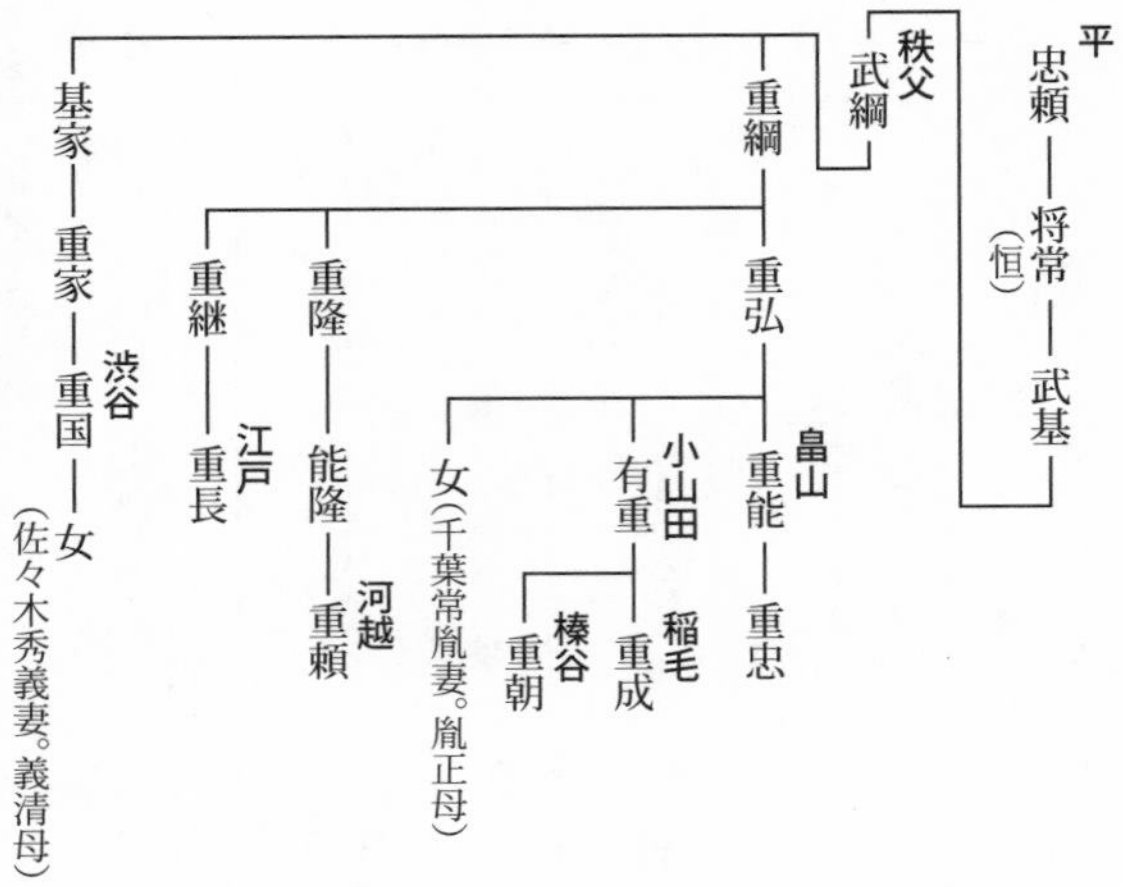


## 系図⑨　上総・千葉系図

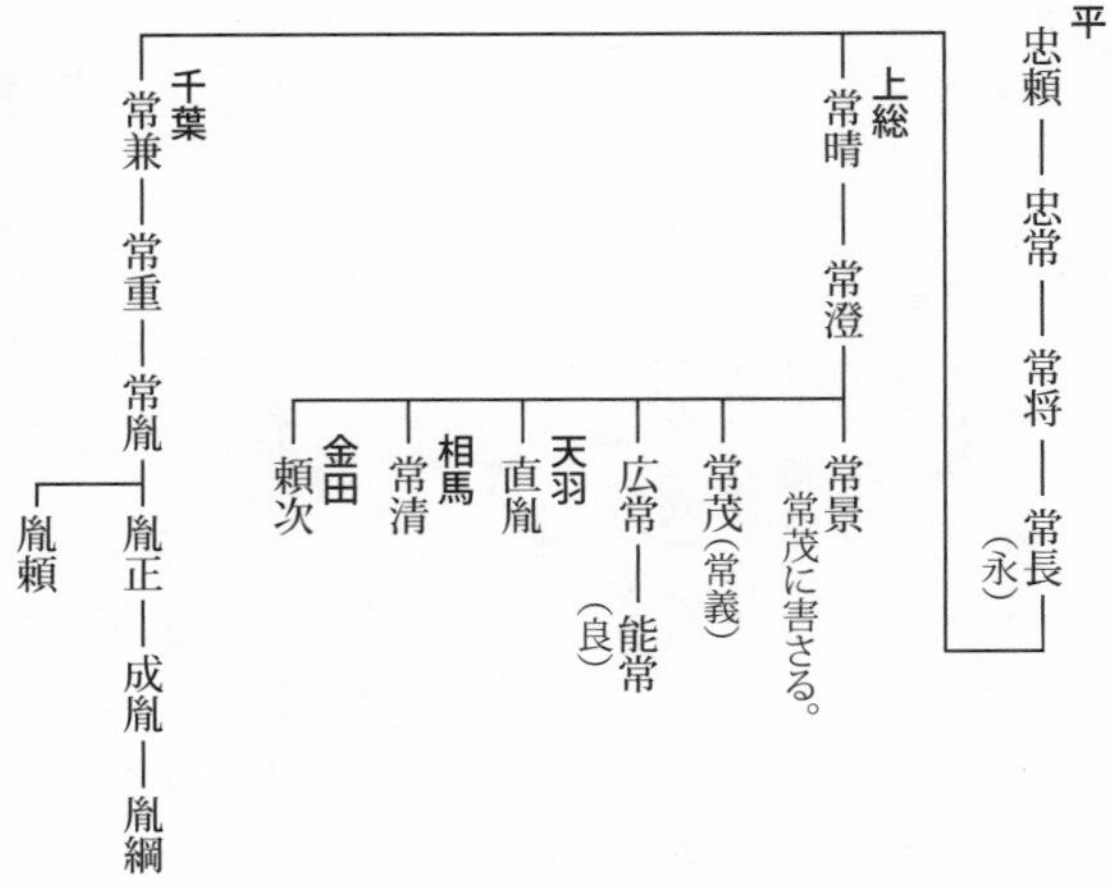

## 系図⑩　三浦氏系図

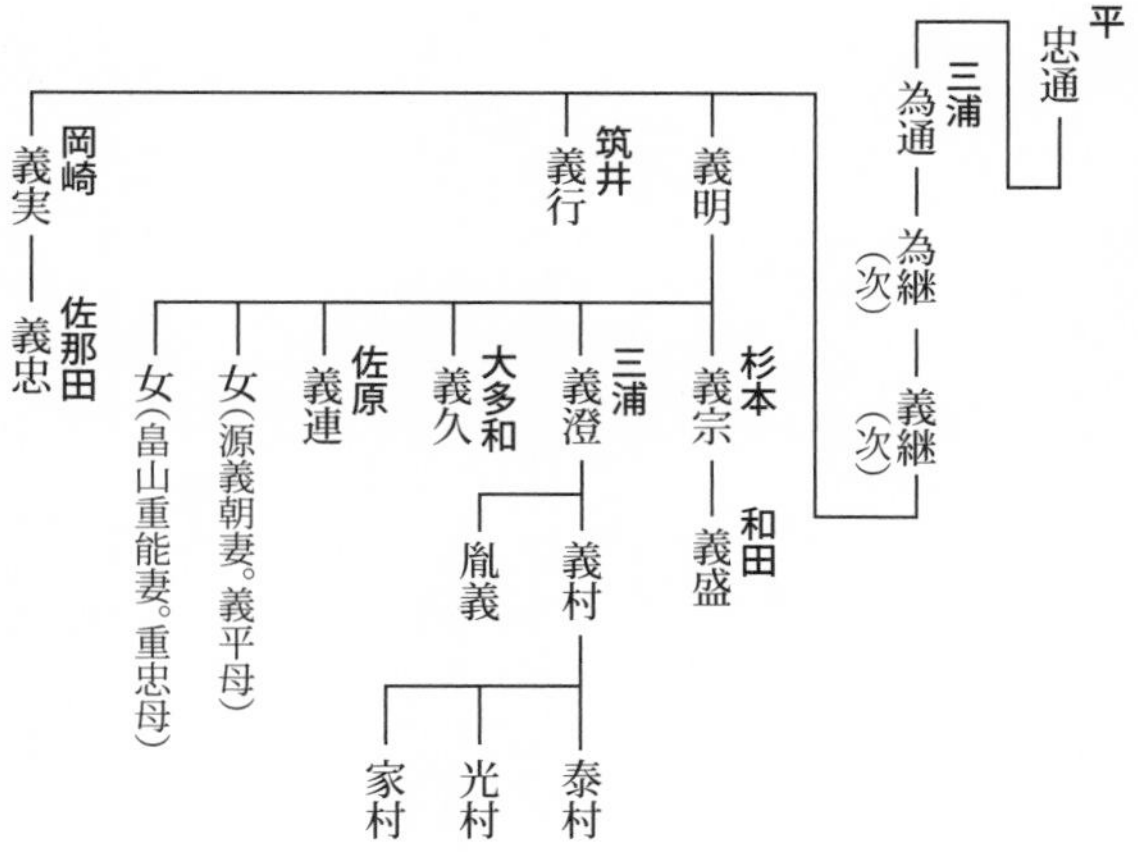


## 系図⑪　鎌倉党系図

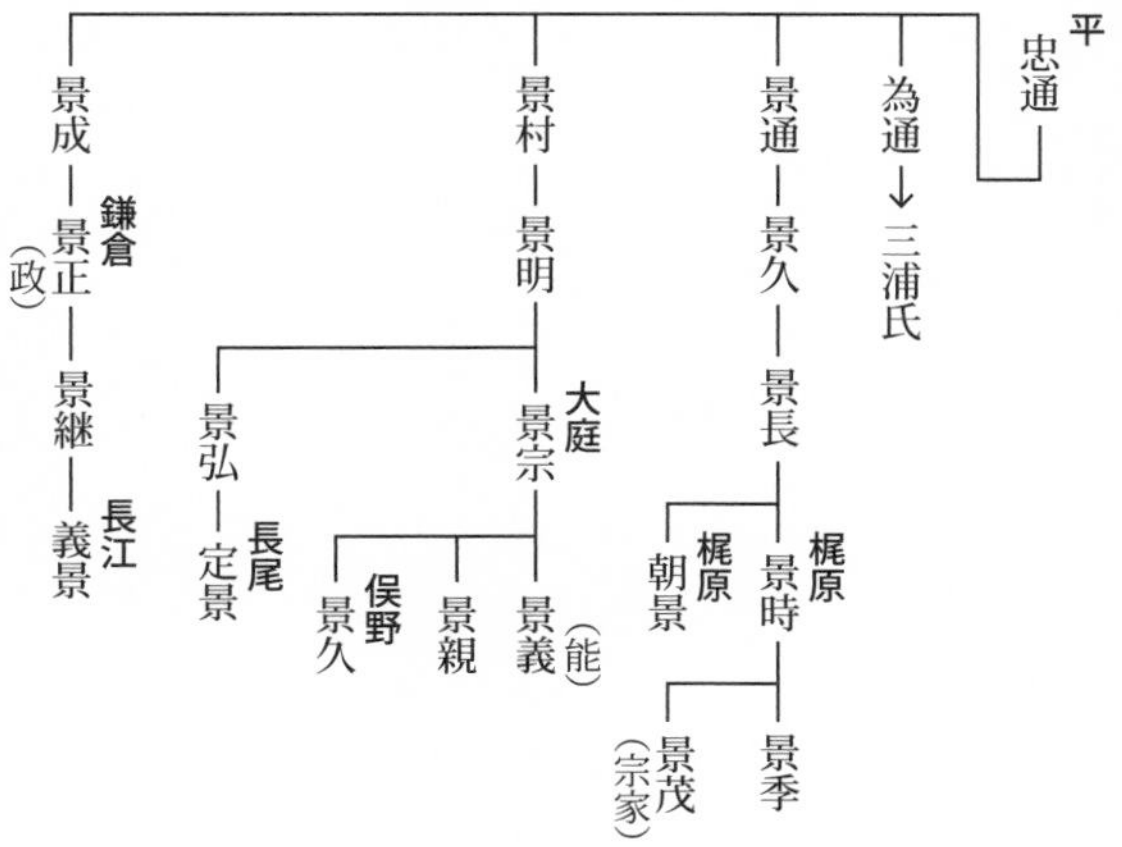

## 系図⑫　藤姓足利・小山・下河辺・八田・宇都宮系図

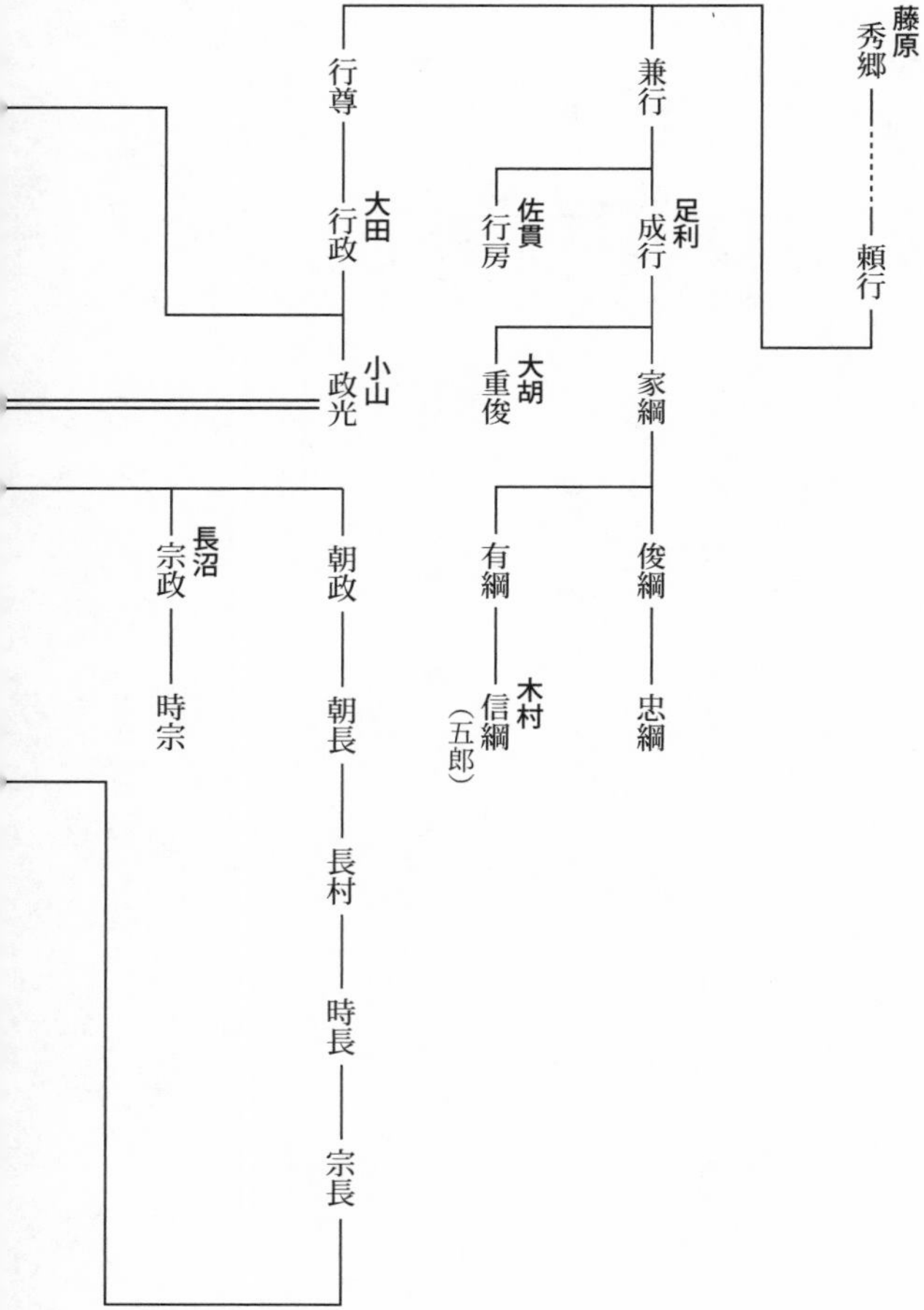

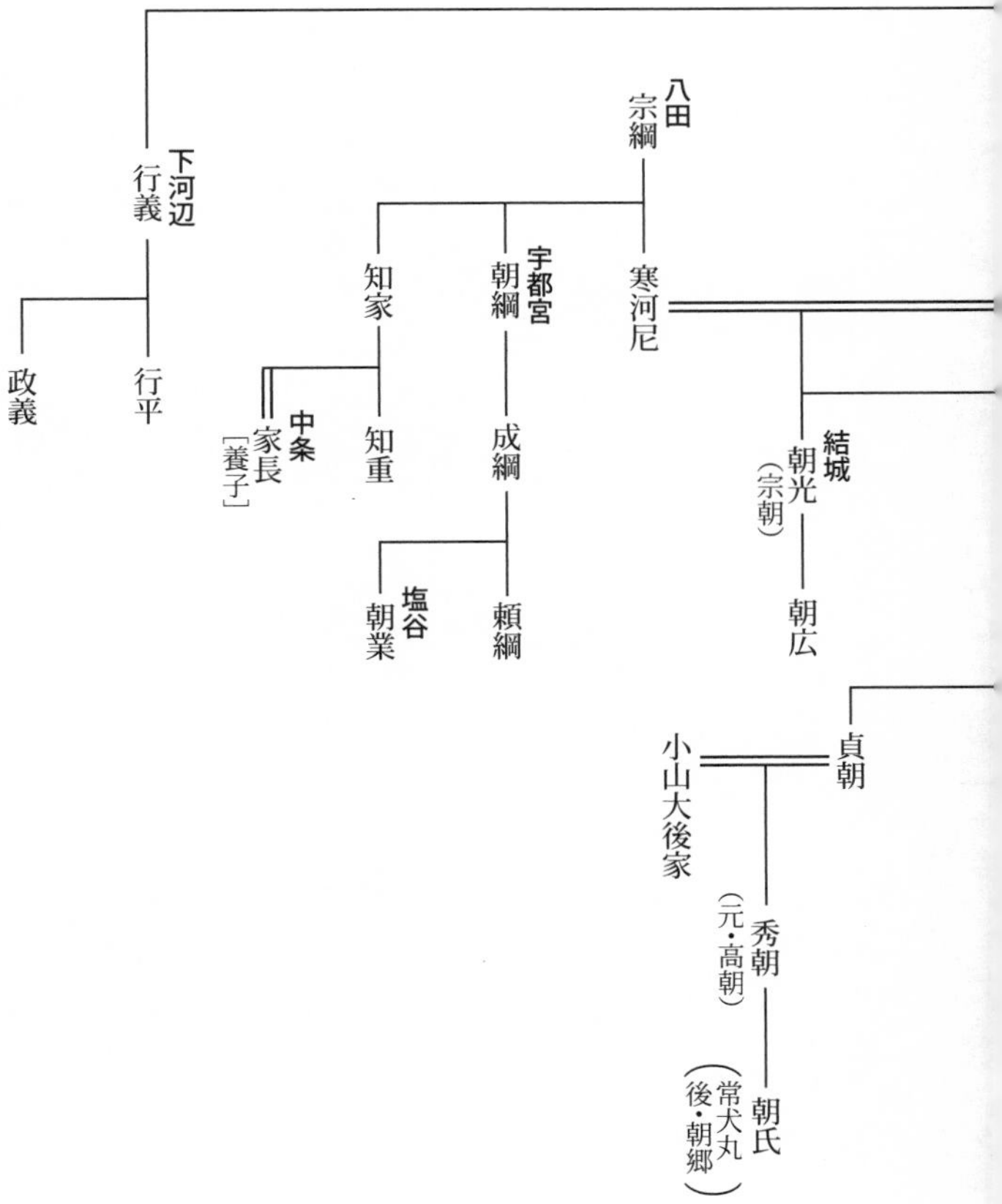
八田
宗綱
寒河尼
宇都宮
朝綱
成綱
頼綱
塩谷
朝業
知家
知重
中条
家長
［養子］
下河辺
行義
行平
政義
結城
朝光
（宗朝）
朝広
貞朝
小山大後家
秀朝
（元・高朝）
朝氏
（常犬丸
後・朝郷）

# 系図⑬　比企氏関係系図

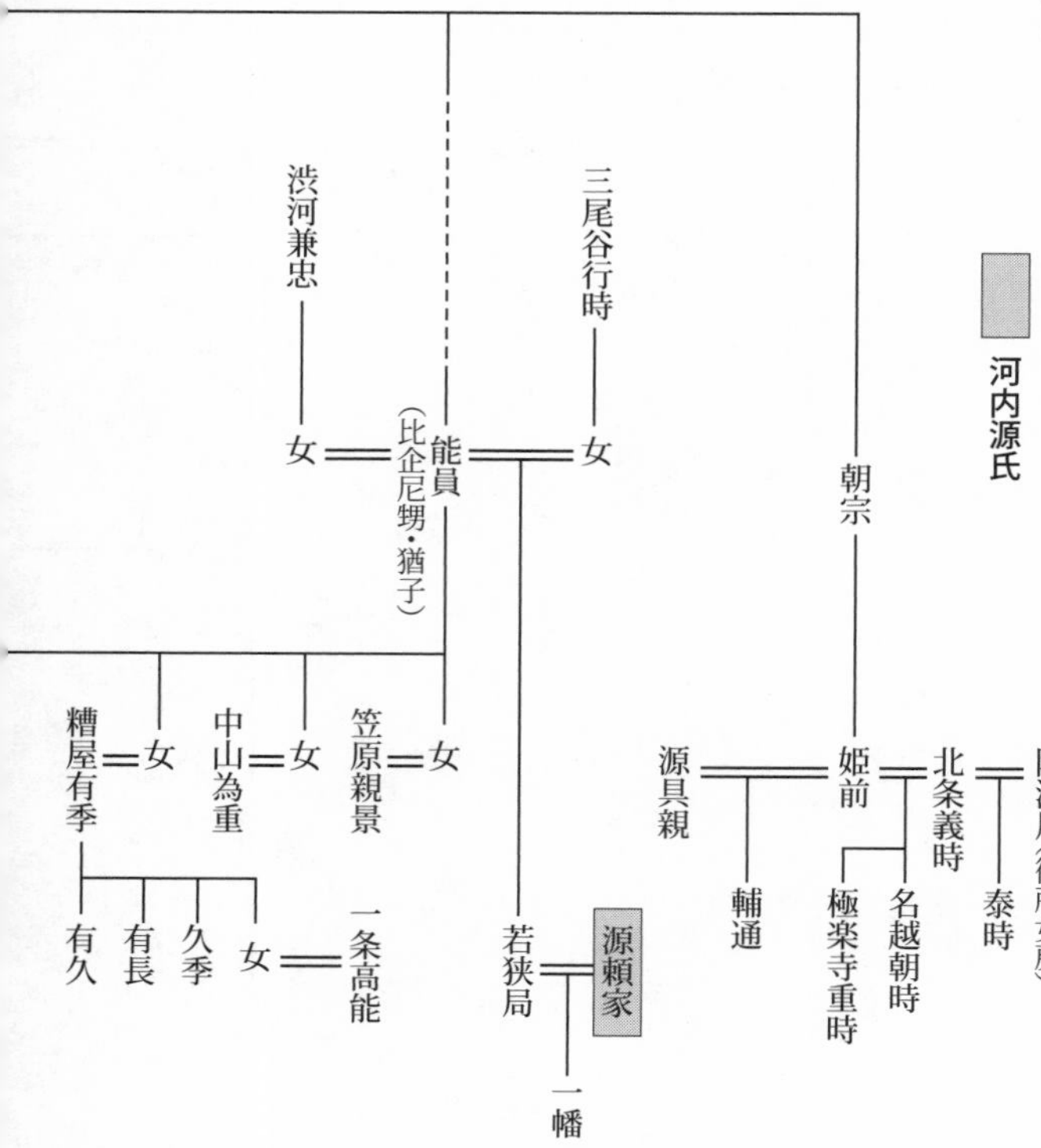

河内源氏
朝宗
三尾谷行時
女
能員（比企尼甥・猶子）
渋河兼忠
女
阿波局（御所女房）
北条義時
姫前
源具親
泰時
名越朝時
極楽寺重時
輔通
源頼家
若狭局
一幡
女
笠原親景
女
中山為重
女
糟屋有季
一条高能
女
久季
有長
有久

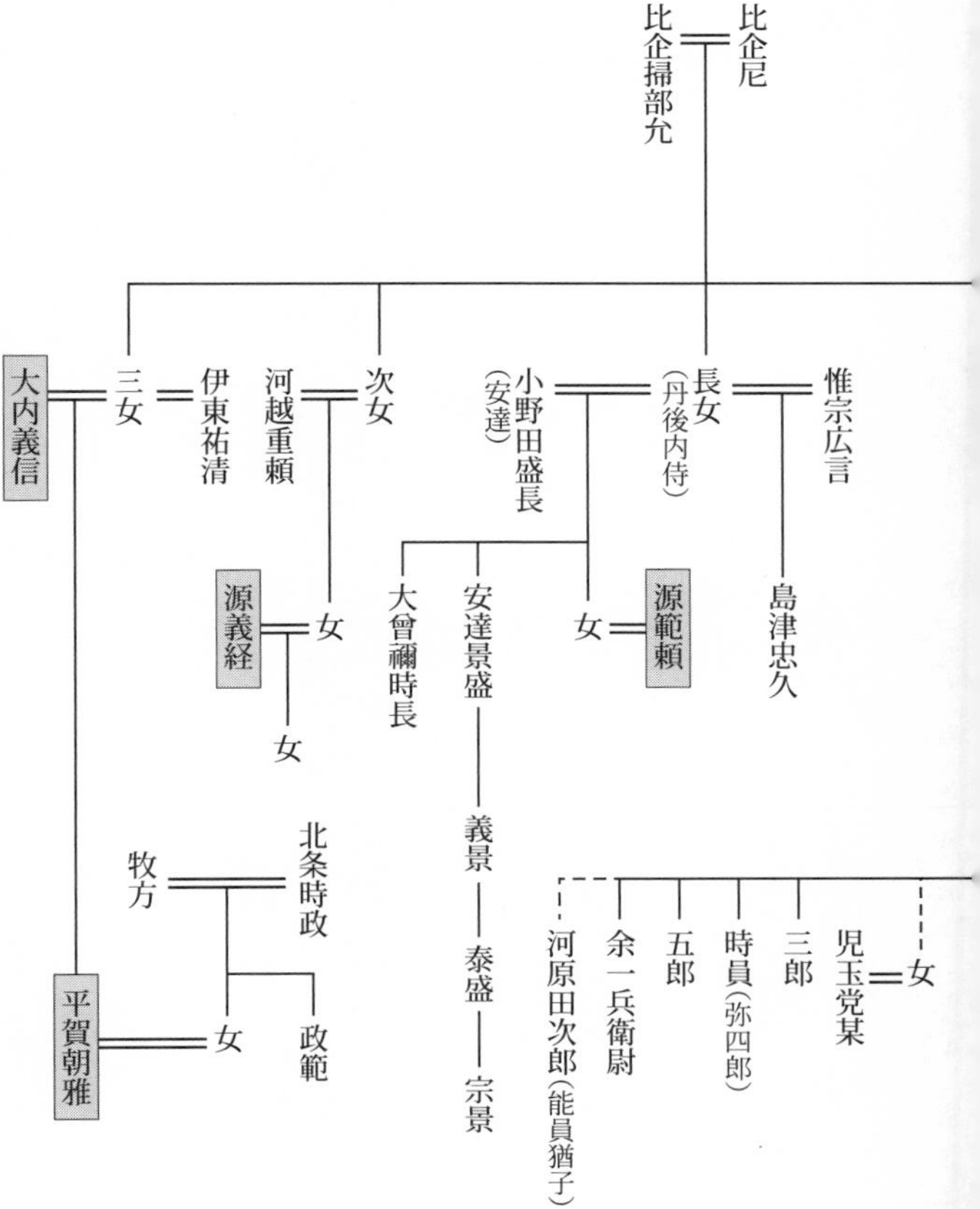
比企尼
比企掃部允
惟宗広言
長女
（丹後内侍）
小野田盛長
（安達）
島津忠久
源範頼
女
安達景盛
大曾禰時長
次女
河越重頼
女
源義経
女
伊東祐清
三女
大内義信
義景
泰盛
宗景
女
児玉党某
三郎
時員（弥四郎）
五郎
余一兵衛尉
河原田次郎（能員猶子）
北条時政
牧方
政範
女
平賀朝雅

## 系図⑭　河内源氏・熱田大宮司・北条・二階堂・伊賀関係系図

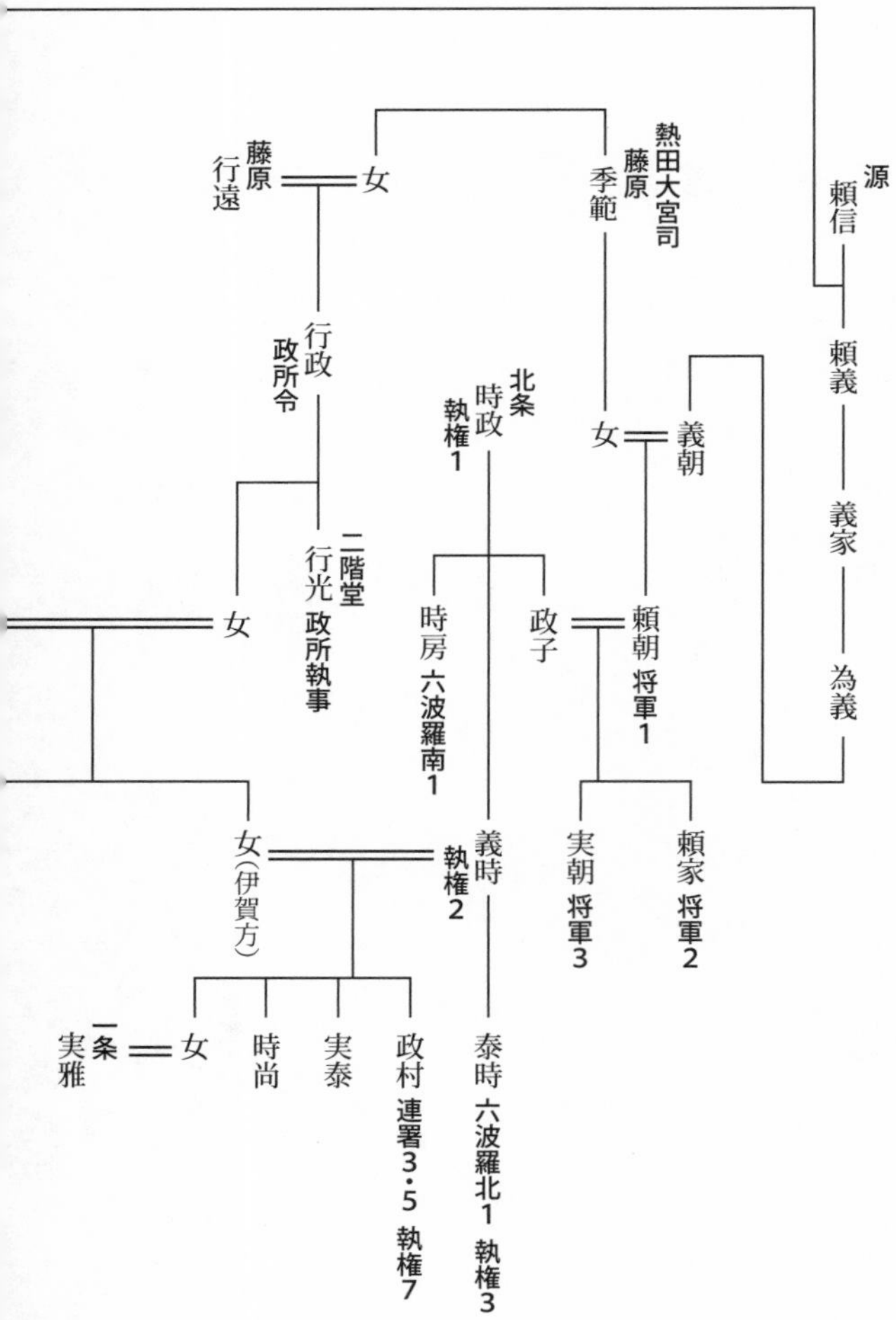

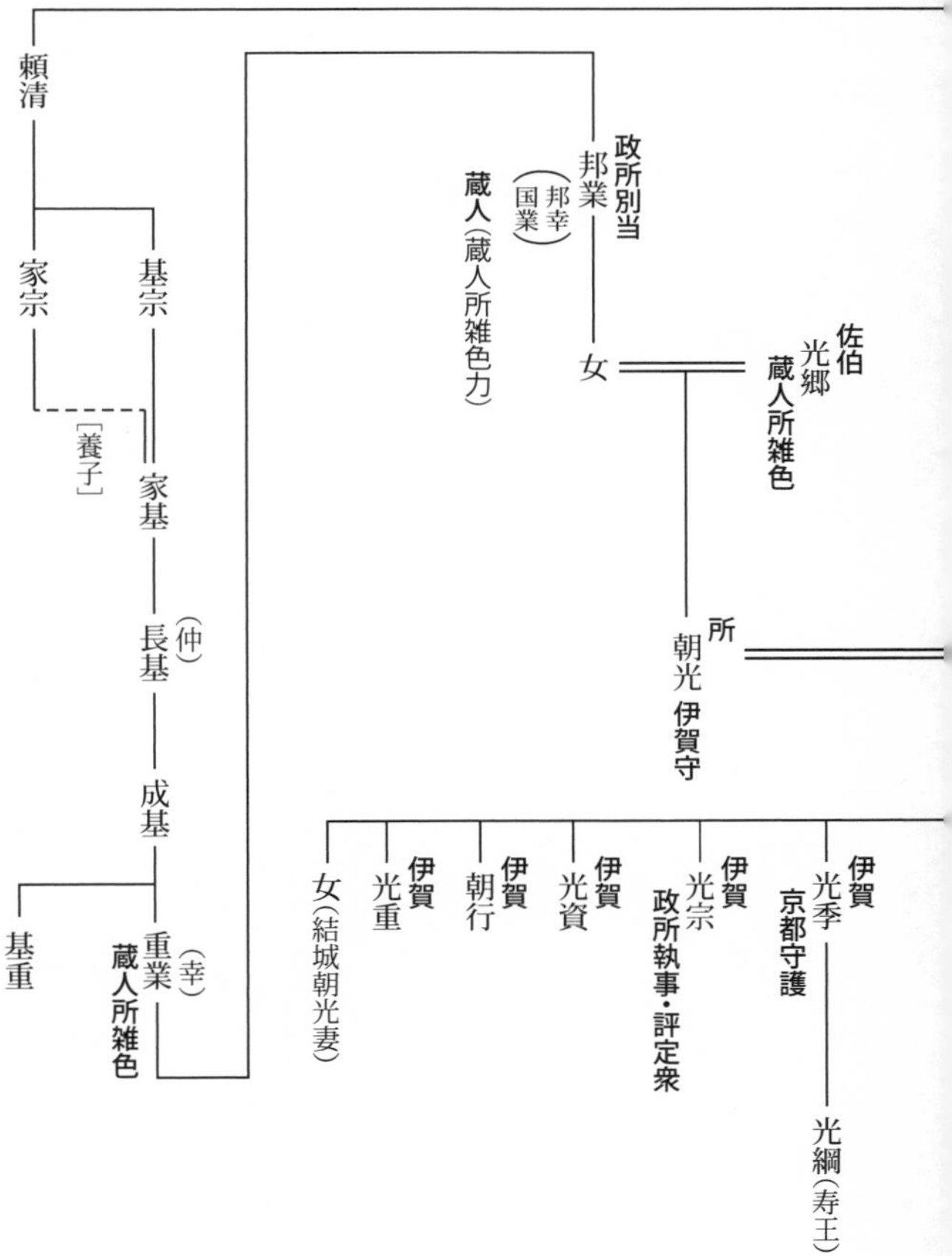
頼清
家宗
基宗
［養子］
家基
長基（仲）
成基
基重
重業（幸）
蔵人所雑色
政所別当
邦業
（邦幸
国業）
蔵人（蔵人所雑色力）
女
佐伯
光郷
蔵人所雑色
所
朝光
伊賀守
伊賀
光季
京都守護
光綱（寿王）
伊賀
光宗
政所執事・評定衆
伊賀
光資
伊賀
朝行
伊賀
光重
女（結城朝光妻）

細川重男　ほそかわ・しげお
1962年東京都生まれ。立正大学大学院文学研究科史学専攻博士後期課程満期退学。博士(文学)。現在、國學院大學非常勤講師、中世内乱研究会総裁。著書に、『鎌倉政権得宗専制論』『鎌倉幕府の滅亡』『執権　北条氏と鎌倉幕府』など。

朝日新書
841
頼朝《よりとも》の武士団《ぶしだん》
鎌倉殿・御家人たちと本拠地「鎌倉」

2021年11月30日第1刷発行
2022年3月30日第3刷発行

著者　細川重男

発行者　三宮博信
カバーデザイン　アンスガー・フォルマー　田嶋佳子
印刷所　凸版印刷株式会社
発行所　朝日新聞出版
〒104-8011　東京都中央区築地5-3-2
電話　03-5541-8832(編集)
　　　03-5540-7793(販売)

Published in Japan by Asahi Shimbun Publications Inc.
ISBN 978-4-02-295147-2
定価はカバーに表示してあります。

落丁・乱丁の場合は弊社業務部(電話03-5540-7800)へご連絡ください。
送料弊社負担にてお取り替えいたします。

朝日新書

## 60歳からの教科書
お金・家族・死のルール

藤原和博

60歳は第二の成人式。人生100年時代の成熟社会をとことん自分らしく生き抜くためのルールとは？〈お金〉〈家族〉〈死〉〈自立貢献〉そして〈希少性〉をテーマに、掛け算やベクトルの和の法則から人生のコツを説く、フジハラ式大人の教科書。

## 頼朝の武士団
鎌倉殿・御家人たちと本拠地「鎌倉」

細川重男

実は〝情に厚い〟親分肌で仲間を増やし、日本史上・空前絶後の万馬券〝平家打倒〟に命を賭けた源頼朝、北条家のミソッカスなのに、仁義なき流血抗争を生き抜いた北条義時、二人の真実が解き明かされる、2022年NHK大河ドラマ「鎌倉殿の13人」必読書。

## どろどろの聖書

清涼院流水

「世界一の教典」は、どろどろの愛憎劇だった!? 今、世界を理解するために必要な教養としての聖書、超入門編。ダビデ、ソロモン、モーセ、キリスト……誰もが知っている人物の人間ドラマを読み進めるうちに聖書がわかる！　カトリック司祭 来住英俊さんご推薦。

## 京大というジャングルでゴリラ学者が考えたこと

山極寿一

ゴリラ学者が思いがけず京大総長となった。世界は答えのない問いに満ちている。自分の立てた問いへの答えを探す手伝いをするのが大学で、教育とは「見返りを求めない贈与、究極のお節介」。いまこそジャングルの多様性にこそ学ぶべきだ。学びと人生を見つめ直す深い考察。